本书为全国教育科学"十三五"规划2016年度国家社科基金教育学一般课题"基于学校教育过程的微观公平研究"(项目编号：BHA160089)研究成果。

均衡·优质·活力:

基于差异的学校教育微观公平理论与实践

郭少榕　周志平　

图书在版编目(CIP)数据

均衡·优质·活力:基于差异的学校教育微观公平理论与实践/郭少榕,周志平著.—厦门:厦门大学出版社,2021.12(2023.3重印)
　ISBN 978-7-5615-8492-7

Ⅰ.①均…　Ⅱ.①郭…②周…　Ⅲ.①基础教育—研究—中国　Ⅳ.①G639.2

中国版本图书馆 CIP 数据核字(2021)第 272791 号

出 版 人	郑文礼
责任编辑	陈进才

出版发行　厦门大学出版社
社　　址　厦门市软件园二期望海路 39 号
邮政编码　361008
总　　机　0592-2181111　0592-2181406(传真)
营销中心　0592-2184458　0592-2181365
网　　址　http://www.xmupress.com
邮　　箱　xmup@xmupress.com
印　　刷　厦门兴立通印刷设计有限公司

开本　720 mm×1 020 mm　1/16
印张　17.25
插页　2
字数　318 千字
印数　3 001~5 000 册
版次　2021 年 12 月第 1 版
印次　2023 年 3 月第 3 次印刷
定价　45.00 元

本书如有印装质量问题请直接寄承印厂调换

厦门大学出版社

微信二维码

厦门大学出版社
微博二维码

序 一

2015年，我与福建省教科所郭少榕研究员相遇在广西南宁的教育人类学研究年会上，了解到郭老师长期以来执着于对弱势群体的学校教育权利改善的研究，特别关注少数民族女童和留守儿童的受教育权益保障问题。

2016年，我受邀参加福建省教育科学规划办和福建省教育科学研究所举办的"基础教育科研论坛"，主题是"课程建设与学校个性化发展"。福建省教科所郭少榕研究员作为论坛具体组织者，我们近距离、多次交流了我国的课程改革新理念与实践模式，并对基础教育学校的发展方向进行了深入探讨。当年11月，我邀请郭老师参加我组织的专家团队赴四川省阿坝藏族羌族自治州理县进行为其一周的调研和指导，指导理县进行基础教育现代化改革的规划与学校高质量发展研究。郭老师认为目前西部区域和民族地区的学校教育应从关注外部硬件和学生在校生活条件的改善，尽快转向重视民族地区学校的教师队伍素质提升及学科课堂改革，她对民族地区和较落后山区学校发展的问题的敏锐认识和对解决这些问题的前瞻性看法给我留下深刻印象。

其后，我时常关注郭老师主持的"学校教育微观公平"课题的研究理论与实践进展，深刻感受了郭老师及其课题组的行动研究能力。他们的研究视角不仅有城市新建校、外来移民子弟为主的学校，还有偏远山区的农村学校；他们的研究足迹不仅走遍八闽城乡，还走到了某些发达地区，比如北京、上海、浙江的学校；他们的研究成果有的在权威学术期刊上发表，也有的在地方刊物、学科刊物发表。因此，得知课题研究的成果获得了2020年福建省教育教学成果（基础教育类）特等奖，我毫不意外。近日，收到郭老师寄来的专著《均衡·优质·活力：基于差异的学校教育微观公平理论与实践》，我认真阅读之下，发现全书从理论到实践，从宏观到微观，体现出了整体感、层次感和推进感，并有几点创新。

第一,"学校教育过程微观公平"概念的提出与界定解决了教育公平"最后一公里"的问题

我一贯认为,只有也必须通过教育科研为基础教育改革与发展提供先进的教育思想和理论。一直以来,尽管我们的教育公平举措不断,但很多地方学校的公平目标——学校有质量发展、高质量发展很难落地,百姓的教育质量公平获得感一直难以提升。

该书切中了教育研究的核心问题即公平问题,定位于"基于学校教育过程的微观公平研究"。该书在对已有国内外相关研究的价值与不足的准确合理认识基础上,针对现有的教育公平的定义范围多聚焦于宏观和中观公平如学生入学机会的平等、教育资源的均衡配置等,对微观公平几乎没有明确的内涵解释等问题,提出"学校教育过程微观公平"概念,其中,特别有意义的是"过程""微观"两个词嵌入"教育公平",并定义:教育过程的微观公平是在尊重和保证每个人平等享有(各种)教育权利和人格尊严的基础上,尊重人的差异性,保证其在教育中得到积极的、充分的发展,并对这种发展予以同等认同。这个概念界定特别重视学生接受教育的过程获得和感受,创新性阐释了教育公平落地的问题。

学生发展是教育过程微观公平的立足点,是发展更加公平、更有质量的教育应有之义,更是教育公平发展的终极目标。郭少榕团队的研究既着眼于教师视角,更聚焦于学生发展的视角看待学校教育过程的公平问题。在学术性方面,本书澄清了公平、公正、平等、平均,以及公平与效率、公平与自由、公平与能力、公平与努力等概念之间关系,确定了差异是教育微观公平的事实基础,共享正义是教育微观公平的基础价值,素养正义是教育微观公平的核心价值,关系正义是教育微观公平的最终价值的理论支撑,构建了基于教育内容微观公平(课程开发与设置)、教育手段微观公平(课堂教学、学校文化与管理)、教育主题微观公平(教师公平行为与评价、学生公平体验与评价)的学校教育微观公平研究框架。这些,在一定程度上提出了解决教育公平落地的问题,也就是解决教育公平"最后一公里"的问题。

第二,基于差异的学校教育微观公平样态可以成为我国城乡学校育人的重要形态

21世纪初,我国的基础教育的发展面临时代的挑战,要求从规模、结构、质量与效益的协调中重新审视自身的发展,按照跨世纪高素质人才培养的要求,形成新的思路、新的认识和新的起点。

教育微观公平的研究聚焦于学校内部教育过程全要素公平问题的解决,包括学校文化制度、校园空间文化、班级文化、师生文化、课程、教学和评价等。并提出

"均衡·优质·活力"的育人目标,有助于转变以往那种将学生学业成绩作为评价学生和学校唯一标准的人才观、质量观;转变传统的不尊重学生人格、贬低学生价值并不断创造"失败者"的学生观,树立让学生真正成为发展的主体,理解尊重学生,平等地为每个学生提供表现创造和成功机会的观念。我们希望学校教育的起点是均衡的,学校教育过程是充满活力的,学校教育结果是优质的。

该项目不仅探索了一种高质量学校教育发展的样态,而且将促进教学、课程体系、学校制度和文化的微观公平办学观念付诸实践。郭少榕团队既有专业研究人员,又有一线教师和校长,主要研究对象覆盖小、初、高城乡各类学校,在学校制度设计、课程建构、课堂观察、访谈调查等方面进行实验研究和田野研究,提出教育微观公平的学校样态图景。继在项目成员学校产生实践效果后,在福建全省扩大实验学校,还与福建部分区域教育局整体协作,提炼出本土学校教育公平经验,创新对教师的沉浸式培训模式,形成了可复制可推广的"福建方案"。这种基于差异的学校教育微观公平样态可以成为我国城乡学校育人的重要形态。

教育公平之路从来不会平坦,解决教育微观公平的方案也可以丰富多样。郭少榕研究团队探索形成的教育过程微观公平实践"福建方案",值得推荐。也希望该团队能在未来的研究中创造更多先进的经验,贡献于我国基础教育高质量学校的建设。

裴娣娜

北京师范大学资深教授、当代教育名家

2022年6月

序 二

最近读厦门大学出版社新近出版的郭少榕、周志平合著的《均衡·优质·活力——基于差异的学校教育微观公平理论与实践》，深感振奋。该书创新性地提出"微观公平"概念，清晰地为读者呈现出以"诊断育人、课堂育人、课程育人、文化育人、联盟育人"五个环节为主线的基于差异的微观公平"均衡·优质·活力"学校育人图景；并在理论、实践、实证等维度深入实验学校课程、课堂教学、学校文化与制度、教师公平感知、学生评价等领域，进行"微观公平"全方位研究。从某种意义上说，可谓基础教育领域探索教育公平的一份"福建方案"。

长期以来，我国学术界专家们对教育宏观公平研究较多，对关于学校教育过程微观公平的研究偏少。为了更大程度提升我国基础教育的质量和效益，本书在前期关于宏观公平的重要研究基础上，从微观公平角度和本土基础教育学校实践问题出发，基于学校现场、教师与学生的实证考察的质性研究，尝试探索以公平课堂的科学指标体系对教育教学过程进行评价，研究如何构建微观公平的学校教育，并提炼本土学校教育微观公平经验，希望有助于促进学校教育公平研究内容的丰富，提高微观公平指标的科学性，探索基础教育高质量发展的新路径，形成具有本国、本土特色的教育过程微观公平理论体系。

在细读本书的过程中，我感受到，其微观公平理论所指向的"均衡·优质·活力"，揭示了基础教育发展的三个阶段，即基本均衡、优质均衡和活力优质均衡，每个阶段的侧重点是不一样的，均衡、优质、活力是徐徐展开的，富有层次性、多样性和可操作性。在笔者看来，微观公平理论不仅是一种推动当前学校教育高质量发展的思路，也是衡量当前基础教育界教育发展状况的一种重要指标。

我也由此联想到今年2月，笔者与龚苗同志在江西教育出版社出版了《教育改革中国方案——聚焦发展核心素养的素质教育探索》一书。此书提出了"生活·实践"教育理论，该理论是以马克思主义的实践哲学为理论基础，以陶行知生活教育思想为理论渊源，借鉴当代各种教育教学研究优秀成果，积极探索适合新时代国情、教情的实践育人方式的新生活教育,是源于生活与实践的教育,通过生活与实践来实施的教育,为了生活与实践的教育。"生活·实践"教育是以生命为源起、以生活为内容、以实践为方式的当代生活教育。"生活·实践"教育继承和发展了陶行知的生活教育学说,其八大特质:生活的、实践的、人民的、科学的、发展的、创造的、民族的、世界的,也蕴含非常丰富的、类似的公平理念。

首先,"生活·实践"教育的"人民的、民族的和世界"三个特质体现了"均衡"的公平理念。所谓公平的"均衡"理念,是指在促进每个个体获得平等权利、机会和资源的理念。"生活·实践"教育是人民的、民族的和世界的,也就是说,"生活·实践"教育是为了人民、民族和世界的,这里的人民是人民大众,这里的民族是中华民族,这里的世界是全世界,"生活·实践"教育也是为了人民大众、中华民族、全世界每个个体获得教育权利、机会和资源的教育。因此,"生活·实践"教育的"均衡"理念是彻底的"均衡",不仅包括宏观的"均衡",也包含微观的"均衡"。

其次,"生活·实践"教育的"科学的、发展的、创造的"三个特质体现了"优质"的公平理念。"优质"的公平理念是指每个个体获得最适合自己的发展。对当下来说,是获得最适合的核心素养发展。"生活·实践"教育是科学的、发展的、创造的,也就其发展是科学的、发展的和创造的,唯有科学的发展,才能是"适合自己"的发展,唯有创造的发展,才能是"最适合自己"的发展。至于"生活·实践"教育如何做到科学的发展和创造的发展,就需要落实实践的辩证逻辑,不断推动实践在生活中的辩证发展,即"肯定—否定—否定之否定"的发展。

最后,"生活·实践"教育的"生活的、实践的"两个特质体现了"活力"的公平理念。"活力"的公平理念是指教育过程中群体关系的安全、自由和爱的状态。"生活·实践"教育"生活的、实践的"两个特质,是让教育充满生活性、实践性,是活力的主要来源,是生命的流动。当前,教育脱离生活、学校脱离社会、教学脱离实践这三大脱节顽症仍然十分严重,学校缺乏活力,教师缺乏活力,学生缺乏活力;教师以教为中心,脱离学生的学,师生关系失去了以生活为中心的自由和教与学的爱的状态,自然就失去了活力。"生活·实践"教育以生活为内容,尊重学生的生活,塑造自由的学习情境;以实践为方式,探索自然、社会和生命奥秘,让教和学在做上合一,达到真正的"爱"的状态。

教育微观公平实践过程要特别关注公平与质量的关系。一方面,没有质量的平等教育不是真正公平的教育;另一方面,单纯追求效率的学校教育不是"自由而平等"的教育,是择优教育。"十三五"以来,我国深化教育领域综合改革,力图激发学校办学活力,促进学校内部教育资源的均衡分配,以期真正实现学校内部各个群体以及教育过程、教育结果的有差异的平等,目的就是解决学校教育过程的微观公平问题。这种"自上而下"的政策支持方式在确保政策所需的资源调配中发挥了较好的作用,但也必须在教育理念、教育思想上提供更契合的指导才行。因此,这种微观公平"均衡·优质·活力"落实不能缺少教育思想、理念作为指导,"生活·实践"教育作为学校教育一种教育理念,聚焦发展学生核心素养,可以真正让教育微观公平在学校中更好落地。期待"生活·实践"教育与教育微观公平理论与实践在基础教育领域协力并进,相得益彰,共同服务好新时代教育改革发展创新。

中国教育学会副会长
华中师范大学教育学院教授、博士生导师
2022年6月

自 序
我们需要什么样的学校教育公平?

一

公平,实际上是人的一种感受。美国心理学家约翰·斯塔希·亚当斯(John Stacy Adams)提出的公平理论(又称社会比较理论)认为员工的激励程度来自对自己和参照对象关于报酬与投入的比例的主观比较感觉。同理,教育公平不仅仅是一种事实判断,也是一种社会比较。人们在比较时所选择的参考群体的变化、比过去更加重视教育的观念、对教育公平期望的提高等因素,导致社会公众认为教育越来越不公平。①

阿克塞尔·霍耐特的多元正义理论深信,正义构想所显示的社会不公的体验总是与公认的合理的承认没有得到认可有关。其中承认正义理论明确指出,人类尊严的承认构成了社会正义的中心原则,而承认原则包括了爱、权利平等以及成就的公平对待三个原则;为了能够充分利用他们的个体自主,主体可以根据社会关系的类别同样有权在需要方面被承认,在法律平等方面被承认,或者最终在对社会的贡献方面被承认。② 因此,公平的感受,在很大程度上属于被承认感受。

公平正义在中国社会自古有之,反映在中国古代教育,就有有教无类的办学理念,这是孔子时代就逐步确立起来的教育公平理念。在此之上,孔子还能发现学生的差异,了解学生的差异,尊重学生的差异,建立了中国教育文化中的因材施教传统。公平正义不是平均主义,因此,发展学生也要因材施教,差异化发展。自古以来,中国教育都是促进社会流动的重要渠道,现今,教育公平也成为人民群众最为关心的事情。

---

① 余英.教育公平与社会比较——对"教育越来越不公平"的一个解释[J].四川师范大学学报(社会科学版),2010(9):122-127.

② 〔德〕阿克塞尔·霍耐特.承认与正义——多元正义理论纲要[J].胡大平,陈良斌,译.学海,2009(3):79-87.

如果说教育是促进社会流动实现社会公平最重要的手段,那么学校就是孕育公平的摇篮,以公平为导向的教育政策、制度、资源等的落实,都要通过学校教育过程来具体实现。① 基于承认理论三原则考察儿童接受教育的起点、过程和结果三方面,我们可以发现在入学机会方面,儿童需要获得法律上承认的平等入学权利。在学习过程中,受教育者需要获得教师、同学之爱,同时自己具有爱别人的能力(相互承认),在这种有爱的关系(环境)中激发潜力,获得适合自己甚至超越自己兴趣和能力的发展;同时,儿童在学校有权获得应得(平等的)的资源,包括优质的课程资源、个性发展资源;其学习付出能够获得学校、教师、同学的尊重和相应的评价,获得个性潜能最大的发展。在教育结果上,受教育者在走上社会之前获得自己应具备的知识和能力,形成自己的意志、品格;能够在社会工作中获得适当的地位和成就,即能够在适当的岗位上努力工作之后、在与同事的合作之中获得社会和他人的承认,在收获应得的物质的同时,使其精神愉悦。这应该是学校教育微观公平的美好愿景。

二

教育公平问题是涉及多学科、多层面、多因素的复杂问题。目前学者已从伦理学、经济学、法学、社会学、教育学等学科角度加以审视:伦理学视角将公平更多地理解为公正、正义,以罗尔斯的正义原则为基础,强调对弱势群体的补偿;经济学视角侧重教育公平与教育资源配置效率的关系;法学层面更为关注平等受教育权的法律保障;社会学观点更为关心社会分层、文化资本与教育机会均等的关系,等等。② 教育扶贫理论的出发点之一就是学校教育能够有效地改变贫困家庭文化资本少、上升通道狭窄的现象,最重要的是,学校教育过程通过有效的师生互动等方案,让劣势阶级获得文化资本,从而冲破阶层流动的藩篱。因此,微观意义上教育公平实施过程中,由教育内部特有关系引发的教育公平问题成为实现实质性公平的主要因素。"新教育实验"所践行的理念与愿景也可以给予我们启示:以教师专业发展为逻辑起点,以"过一种幸福完整的教育生活"为核心理念,以"五大观点·十大行动·四大改变"为基本框架的大规模教育实验。其中,"五大观点"蕴含了学校教育过程微观公平的愿景样态,包括:(1)重视精神状态,倡导成功体验;(2)强调个性发展,注重特色教育;(3)无限相信师生的发展潜力;(4)教给学生一生有用的

---

① 本书所指"学校教育"限指基础教育阶段学校教育。
② 章露红.二十年来我国教育公平研究的学术进展——基于1994—2014年间的文献分析[J].复旦教育论坛,2015(4):39-45.

东西;(5)让师生与人类崇高精神对话。①

关于学校教育过程微观公平的研究是为了更大程度提升我国基础教育的质量和效益,满足更多百姓享受教育发展的成果,为打破阶层固化,实现人人获得最好的发展做出重要贡献。"十三五"以来,我国深化教育领域综合改革,力图通过体制机制改革和制度创新激发学校办学活力,进一步完善教育内部弱势群体的补偿制度,促进学校内部教育资源的均衡分配,为不同受教育者提供平等的教育质量,目标就是解决学校教育过程的微观公平问题。这种"自上而下"的政策支持方式在确保政策所需的资源调配中发挥了较好的作用。但涉及学校的课程体系、教师教学过程与教育评价等方面的微观问题时,更需要"自下而上"的模式,让更多的一线教育工作者参与研究政策的实施,有助于摸清底层的问题样态,推动政策的完善。因此,学界对学校教育公平的研究应该更有实践性、前瞻性和创新性。

很多学者认同,教育公平的缺失,主要原因在于社会生态失衡,即等级化的文化观念、功利化的教育模式、制度与政策的漏洞以及教师职业道德的缺失,等等。② 从微观视角来看,学校作为一个小社会,教育公平落实程度也依赖于校园文化生态、学校教育教学制度(政策)、课程设置、教师的教学方法与评价方式(教师态度)等。

本研究以教育学本体的逻辑思辨研究为理论基础,从微观公平角度和本土基础教育学校实践问题出发,基于学校现场、教师与学生的实证考察的质性研究,尝试探索以公平课堂科学指标体系对教育教学过程进行评价,研究如何构建公平的学校教育,并提炼本土学校教育公平经验,希望有助于促进学校教育公平研究内容的丰富,推动微观公平指标的科学性,形成具有本国、本土特色的教育过程微观公平理论体系。

本研究的核心是在系统思维下,以过程性视角,对学校教育内部的微观公平进行多方位、多视角、多方法的研究,包括对学校文化制度、课程教学、教育主体的结构分析,特别重视教师和学生的校园生活体验的案例研究,希望对学校教育过程(schooling)的黑箱给予更多的民族志(ethnography)透视。

三

由于教育过程微观公平涉及问题和因素较多,借用格尔茨(Clifford Geertz)的

---

① 张荣伟.从哪里来到哪里去?——"新教育实验"本体论[J].山西大学学报(哲学社会科学版),2017(11):66-78.

② 陈芳.学校教育中的微观歧视现象及公平路径探析—基于生态学视角[J].潍坊工程职业学院学报,2019(11):74-78.

经典说法,学校民族志"不是研究学校,而是在学校中进行研究",[①]本研究以无差别接收学生(本地学生与流动人口子女同步接收)的公立学校为主要研究对象,选择了F省不同区域的城乡公立学校为实验学校:城市和乡镇小学各三所、城市和乡镇初中各三所、城乡高中各两所,站在学生获得公平的视角,在理论建构基础上进行全方位的学校实验研究与田野研究,包括制度设计、课程建构、课堂观察、访谈调查等等。

本研究的总体框架如下:

首先,从为什么要提出"教育微观公平"出发,从现实学校教育及其实践困境分析学校教育微观公平的理论与实践价值。

其次,基于理论先行,在对近十年"教育微观公平"相关文献的分类、梳理的基础上,以差异作为微观公平的事实基础,聚合了共享正义、素养正义、关系正义三大正义理论作为教育微观公平的理论支撑,创新性提出了教育微观公平核心内涵,努力厘清微观公平与宏观公平、中观公平的关系与区别,深入探讨教育微观公平的内涵和维度,进而提出教育微观公平的理论架构、指标体系和实践原则。

再次,扩大研究视野,进行理论与实践融合的系统研究。理论研究可以为教育公平实践的开展提供正确的思想指导,实证研究可以为理论研究提供可靠的数据与参考,提升理论观点的科学性。学校教育微观公平的指标和影响涉及的问题和因素很多,与学校制度、文化、课程、教学内容、教学方式、评价方式、教师态度、学生关系等都有直接关系。同一个指标,情境不同,视角不同,公平感受就不同。因此,本研究基于教育微观公平理论架构,在实验学校对课程、课堂教学、学校文化与制度、学生评价、教师公平感知与行为等进行全方位实证研究。包括:从学业资源公平获得与全面成长视角研究学校课程设置(含知识的选择和分配);在部分班级进行现场观察访谈,探究学校内部的师生互动与教学过程,其中重点观察课堂的平等与差异补偿问题;对学校管理制度和文化的内容与方式进行分析,提出基于公平理念的评价方式,等等。

最后,基于实验学校的探索,提出教育微观公平的高质量学校样态图景,包括基于差异的学校教育微观公平"均衡·优质·活力"学校育人图景。

总体而言,本研究通过对教育细节、教师和学生个体进行观察、访谈等微观民族志方式,呈现师生知识的传递与个体间的互动场景,形成基于学校教育过程的教师和学生个体的分析框架,使教育微观公平理论在实践中的启发与检验,以期真正实现学校内部各个群体以及教育过程、教育结果的有差异的平等。正如华东师范大学李政涛教授在本研究成果展示会上评价的,本研究提供了"学校教育微观公平的福建方案",因而我们也期许我们的研究能够走出福建,得到更广的应用。

整本书是课题组共同研究的成果,各章分工如下:第一章:郭少榕;第二章第一

---

① 张英慧,周霖.学生文化中的日常抵制行为与反思[J].现代教育管理,2020(6):122-128.

节:郭少榕;第二章第二、三、四节:徐容容;第三章:周志平、郭少榕;第四章第一、三节:周志平;第四章第二节:郭少榕、史孟玲;第五章:赵舒妮;第六章:郭少榕;第七章:吴孟帅;第八章:郭少榕、周志平;第九章:郭少榕、周志平。郭少榕负责全书统筹,郭少榕、周志平负责理论和整书架构,郭少榕、周志平共同统稿、审改。书中学校案例中非本课题实验学校的案例,已获得学校授权使用,在此一并感谢。

郭少榕

2021年10月

目 录

第一章　学校教育微观公平:对象、范围与本质追求 …………………… 1
  第一节　学校教育微观公平的对象与范围 ………………………… 2
  第二节　学校教育微观公平的本质追求:学生公平认知与现实冲突 …… 5

第二章　学校教育微观公平研究的回顾与反思 ……………………… 15
  第一节　不同理论视角下教育微观公平的研究 …………………… 16
  第二节　微观公平视角下学校教育过程公平研究的主要领域 ……… 18
  第三节　学校教育微观公平关键体现——课堂教学公平的研究 …… 24
  第四节　微观公平视角下相关教育公平研究的反思 ……………… 37

第三章　学校教育微观公平理论建构与研究架构 …………………… 41
  第一节　学校教育微观公平的理论建构 …………………………… 41
  第二节　学校教育微观公平的研究架构、指标和实施原则 ………… 52

第四章　基于微观公平的课堂教学 …………………………………… 67
  第一节　理论建构:微观公平与课堂教学 ………………………… 67
  第二节　学情测评分析:构建课堂公平的起点 …………………… 77
  第三节　范式与案例:课堂公平的实践 …………………………… 90

第五章　基于微观公平的校本课程 …………………………………… 111
  第一节　理论建构:微观公平与校本课程 ………………………… 112
  第二节　校本课程公平分析框架与实施路径 ……………………… 118
  第三节　实践案例:基于微观公平的校本课程建设 ……………… 124

第六章　基于微观公平的学校文化 ……………………………………… 133
第一节　理论建构：微观公平与学校文化和制度 …………………… 134
第二节　公平的学校管理制度建构路径 ……………………………… 143
第三节　公平的学校文化构建与实践 ………………………………… 151

第七章　基于微观公平的学生评价 ……………………………………… 161
第一节　理论建构：学生评价的文化基因与理论内核 ……………… 161
第二节　学生评价体系实践样态 ……………………………………… 167
第三节　实践案例："均衡·优质·活力"的学生评价 …………… 177

第八章　基于微观公平的教师公平素养提升 …………………………… 192
第一节　基于三大正义的教师公平理念与行为内涵 ………………… 192
第二节　问卷调查：教师对当前学校教育微观公平的认知 ………… 198
第三节　田野调查：乡镇教师公平感知与影响 ……………………… 207
第四节　提升教师的公平感知与教育能力的路径 …………………… 216

第九章　学校教育微观公平的政策分析与育人图景 …………………… 225
第一节　政策分析：学校教育公平的政策成效与问题 ……………… 225
第二节　育人图景：微观公平的高质量学校教育样态 ……………… 236

参考文献 …………………………………………………………………… 246

第一章 学校教育微观公平:对象、范围与本质追求

有两张图曾盛传一时。第一张图中有三个身高不一的人,同时站在同等高度的砖上,他们看到的当然是不一样的风景;第二张图中三人站在高矮不一的砖上,此时他们都看到了山以外的风景。可见,平等不等于公平,光有平等也实现不了公平,因为人先天就是不一样的,古希腊的梭伦所说的"给一个人以其所应得"才是真正的公平。① 但是,是否每个人都认识真正的公平就是以平等对待相同、以差异对待不同、以补偿对待弱势呢?②

教育也是如此。当前,不同受教育群体之间和不同教育类型之间的差距,特别是教育结果的差距还较大,普通百姓对政府努力追求公平的改革举措获得感不强,对于教育公平的呼声依然很高。同时,隐藏在"就近入学"的制度框架和入学机会平等背后的教育选择问题日渐受到关注。因此,尊重个人教育选择权的差异性的公平日益成为现实需求。探讨教育过程公平问题所关注的焦点,是学生在学校生活中是否受到其所需要的公正的对待。具体而言,一是学生所应享有的生存权、发展权、社会参与权和受保护权,等等,是否得到切实的保障?二是在学校的学习生活中,学生是否得到了平等的尊重,能否公平地享受学习和发展的机会?三是学生在学校是否获得了学习和发展所必需的资源?这三个问题分别落在教育公平的不同侧面,即权利保障、机会获得和需求满足。

教育微观公平的提出,既是基于儿童能够获得学校教育生活公平体验和经验的美好愿景,也是基于解决当前有关部门和学校教师对公平认知与教育现实的冲突问题。

---

① 博登海默.法理学——法哲学及其方法[M].北京:华夏出版社,1987.
② 杨小微,李学良.关注学校内部公平的指数研究[J].教育科学研究.2016(11):5-12,21.

第一节 学校教育微观公平的对象与范围

社会正义始于学校正义。教育公平落实的关键在于学校教育微观公平。那么,什么是学校教育微观公平?教育微观公平的研究对象是什么?要弄清这个概念和问题,我们从"什么是教育公平""教育公平与教育平等是否一样""教育微观公平的内涵与教育公平内涵有何联系和区分"等问题入手,逐一探析。

一、教育公平是一种价值主张

什么是公平?《辞海》解释为:人们从既定概念出发对某种社会现象的评价。亦指一种被默认为是应有的社会状况,反映社会生活中人们的权利和义务、地位和作用、行为和报应之间的某种适应关系。

同理,可以从教育的本体意义来界定和理解教育公平的价值观属性,但教育公平作为一种价值观的认识,并非一开始就清晰。已有对教育公平内涵的理解,虽然已经从强调"政治出身"(教育权利平等)上升到了强调"个人能力"(教育机会均等,"分数面前人人平等")阶段,但其实都是为了"社会"发展的需要,将人当作社会的工具(政治工具或者经济工具)[①],大部分研究的出发点都是为了解决社会问题,应用各种社会理论来阐释教育公平的内涵。其中最重要的阐释是社会公平理论的延伸,认为"教育公平是人人享受平等的教育权利……"。从经济学与法学视角阐释教育公平者,则认为教育公平是公民能够自由平等分享当时、当地公共教育资源的状态。从教育发展的历史看,教育公平问题自近代以来,就成为各国政府以及教育理论家孜孜以求的目标,其基本的发展脉络常常与教育资源密切相关。在《教育大辞典》中,教育资源有两种涵义,分别指"为保证教育活动正常进行而使用的人力、财力、物力的总和"与"教育的历史经验或有关教育信息资料"。[②] 教育机会论者却强调:教育公平是每个人都得到最基本的平等受教育机会。而教育价值论者指出:

---

① 程天君.新教育公平引论——基于我国教育公平模式变迁的思考[J].教育发展研究,2017(2):1-11.

② 顾明远.教育大辞典(1)[M].上海:上海教育出版社,1990.

教育公平是人们在教育领域的利益分配的一种价值认识和价值评价,是人们根据自身教育利益和需要对一定的教育关系和教育事实的认定和评价,教育公平具有相对性、动态性、情境性。

因此,不论教育公平是一种权利观、资源观、机会观,还是一种价值观,本质上都是一种价值主张。

二、教育微观公平指向教育的内部和过程

一般认为,教育公平包括起点公平、过程公平和结果公平。教育公平,不论是宏观公平还是微观公平,都包含上述三类公平。就学校教育来说,外部体系的教育公平主要指向教育起点公平,包含教育制度、政策的公平和教育权利、机会公平,考虑的是群体利益,指向教育权利平等和入学机会公平。教育过程公平的外部要素主要是指制度安排和设施标准等,如学校建筑、生均经费、教师人数及实验设备等基本办学条件。这其中,教育资源的提供、分配和有效应用是贯穿教育过程公平的起点、过程和结果的关键问题。在以上条件下,学校教育系统内部的公平更多指向交往实践上的公平,包括教育过程公平、教育结果公平,关注的是个体利益。[①] 在现代教育体系建设发展中,人们长期关注的教育系统的外部公平问题,内部的公平特别是学校教育过程公平成为社会管理者以及研究者忽略的"黑箱"。直至20世纪60年代,才有少数教育人类学者试图从学校和个人视角调查解释学校内部的阶层差异、学业差异现象,学校教育过程公平问题这个"黑箱"才逐渐被打开。

在我国,一直以来教育公平的政策都是从政治社会的视角关注和解释教育不公平问题,并提出外部解决的政策或策略。直至2003年中共中央十六届三中全会提出"以人为本"的理念之后,教育由强调政治、经济功能逐渐转向强调文化功能和促进人的全面发展,教育公平观才逐步转向关注人的发展。由此,学者的研究视角开始转向学校教育过程各因素与教育公平的关系,并引导政策关怀转向学校内部微观公平问题。

三、学校教育微观公平的研究对象与范围

教育公平有宏观和微观之分,教育宏观公平,往往是指国家层面、区域(地方)

---

① 吕星宇.教育过程公平——教育活动的内在品性[M].上海:华东师范大学出版社,2013:64.

层面的教育公平,多涉及政策、制度和资源、机会的公平,如规定谁享有教育权利,享受多少教育权利,什么样的学校享受什么样的教育资源等。教育微观公平,往往指学校层面的公平,多指学校内部的公平,包括学校的制度公平、资源分配公平、课程开设公平、教学过程公平、评价公平等。在学校教育过程中,教育的微观公平还包括广义和狭义两种。广义指对所有的学校教育过程而言,是抽象的概念;狭义指一所具体的特定的学校内部的一个具体的教育活动中教师对待参与活动的学生的态度。① 因此,有人认为课堂教学过程公平是教育微观公平中的要素,将二者画等号,便矮化了教育微观公平。也有人认为,教育微观公平指教育起点公平和过程公平,是在教育过程中为学生提供均衡的机会和条件,满足学生发展要求。②

我们将教育微观公平定位于学校教育全过程的所有要素。那么,实现微观公平的学校图景是什么呢?国内外教育家描绘的学校愿景可以给予我们启发,特别是关于"学习共同体学校"的描述,蕴含着生动的微观公平图景。1995 年美国教育家博耶尔指出,学校为了成为共同体需要变成一个"目的明确的地方""交往的地方""公平的地方""遵守纪律的地方""关心人的地方"以及"用于庆祝的地方"。③ 博耶尔的阐述提出了学校教育微观公平的目标要素、文化和制度要素、和谐关系要素。1996—1999 年,佐藤学在"学习共同体"原有的教育理念上结合日本当下的教育危机,先行发动"学习共同体学校"改革,提出包含"公共性""民主主义""卓越性"三个原理的改造学校哲学,并将学习共同体的学校描绘为"是各式各样的人共同学习的地方,这里尊重并实现每一个儿童的学习权,共同体中的每一个人无论在何等困难的条件下都各尽所能追求最高的境界"。④ 佐藤学先生的"共同体"学校蓝图清楚地描绘了学校是以儿童学习为中心,学校中的所有人、所有事物都是为了促进儿童达到发展的"最高境界"。儿童学习是其所追求的民主学校的核心要素,儿童得到最好发展则是学校教育微观公平的最高目标。

可见,教育微观公平既建立在教育公平这个大概念基础上,又与之有明确区分,是教育公平的组成部分之一,或者说是教育公平发展的一个阶段,它是使教育公平从形式走向实质的阶段。即教育微观公平就是从"面上"公平到"点上"公平,

---

① 冯建军.教育学视野中的教育公正[J].陕西师范大学学报(哲学社会科学版),2008(2):90-91.
② 高洁.全纳理念下我国基础教育过程公平问题研究[D].石家庄:河北师范大学,2008:17.
③ 南腊梅.试论课堂学习共同体的建构[J].现代教育论丛,2010(2):37-41.
④ 〔日〕佐藤学.学校的挑战——创建学习共同体[M].钟启泉,译.上海:华东师范大学出版社,2010:3,172.

或曰"精准公平"。这种精准公平,是以学生为本体,为了学生的公平,即从具体的教育实践过程落实公平的理念和追求。

因此,我们将个体公平感受作为教育微观公平的出发点,将学校教育微观公平的概念定义为:在尊重和保证每个人平等享有各种教育权利和人格尊严的基础上,尊重人的差异性,保证其在学校教育中得到积极的、充分的发展,并对这种发展予以同等认同。

第二节 学校教育微观公平的本质追求:学生公平认知与现实冲突

无论是教育公平研究还是教育过程公平研究,大部分都是基于成人的视角,或是教育学界及社会学界学者的视角,或是教师的视角,而基于学生视角的学校教育微观公平认知很少被调查、被总结以至于被研究。本研究认同教育公平是受教育者的感知,那么教育微观公平的最关键感知者就是学生。

一、趋势向好:对学生视角的教育微观公平现状调查

学生公正体验是衡量学校教育过程公平的重要变量。Chory(2007)曾开发了一套问卷,探究学生课堂公平感知与学生对教师信任度感知之间的关系,其从分配公平、过程公平、互动公平三个维度分析学生的课堂公平感知。利用这一工具,Chory等人(2013)还研究了学生课堂公平感知的情绪反应,研究发现学生经常报告的是程序不公平,但引起学生严重消极情绪的是互动不正义(interactional justice),以及程序与分配不正义(procedural and distributive injustice)的混合。[①] 2018年5月,本课题组从教师对待与公平体验两个维度——尊重、权力、资源、兴趣、个性、安全感、满意度、成功感、信任度九个方面,面向全国城乡学校,对学生的过程微观公平感知进行了问卷调查。

---

① 李学良,杨小微.义务教育阶段学生公正体验的实证研究——基于学校内部公平数据库的报告[J].华东师范大学学报(教育科学版),2018(4):95-106+165.

（一）调查样本基本情况

本次问卷调查对象是K12全学段学生，学校样本的选择是：福建省16所，浙江省6所，江西省4所，湖南省4所，新疆、甘肃、江苏各2所，样本学校除了少量城市学校，以县域学校为主，其中县城和乡镇学校各占一半。答卷学生共4239人，基本情况如下：

1. 城市学生占55%，乡镇学生占45%。如图1-1：

选项	小计	比例
A.大中城市	900	21.23%
B.小城市	1445	34.09%
C.城镇	1119	26.4%
D.农村	775	18.28%
本题有效填写人次	4239	

图1-1　调查样本

2. 学生父母是义务教育学历的比例最高（父亲占46.35%、母亲占50.5%），高中学历次之，有25.43%，占比最少的是本科学历。

（二）学生的视角下，教师对待学生公平度在65%～75%之间

调查数据分析显示，大部分学生认为教师能够尊重自己。73.67%的学生认为上课时教师重视听取自己的观点，74.19%的学生认为教师上课时候能够关注自己，65.65%的学生认为教师会给予自己较多的照顾。说明，超过三分之二甚至四分之三的学生认可教师的尊重和承认。

大部分学生认为教师不会滥用权力，在班级管理方面比较民主。包括：在选举班干部时，80.23%的学生认为教师考虑的是学生的能力，18.4%的学生认为教师更看重成绩，仅有1.36%的学生认为教师考虑关系户和特殊学生。在班干部选举形式上，近70%的学生选择了"全体学生民主投票""学生自荐"和"班干部轮流制度"，而班干部由教师直接任命的有30%。在"你觉得上课时教师的奖励或惩罚是否公平"问题上，82.6%的学生认为是公平的。62%的学生认为"教师不会让有特长的学生拥有特殊的权力"；但在"班主任是否给予班干部特殊权力"这一选题上，仅41.47%不认可，高达38%的学生认为"教师给予班干部特殊权力"，还有20.48%的学生不确定。可见，在给予学生权力方面，教师有可能存在对班干部的偏爱。

在学校的资源分配与教师学习辅导方面,大部分学生认为比较平等。65%的学生表示他们都享受了学校所有的设备(如智慧教室、图书馆等),72.4%学生能够经常参与学校的各种活动,还有63%的学生能够享受到教师的额外辅导。

在个性化教育方面,不同的情况下有不同的认识。82.3%的学生认同教师会鼓励他们发表不同的意见,但仅有20%的学生认为"教师会让有特长的学生拥有特殊的权力",可见,在大班制的条件下,公平与个性发挥如何协调存在较大难度。很多时候,平等大于个性。

(三)学生的公平感知总体较好,但明显低于教师对待维度,公平与效率的矛盾较突出

关于学生自我公平感知的问题调查发现:

1. 在课堂安全感方面,大约五成学生有较积极的感受,包括"上课会积极争取发言"(占比50%)。尽管高达77%的学生有机会和教师聊天,但只有38%的学生"有机会与教师进行针对问题的争论"。令人高兴的是,将近九成学生认为"同学之间能平等地讨论问题"。可见,同学之间的信任度很高,但师生信任度还不是很高。

2. 在学习成就感方面,尽管超过一半的学生有正面感受,但消极感受的学生比例不容忽视。58%的学生并不觉得所学课程很难,52%的学生能够轻松完成作业,42.5%的学生认为自己各学科都能学好。应该引起注意的是,虽然觉得课程很难的学生和不能轻松完成作业的学生不占多数(19%、11%),但由此可见学习困难的学生总数还是相当可观;再加上"不确定"的学生数(23%、36%),有1/3到将近一半的学生没有学习成就感,甚至感觉学习困难。这说明我们学校的课程、教学、评价方式存在较大问题。

二、非公平现实案例:是典型案例还是个别案例

(一)城乡均衡难:乡镇村学校教育质量难以达成公平结果

20世纪90年代,"两基普九"是我国义务教育的攻坚任务,解决乡村儿童的辍学问题成为教育研究者的重点。1999年6月,北京大学"重读、辍学"课题组和西北某省教育科学研究所的研究人员到该省河阳县进行了一个预调查,发表了《王小刚为什么不上学了——一位辍学生的个案调查》。该文以"王小刚"为个案,调查讨

论乡镇村学校学生辍学的原因①。该研究发现,从情感因素来看,辍学生王小刚的心理状态可以总结为:他想去学校、喜欢上学—因成绩不好会被教师体罚—怕学不好且学不好—学不好就要被打—恶性循环直至辍学。通过情感因素深入分析该个案,发现在王小刚辍学的可能性因素中,社会、家庭等多方面的原因造成了王小刚成绩不好,间接影响了王小刚的辍学,而成绩不好确实在王小刚的辍学事件中有很大的影响,但成绩不好对王小刚来说只是意味着会被教师打,并不构成辍学的决定性因素。害怕被打是引起他产生"不去了"的想法的真正原因,教师的体罚直接导致了其辍学行为。②

进入21世纪,我国经济总量已经排名世界第二,教育经费占GDP 4%的目标已经实现,免费义务教育政策已在全国实施,并在农村学校实施"两免一补",以保障贫困家庭儿童接受完整义务教育。然而,乡村学校儿童辍学仍然大量存在。

每年开学季都是宁夏彭阳中学教师陈教师最忙的时候。除了做好新学期准备外,把不想上学的学生劝回学校也是重要的工作内容。"全校80多个教师,20个左右保学对象,3~4个教师一组,全县各乡镇到处跑,摆事实讲道理,最后孩子只要回去,上一天学发10块钱生活补贴。忙上半个月,能劝回60%,剩下40%怎么也劝不动。"陈教师的学生郑裕生曾辍学两个月:"学不进去,高中肯定考不上,得考虑以后干什么。"而在彭阳一所小规模初中,每年50多名初三毕业生,读普高、职高、技校的总共只有20人左右,超过一半不再读了。③

21世纪前20年,乡镇村学校学生的流失与20世纪90年代的辍学不同,原因已经从经济等社会因素转向学习困难等学校或个人因素。同时,更多乡村孩子因办学质量的差异流入城镇学校,类似于城镇家庭的择校。总体上,"撤点并校"的行政手段与家长对村小学校"质量不如中心学校"的话语认同两大因素导致大量村小学生向乡镇中心小学集聚。而在基本完成"撤点并校"后的近几年,家长又开始舍弃乡镇中心小学,往县城或更大城镇迁移。即使在乡镇村生活条件日益改善,乡镇中心小学和中学的教学条件不输于县城或小城市的我国东部区域,很多家长也宁愿舍弃本乡宽敞的住房和悠闲的生活,为了孩子租居城镇小屋艰难打工,或者夫妻分离(很多是母亲进城照顾孩子父亲留家工作)。原因是什么呢?归根结底,教育

---

① 陈向明.王小刚为什么不上学了——一位辍学生的个案调查[J].教育研究与实验,1996(1):35-45.

② 刘茹月,杨李娜.案例研究中的情感因素分析——读《王小刚为什么不上学了?——一位辍学生的个案调查》[J].内蒙古师范大学学报(教育科学版),2019(8):58-61.

③ 刘博超.给"有学不想上"开药方[N].光明日报,2017-12-01(9).

质量公平是最主要的因素,家长将乡镇(村)学校归入"学业失败"高风险区域而进行新时期的"孟母三迁"。为什么社会对乡村学校学生"学业失败"有高认同度?"硬件设备大量缺失""教学管理水平较差""师资队伍教学水平偏差"[①]等普遍现象,导致乡镇学校学生学业成绩不良的社会感知,同时一些更具有上升前景的优质生源流出,加剧了乡镇教育生态的恶化。

据教育部2017年统计,目前我国贫困地区义务教育毛入学率为99.8%以上,巩固率为93.4%以上,这二者之间的差距,主要是初中阶段辍学的学生比较多。也就是说,100个孩子中,约有6个没有完成九年义务教育。教育部基教司相关负责人判断,因厌学或学习困难辍学的学生可能占到辍学学生数量的60%以上。厌学或学习困难取代贫困成为辍学首要原因。"有一些学生是自愿失学,没兴趣,就不学了。怎么按照义务教育法解决这些问题,让他有兴趣学习,把义务教育巩固率从93.4%提高到95%,这是一个大的'硬骨头'。"教育部将义务教育阶段"控辍保学"列为教育领域三个最难啃的"硬骨头"之一。[②]

2018年的统计数据显示,全国义务教育学校在校生规模持续大幅增长,城区增幅明显。其中,东南部的F省城区初中在校生比上年增长7.89%,乡村初中在校生比上年略增0.74%;而本调查样本之一的N市增长率为9.26%,是2018年F省初中在校生数增幅最大的设区市。同时,F省城区义务教育初中阶段的入学率为99.77%,升学率为115.64%;全省镇区义务教育初中阶段的入学率为98.84%,升学率为64.41%,升学率比入学率有较大幅度下降,降幅为34.43%;全省乡村义务教育初中阶段的入学率为98.72%,升学率仅为71.98%,远低于城区升学水平。另一方面,F省义务教育阶段学校在校生的省内随迁子女比上年的增幅为6.64%,比2014年的增幅为30.89%。[③] 可见,城、镇、乡初中升学率差异如此悬殊,与初中生大量流动到城镇特别是城市有密切关系。

(二)优质度低:城镇学校从择校到择班级、择座位

"择校"热长盛不衰。在城市,从20世纪八九十年代到进入21世纪,无论是想方设法找关系递条子让孩子进入传统名校和重点学校,还是通过选购名校优质校

---

① 郭振宇,郭研.乡镇中学学生"流失"现象的深入剖析及对策探讨[J].吉林教育学院学报,2013(7):98-99.
② 刘博超.给"有学不想上"开药方[N].光明日报,2017-12-01(9).
③ 本段数字分别来自《中国教育事业发展报告》(2018)(教育部)及《福建省教育事业发展报告》(2018)(福建省教育厅).

片内住房,家长们的择校目标从来没有改变。近年来,各地严格执行划片入学后,"天价学区房"的新闻总是层出不穷。近十年,乡村学童也加入了择校大潮:农村家长们舍村小进中心校,乡镇家长舍中心校、乡镇中学而选择县城学校。与择校趋势一起出现的还有2011—2013年在各大网络论坛、纸媒上对于"寒门再难出贵子"的激烈争论,从另外一个角度诠释了同样的道理:当弱势阶层经济资本、社会资本、文化资本和符号资本都远远落后于优势阶层的时候,在一个越来越重视资本再生产和代际传承的时代里,弱势阶层永远只能"陪跑"甚至被边缘化。

除择校以外,家长开始择班、择座位。很多家长为了孩子能进入学校特殊班级(如权势阶层孩子集中的班级、成绩优秀班级等)和获得优势座位而"各显神通"。

为什么择班?在幅员广大的中国,教师是一个巨量群体,即使是名校、重点学校,也不是所有的教师都是优秀教师或所有的学生都是优秀学生。在一般意义上,很多人(家长)认为,在义务教育学校,权势阶层孩子所在的班级一定是资源最丰富、优秀教师最多的班级;而在高中学校,为了"培优",聚集成绩优秀学生的班级一般是获得学校最好资源和最优秀教师的班级。因此,家长们择校的原因大致有:或希望孩子能够得到优秀教师的指点走上优秀道路,或希冀孩子能够与优秀同学相伴而共同优秀,甚或希望与权势家庭结交而让孩子在未来获得更多社会资源。

家长对孩子教育问题的关注也逐渐细化到班级的座位编排问题。2019年的春晚小品《抢座位》就生动演绎了家长为了孩子的座位"大展身手"的景象。家长们为了给孩子抢到所谓的"C位"各显其能,各显神通。那么在现实的教学中,有没有这样的"C位"呢?很多家长认为,靠近中间第三、四排是所谓的"C位",觉得这个位置离讲台比较近,靠近中间,容易受到教师的关注。中国青年报社社会调查中心联合问卷网,对1834名中小学家长进行的一项调查显示,66.6%的受访家长认为座位对孩子成绩影响大,71.1%的受访家长认为有必要担忧孩子的座位问题。① 家长们普遍认为座位关乎孩子的学习成绩甚至成长轨迹;坐前排,距黑板太近,容易吃粉笔灰,对孩子健康无益;坐旁边,担心会造成孩子斜视;坐后面,怕孩子上课听不到教师讲话,看不清楚黑板……甚至教室被分为所谓的"学霸区、休闲区、养老区、学渣区"……家长的"座位焦虑"其实是在担心什么?每一种表象的焦虑下面,都隐藏着深层次的内因。

虽然大部分教师自认为对班上每一个学生的关注度都是一样的,并不会因为

---

① 他一年将37人送进清华北大:让孩子在班里坐个好位置,有用么?[EB/OL].[2019-11-25].http://www.jingchuchao.com.

座位而有什么变化。但当他们的角色转换为家长的时候,也为自己孩子的座位而纠结,当听说孩子的座位靠边时也很焦虑,也会想着跟任课教师沟通,试图进行调整,虽然明知道坐到中间未必会对学习产生积极的影响,他们也不会放弃谋求中间的座位。所以家长的心态很容易理解:纠结、矛盾,对座位的编排方法充满怀疑。这也从一个方面反映了家长对教育的焦虑。

可见,随着义务教育的普及以及教育改革的深入,教育资源向均衡化发展的同时也出现明显的倾向性。教育资源是教育持续发展的动力,教育资源的不平衡必然导致教育发展的缓慢。而教育资源落实到教育对象即学生身上所表现出来的是质和量的公平与否。学生座位作为教育资源的一种,其排列结构也涉及教育资源分配是否公平的问题。具体来说,在质上,公平主要体现在学生座位结构与教师互动结果的差异性;在量上,则表现为学生与教师交往的频率以及教学活动参与度的不同。① 从根源上,优质教育资源难以均衡、课堂教学改革难以推进、高考选拔制度难以多样化等仍然是主要因素。

(三)活力不足:功利的学生层级关系与师生关系

1.冷漠的学生层级关系

近20年,尽管从上到下对校园欺凌问题进行了多方整顿,但发生在校园内的欺凌事件屡见不鲜:辱骂殴打、强迫脱衣、拍照侮辱……不断引发社会公众关注。
2018年新闻:

> 女学生遭人轮流掌掴。1月15日,一段湖北嘉鱼县某中学女生遭同学轮流掌掴的视频在网上引发关注。据视频显示:某位打人者还嬉笑称,"打重一点啊""我还要来一次"。被打者不敢动弹,满脸发红。
>
> 平江校园中学生围殴同学。5月21日,一条有关"中学生打架斗殴"的视频,在微信群被疯传:一群说着平江话的学生,言语低俗,围着看其他几个男生对站在墙边的男生拳打脚踢。根据被打男孩母亲与他人的微信聊天截图得知,被打学生就读于平江县童市镇十一中学,属于留守儿童。

校园欺凌的后果很严重。以自杀对抗校园欺凌:三好学生、学习成绩年级第一、学校合唱指挥、英语能力出众……在家人和朋友的印象里,陈某某是"学霸"级的存在。而就是这样一个品学兼优的好女孩,却在花一样的年纪里跳楼身亡。陈某某跳楼坠亡后,身上的笔迹、所留遗书、夹在作业本的字条以及课本上留下的只

---

① 刘欢:公平视野下的中小学座位编排考察[J].教学与管理,2017(11):27-29.

言片语,都把死因指向了校园欺凌。

据调查,当前校园欺凌呈现"低龄化""群体性""反复性"的特点,49%的学生承认对其他同学有过不同程度的暴力行为,87%的学生表示曾遭受其他同学不同程度的暴力行为;其中,有 32.5%的学生偶尔被欺负,6.1%的学生经常被高年级同学欺负。但是,超过五成的学生没有向成人包括教师求助。①

江西一男孩小洋,六年级时去了当地最好的寄宿学校,而他一生的噩梦,却始于这里。由于天性乖巧,又是第一次住校,小洋在宿舍遭到了室友肆无忌惮的欺辱,他们将他的衣服脱光,用衣架狠狠抽他,用脚踩他的脸,吐口水在他的身上……最后甚至变本加厉:"他们串通好,将积攒了一周的尿液放在一个盆里,一人躲在厕所,等我进厕所一下子把整个盆倾倒过来。"出于恐惧,小洋不敢将这件事告诉教师:"总觉得告密了会被整得更惨"。他不愿将此事告诉家人,因为生长于单亲家庭的他不想让母亲担心,于是,幼小的他只能默默承担这一切。慢慢地,他变得沉默寡言了,经常失眠,经常没办法控制自己的情绪,经常跟母亲吵架,也曾两次尝试自杀,因为遭到霸凌,他得了抑郁症,直到如今,小洋都无法摆脱那段梦魇般的日子。②

校园欺凌与社会文化、家庭教育以及学校管理息息相关。其中,也折射出学生之间关系的不平等,很多学校的学生之间存在层级关系,并形成一定的校园文化(潜规则)。如对一所学校"兄弟帮"的调查显示,"兄弟帮"的强大不在于"兄弟",而在于"帮"。在"兄弟帮"建立之前,L 和老四都是被欺凌者,原因不是自己弱小,而是没有可依赖的庇佑,他们从一开始便知道群体的力量大于个体,在群体中更有保障,小团体的成立与接下来的欺凌活动存在直接的因果关系。长久以来,学者们总是从个体的角度审视欺凌现象,鲜少触及群体的因素。从根本上说,欺凌行为被驱动于群体机制而非个体。在"兄弟帮"中,个体某种角色发生的可能性在很大程度上由群体成员的期望所决定,但主体可能并未察觉。群体总是奖赏那些他们认为他或她应该做的行为,即符合群体主观标准的行为,而惩罚那些与主观标准不符的行为。③

2.尴尬的师生关系:难以把握的"体罚"与正常惩罚

2019 年夏天,有两则关于教师体罚学生后被学生报复,以及教师自杀的新闻

---

① 球球冲锋号.校园欺凌案例大曝光,保护孩子,我们该做些什么?[EB/OL].[2019-10-29]. http://baijiahao.baidu.com/s?id=1601334670095348699&wfr=spider&for=pc.

② 球球冲锋号.校园欺凌案例大曝光,保护孩子,我们该做些什么?[EB/OL].[2019-10-29]. http://baijiahao.baidu.com/s?id=1601334670095348699&wfr=spider&for=pc.

③ 宗锦莲.男子气概、美德替代与集体无意识:校园欺凌是如何发生的——一项来自"兄弟帮"领袖的口述史研究[J].教育发展研究,2019(22):44-54.

成为热议。

其一:二十年后学生殴打教师案。

常某,32岁,毕业于栾川县实验中学。张某是其初二时期的班主任。2018年7月某日,常某路遇张某,对其辱骂、指责,扇其耳光,又朝其脸部猛击一拳,并将其电动车踏翻在地,朝其胸部、腹部击打两拳。并让同伴拍下视频给人观看。视频传到网上,引起轩然大波。常某称,初二时被教师脚踹体罚过。

媒体评论:万事有因果。学生与教师的关系是互动的,教学相长,是良性循环。教师打骂学生,学生敌视教师,是恶性循环。尊师重教,要从每一个学生与教师自己做起。教师善待学生,学生敬重教师,薪火相传,弦歌不辍。中学时代,教师适当管教学生,无可厚非,但不能过分,过犹不及。至于学生的"君子报仇,十年不晚",用错地方①。

其二:被打耳光受辱的安徽铜陵教师投江自杀。

2019年7月18日,安徽铜陵"教师与学生两次冲突后失联"事件引发广泛关注。7月15日,失联12天的周安员遗体被确认后,当地官方通报称已排除他杀。"2019年7月3日中午12时06分,安徽铜陵长江大桥的监控录像记录下一个瘦小的身影坠入江中的场景。陈瑶湖镇中心小学教师周安员投江自杀。"

媒体评论:43岁、19年教龄,周安员干教师这一行似乎有些干烦了。

学校最怕家长投诉,摊上个"教师打学生"的罪名,被告到教育局、省厅可不得了。弄不好,教师公职不保,校长也得换人。

可偏偏"老好人"周安员老师撞在枪口上。他给学生拉架时,被男生一拳打中胸口。而他的反制措施——使劲把男生按在课桌上——招来了家长的不满,要求周老师医疗赔偿、在班里道歉。

经过警方的调解后,周老师赔了医药费,家长仍逼迫道歉,并打了周老师两记耳光。

不想赔钱、不愿道歉的周老师,受辱后忍气吞声。校长的"谈心"在周教师看来,不过是希望自己与家长私了,不要殃及学校。

生活远不像他"作诗、开书店、当先生"那般浪漫。师生互动中的摩擦,难免激起教师心头的怒火,恼羞成怒的体罚也不一定都能拿捏得恰到好处。

---

① 丁金坤.二十年后学生殴打老师案:有罪、无罪?[EB/OL].[2019-06-13]. http://blog.sina.com.cn/s/blog_5f7396520102zoc5.html.

但教师的惩戒权,关乎教育的尊严和教师的社会地位。也就是说,没有惩戒权的教师,无法维护教育的权威,也无法保护个人的尊严。①

百年前夏丏尊先生说的话仍对我们有警示作用:"学校教育到了现在,真是空虚极了,单从外形的制度上、方法上,走马灯似地更变迎合,而于教育的生命的某物,从未有人培养顾及。好像掘池,有人说四方形好,有人又说圆形好,朝三暮四地改个不休,而于池的所以为池要素的水,反无人注意。教育上的水是什么?就是情,就是爱。教育没有了情爱,就成了无水的池,任你四方形也罢,圆形也罢,总逃不了一个空虚。"②在他看来,"情""爱"之情感就是教育的生命,没有了"情""爱"的滋养,教育也只能落得个精神空虚的外形。

在很多人的眼里,成绩优秀的学生是学校、教师的宠儿,应是优质教育资源的受益者。实际上,在大班制的环境下,教师确实很难做到"因材施教"。义务教育重视"均衡"性的公平,在以各种"合格率""进步率"为主要考核标准的情况下,在教学方面,教师只能将更多精力用于面向大多数的中等生群体,甚至成绩差的学生,而对于成绩优异的学生,教师认为他们很省心,不需要倾注太多注意力;在荣誉方面,鼓励学习进步和品行优良得到更多认同,因此,成绩优秀学生也常常被忽视。当前发生的一些非正常死亡的学生案例可以说是在学校被忽视的成绩优秀个体代表。因此,学校教育如何能够真正面向全体、为了全体学生的个性化发展,亟须被提起和重视。

---

① 澎湃新闻铜陵教师投江之谜[EB/OL].[2019-8-18]. https://www.thepaper.cn/newsDetail_forward_4172694.

② 〔意〕亚米契斯.爱的教育[M].夏丏尊,译.上海:华东师大出版社.1995:译者序.

第二章　学校教育微观公平研究的回顾与反思

近百年来,世界各国对于教育公平的研究与实践主要集中于宏观和中观的角度,基本没有涉及学校教育过程微观公平研究,因而,学校教育过程公平的研究被比喻为"黑箱","功能主义、人力资本理论、方法论经验主义、冲突论都将学校教育过程置于'黑箱'之中,着眼点在于学校教育输入和输出这两端,忽略了具体的学校教育过程的重要性。"① 直至 20 世纪后半叶,才陆续有学者开始对学校教育过程公平进行探究,20 世纪末,学校教育过程的"黑箱"才被渐次打开,学者们逐渐聚焦学校教育微观公平研究,但在本项目研究之前,几乎没有关于"学校教育微观公平"的完整概念和系统研究。

在我国,随着义务教育普及问题的有效解决以及教育均衡内涵式发展,教育起点不公平问题得到一定程度缓解。近年来,人们对发展优质教育的呼吁越来越强烈。2019 年全国两会上,李克强总理更是提出发展更加公平、更有质量的教育要求,学校教育②过程微观公平问题也引起广泛热议。截至目前,所有与教育微观公平有关的研究,除了本项目组的研究以外,几乎都是冠之以"教育过程公平"或"教育内部公平"。因此,我们基于"教育微观公平"概念定义,将与之内涵一致的相关研究如"教育过程公平""教育内部公平""课堂教学公平"等均归入教育微观公平的研究。

---

① 沈洪成.如何打开黑箱?——关于教育不平等的西方民族志研究及其启示[J].社会学研究,2020(1):218-241+246.
② 本文学校教育限指基础教育阶段学校教育。

第一节　不同理论视角下教育微观公平的研究

一、国外的研究

国外关于微观公平的研究逐渐从行动研究、案例研究向理论研究和制度研究延伸,并在部分教育制度设计和政策制定上特别体现教育过程的微观公平。在研究范式和思路方面,国外相关研究以教育人类学者为主,采用学校民族志进行观察研究、比较研究,还有测量学家的理论研究。20世纪60年代,美国人类学家被指派去研究国民教育问题,特别是贫困阶层和少数民族的教育问题,从此,人类学家介入了弱势族群在学校学业失败问题的研究。他们致力于探求教育者如何创造有利于弱势群体儿童学习的环境,提出"文化非连续性"理论来解释少数民族学生学业失败问题,并产生了"学校民族志"的研究方法,深入学校展开整体性研究,生动再现学生与任课教师在课堂中的情景互动,分析少数民族或弱势群体儿童在主流学校中面临的学业困境。[1]

20世纪70年代,新教育社会学(new sociology of education)开始关注学校的教育内容和内在运作。同期,测量专家开始注意测验和试题的公平性,在语言评价领域中,测验公平性作为评价中的一个基本概念,直到20世纪90年代才得到比较广泛的研究和讨论。学者布鲁克哈特(Brookhart,S.M)等认为大规模考试开发的测量理论不适用于"教学—评价"的混合体,不适用于课堂评价,并提出开发"课堂测量学"(classroometric)的测量理论。[2]

在研究成果方面:在理论层面,西方多元文化教育理论建构了文化多元和教育平等理论,其中指出:"尽管对弱势群体的公开歧视已不多见,潜伏的偏见、低期望现象还时时存在,而且成为弱势群体学生学习成绩低的主因""学校应该教授弱势群体学生在社会取得平等地位所需的知识和技能"[3]。在制度层面,由加拿大各地

---

[1] 袁同凯.教育人类学简论[M].天津:南开大学出版社,2013.
[2] Robin D. Tierney. Fairness as a multifaceted quality in classroom assessment[J]. Studies in Educational Evaluation,2013.
[3] 袁同凯.教育人类学简论[M].天津:南开大学出版社,2013.

方教育部和 9 个教育组织代表共同开发的"加拿大教育公平评价实践原则"(Principles for Fair StudentAssessment Practices for Education in Canada),提出了在加拿大教育界被普遍接受为公平评价指标的指南,该文件被认为代表了 20 世纪 90 年代教育界关于公平评价的理想。

2001 年,美国前总统布什签署的《不让一个孩子掉队》法案,总目标是确保所有公立学校的每个孩子都能受到做好充分准备的教师的教育。基于科学研究基础上的课程和安全的学习环境,它重申公立学校应不分地区、家庭背景、肤色之别,承担发展学生心智、培养学生品格的历史使命与责任。该法案是力图从制度层面对实现教育微观公平进行干预的有益尝试。

二、国内的研究

在我国,政府教育部门一直以来追求的是宏观和中观的教育公平。具体到微观层次的教育过程公平,近 20 年才渐次出现,主要从教育过程存在的问题和课堂生态两方面进行探索。其研究范式因研究角度不同而不同,主要有以下几个方面的探索:

其一,应用教育生态学的理论,从微观角度研究课堂教学生态。从本质上看,动态平衡的课堂教学生态的构建是实现教学过程公平环境的重要探索,随着新课改的展开,生态课堂被看作是教育的又一种追求,并取得了较为丰硕的理论成果,主要有田慧生的《教学环境论》、范国睿的《教育生态学》、李森等的《课堂生态论:和谐与创造》、孙芙蓉的《课堂生态研究》、王兴华的《课堂教学生态及其优化研究》、杜亚丽的《透视生态课堂的基本因素及特征》,等等,在生态课堂的内涵、特征、构成要素、构建策略、评价和实践探索方面都进行了较为深入地研究。

其二,从社会阶层理论角度对不同受教育对象的部分教育过程公平进行研究,其中主要是对农民工子女在公立学校的融入问题的研究。如汪长明的《从"他者"到"群我":农民工随迁子女学校融入问题研究》、戎庭伟的《农民工随迁子女在校融入问题及其对策——基于福柯的"权利分析"视角》,等等,均指出农民工子女在校融入过程普遍存在心理、行为与自我认同方面的困境。随迁子女的社会阶层制约、城市文化霸权形成的群体阻隔效应、社会二元结构对随迁子女的自我认同的抑制作用,以及学校管理存在诸多弊端和漏洞,是导致农民工子女学校融入困难的主要因素。

其三,从教育人类学理论的角度对少数民族地区和学校教育质量改善问题进行研究。如袁同凯的《教育公平视域下的少数民族学校教育问题研究》,李卫英的

《少数民族儿童学业成就差异的空间阐释——以贵州省黔南州石龙乡布依族苗族学校教育为例》,等等,在教育公平视域下从教育人类学理论的角度来审视少数民族学校教育中普遍存在的几个问题,认为少数民族儿童学业成绩低下的原因是多方面的,既有其自身的因素,也有历史的和社会的因素,其中社会制度性因素起着决定性的作用。

其四,从教育测量学的角度对课堂评价公平性进行初步研究。以王少非的《课堂评价需要什么样的公平性》为代表,指出传统的教育测量学中,虽然以公平性与效度、信度等共同构成了评价质量标准的核心,但是,这种评价范式能否完全适用于以促进学生学习改善为指向的课堂评价受到了质疑,认为应构建适应课堂评价的公平性框架。

第二节 微观公平视角下学校教育过程公平研究的主要领域

学者以及一线教育者对教育公平的理解和实现途径的突破口逐渐从宏观层面走向微观层面,从关注入学机会均等,讨论资源分配的"物"的公平向实现学校教育内部公平,聚焦学生发展的"人"的公平延伸。学生发展是教育过程微观公平的立足点,是发展更加公平、更有质量的教育应有之意,更是教育公平发展的终极目标。近年来,学校教育过程微观公平问题日益得到关注,其概念最先由郭少榕研究员提出①。虽然概念提出较晚,但在这之前已经有很多研究散落在教育公平的论述中。我们通过整理2008—2018年相关文献,分析发现关于学校教育过程微观公平研究主要分布在以下几个领域。

一、微观视角下的教育过程公平内涵研究

通过对已有研究成果的整理和分析发现,学者关于学校教育过程公平内涵的探析,基于微观公平视角的教育过程公平有四种学说。

广义狭义说。该观点认为,在学校教育范围内,教育过程公平有广义和狭义之

---

① 郭少榕.论学校教育微观公平[J].教育学术月刊,2018(10):68-72,81.

分,广义指对所有的学校教育过程而言,是抽象的概念;狭义指一所具体的特定的学校内部的一个具体的教育活动中,教师对待参与活动的学生的态度。① 因此,有人认为课堂教学过程公平是教育过程微观公平中的要素之一,将二者画等号,便矮化了教育过程微观公平;② 也有人认为教育过程微观公平指教育起点公平和过程公平,是在教育过程中,为学生提供均衡的机会和条件,满足学生发展要求。③

对待原则说。该观念最初来自柏拉图和亚里士多德的公平理念,认为教育过程公平是一种合理的平等。合理的平等指以平等对待平等的,以不平等对待不平等的,即对待人的方式上合理的差异。④ 因此,有学者认为"教育公平理念的核心是个体享有教育过程中的平等地对待"⑤。还有学者认为教育过程公平属于质性公平,关乎态度问题。教育过程中,每个学生家庭、相貌、学业成绩、智力水平、学习兴趣、性格气质等各不相同,教育过程中的公平主要是教师的教育理念、态度及方法的艺术的公平。⑥ 有学者甚至明确指出,教育过程公平要求教师在教育过程中扮演"对待性公平"的角色。⑦

个体差异发展说。该观念认为,"应得"教育应该是正当合理性问题,教育过程公平就是关注学生"应得"的东西。学界普遍认为,教育过程公平的核心是尊重学生的个性差异,其目的是实现学生差异性优化发展。因此,教育过程的本质就是"面对学生差异,让学生得到差异发展"⑧,就是使学生得到与自身现有发展状况与发展潜力相适切的帮助,⑨ 平等的获得适合自身需求的教育资源。⑩

资源公平分配说。该观念受社会学思想的影响,是教育公平理念的延伸。学者认为学校教育资源一般包括教师时间和精力的分配、课堂提问次数、班级座位安排、班级干部选聘、荣誉分配等。也有学者以"非生命"和"生命"为承载物,细致划

---

① 钟祖荣.论教育过程公平的几个问题[J].北京教育学院学报,2012(5):14-20.
② 张祖民.教育过程公平的内涵与原则[J].教育探索,2014(10):1-3.
③ 高洁.全纳理念下我国基础教育过程公平问题研究[D].石家庄:河北师范大学,2008:17.
④ 吕星宇.论教育过程公平[D].上海:华东师范大学,2009.
⑤ 辛涛,黄宁.教育公平的终极目标:教育结果公平——对教育结果公平的重新定义[J].教育研究,2009(8):24.
⑥ 同①。
⑦ 石艳,崔宇."新教育公平"观与教师教育转型[J].湖南师范大学教育科学学报,2018(5):110.
⑧ 吕星宇.论教育过程公平[J].现代教育论丛,2008(9):65.
⑨ 田果萍,张玉生,康淑瑰.教育过程公平的重新审视[J].教育科学论坛,2010(9):12.
⑩ 周波,黄培森.关注个体差异:教育过程公平的路径选择[J].河北师范大学学报(教育科学版),2017(1):91.

分了课堂教学资源。①还有学者将学校资源分为物质资源和精神资源,认为教育过程公平指在教育过程中,学生平等地获得资源,得到公正的关注和评价,简言之,在教育过程中,学生获得均等的物质、教育评价、精神关注等资源。②

Oscar Espinoz认为教育过程是一个由各个不同方面组成的复杂体。同理,教育过程微观公平也有学校和班级管理两个层面,关乎学校领导、中层干部、教师、学生、家长等各方面利益,涉及教学目标、教学内容、教学方法、教学评价等各个方面,蕴含资源配置、教育态度、教育理念、师生关系等多方因素,其内涵从来都不是上述某一种观点所能解释的,而是上述四种观点的融合。正如冯建军所说的,教育过程公平就是通过合理的教育制度,恰切地分配教育资源,使每个人获得与其相适宜的教育,满足个体的学习需要,使个体得其应得,实现个性化地发展。③

二、微观公平视角下的教育过程公平原则研究

学校教育过程微观公平的实践需要研究并遵循教育过程微观公平的原则。纵观近十年来教育过程微观公平原则的研究,主要有以下几种观点:

黄金三原则。黄金三原则指平等对待、差异对待以及补偿原则,其属于伦理学范畴,是罗尔斯正义观在学校教育过程中的解读,也是教育过程微观公平的首要原则。学术界从不同维度对黄金三原则进行了诸多论述,如吕星宇提出比例平等原则是教育过程的基本原则,具体包含资格性原则、基本利益完全平等原则、非基本利益应该比例平等、基本权利优先原则;④钟祖荣则说明了什么是相同对待,什么是差异对待,提出适应—匹配原则和适度失配—促进发展原则;⑤郭少榕认为平等对待相同原则是教育微观公平的底线原则、差异对待不同原则是建立在平等相待的基础上,补偿对待弱势原则是教育关怀的体现。⑥

利益最大化原则。美国莱伊·道格拉斯最先提出利益最大化原则,认为该原则是平等对待、差异对待原则的出发点,最终又回到此原则。国内学者焦晓燕、吕

---

① 李红.课堂教学中教育资源的类型与分配原则[J].教学与管理,2015(36):42-44.
② 陈文亮,杜丽娟.农村义务教育阶段教育过程公平影响因素分析[J].蚌埠学院学报,2017(6):167.
③ 冯建军.教育学视野中的教育公正[J].陕西师范大学学报(哲学社会科学版),2008(2):91.
④ 吕星宇.论教育过程公平[D].上海:华东师范大学,2009:74-75.
⑤ 钟祖荣.论教育过程公平的几个问题[J].北京教育学院学报,2012(5):17.
⑥ 郭少榕.论学校教育微观公平[J].教育学术月刊,2018(10):68-72,81.

星宇等人将伊·道格拉斯引入教育过程公平,指出利益最大化原则是教育过程微观公平原则的最终原则,其他原则都要服从该原则,主要指每个学生个体都有机会将其潜能发展到极致,实现自身所能达到的最佳水平。[①]

教学过程原则。教学过程原则属于教育学范畴,是对某项具体教学过程中,教师在教育目标、教育方法、教育评价等环节中应该遵循的原则,是教育过程微观公平原则的另一种表征方式。因此,有人提出无差别对待是确保学业发展公平的教育学伦理原则,发挥学生学习自主性是确保学业发展公平的最为根本的教学方法原则,强化评价认知性、注重评价增值性、凸显评价公平性是确保学业发展公平的教学评价改革的原则。[②]

此外,值得注意的是,2009年,吕星宇[③]在其博士论文中提出教育过程微观公平五大原则:比例平等原则、推定平等原则、利益平等考虑原则、受教育者利益最大化原则和幸福原则,其中幸福原则是最高原则。这是近十年来,对教育过程微观公平原则研究最为系统、最为全面的研究成果。

三、微观公平视角下的学校教育公平指标研究

教育过程微观公平既是教育起点公平的延续和结果公平的保障,也是教育均衡内涵式发展的有机构成。因此,在探讨学校教育过程微观公平指标时,不可避免地会谈及教育公平指标和教育均衡发展指标。通过对近十年来学校教育过程微观公平指标的研究,我们发现学校教育过程微观公平指标研究呈现三种趋势。

趋势一:热衷国外教育公平指标体系研究

表2-1 2008—2018年国外教育公平指标研究

年份	作者	篇名	类别
2010年	安晓敏	欧洲教育公平指标及对我国的启示	期刊
2010年	罗晓静	OECD教育公平政策探析	硕士论文
2013年	韩春梅	欧盟教育公平指标的启示	期刊
2016年	李娟	西方教育公平指标体系研究与思考——以十种教育公平指标体系为例	期刊
2018年	曾家延	西方学习机会测评50年研究述评	期刊

---

① 吕星宇.论教育过程公平[D].上海:华东师范大学,2009:79.
② 吴全华.确保学业发展公平的教学原则[J].教育科学研究,2009(12):57.
③ 同①。

在中国知网以"教育公平指标"为主题,检索时间设置为2008~2018年,剔除非基础教育阶段及无关内容,最终得到研究国外教育公平指标的有关文献汇总(如表2-1)。分析表2-1可以发现,近十年来,国内学者通过研究国外教育公平指标体系,分析我国现行教育公平指标存在问题。如李娟曾指出,国外教育公平指标体系同时关注起点公平、过程公平和结果公平,既关注"物"的指标,也关注"人"的指标,国内现行的教育公平指标要增加过程指标、结果指标以及"人"的指标。[①] 我们认为,这正是教育过程微观公平指标所要涵盖和突出的关键性指标要素。

趋势二:教育过程微观公平指标体系研究系统化专业化

起初,关注教育过程微观公平的研究不多,大部分都是零星散落在教育公平指标的相关研究中。如2008年,王善迈在《教育公平的分析框架和评价指标》一文中,建议从接受教育权利和机会的公平、公共资源配置公平、教育质量公平、学生间教育公平四方面设计三级教育公平具体评价指标,其中,他还认为公共资源配置公平是教育过程公平的评价指标。[②]

2013年,杨小微教授开始研究学校内部公平指标,其实质内涵与教育过程微观公平一致。杨小微教授研究历程分为三个阶段,具体可以通过三篇文展开详细分析。第一阶段:初提关注差异性指标。杨小微在《公平取向下义务教育发展的评价指标探究中》指明,翟博按照功能和评价对象设计的两个均衡发展体系,以及杨东平、周金燕统计出的总体教育水平差异指数、义务教育均衡指数、高中教育公平指数均没有聚焦校际间的教育差异性指标。[③] 该阶段,杨小微教授虽然对已有的教育公平指标和均衡指数提出质疑,呼吁关注差异指标。但此时的差异指标主要指校际间的差异,是对某种组织差异性的关注,没有看到学校里的学生这一学习主体。第二阶段:再提内部差异指标。杨小微教授在《中国教育公平指标体系研究指探讨》论述到:当下教育公平指标侧重事业资源配置指标,教育规模客观性指标,而个体性教育差异被掩盖在生均和整体指标下,特殊群体,如留守儿童、随迁子女等主观感受性指标被排除在外,内部差异被忽略。[④] 这一阶段,杨小微教授更加关注

---

① 李娟.西方教育公平指标体系研究与思考——以十种教育公平指标体系为例[J].外国中小学教育,2016(10):15-22.
② 王善迈.教育公平的分析框架和评价指标[J].北京师范大学学报(社会科学版),2008(3):93-97.
③ 杨小微.公平取向下义务教育发展的评价指标探究[J].华中师范大学学报(人文社会科学版),2013(4):146-153.
④ 孙阳,杨小微,徐冬青.中国教育公平指标体系研究之探讨[J].教育研究,2013(10):111-120.

教育过程中单个主体感受到的教育公平，认为理应将教育质量、生命质量、主观感受等直接影响个体性教育公平的要素纳入教育公平指标体系。第三阶段：完成学校内部差异指标设计与测算。杨小微教授在《关注学校内部公平的指数研究》中，首先，从师生关系视角剖析教师行动中的事实公平和学生主观感受公平设计了纵向一级指标，即平等对待、差别对待、公平体验、反向指数；其次，从学校领导管理、班级管理、课堂管理设计横向维度，即管理与领导、课堂与教学、班级与活动；最终，形成三级综合性学校内部公平指标体系，其中一级指标4个，二级指标13个，三级指标51个的。[1] 该指标体系既有显性指数又有隐形指数，充分关注了学生的状态、感受和需求，对教育过程微观公平指标研究具有理论和实践指导意义。

趋势三：教育过程微观公平指标体系研究具体化

课堂教学公平是教育过程微观公平的重要组成部分。近年来，学者逐步开始研究课堂教学公平指标，教育过程微观公平指标体系研究更加具体化。

表 2-2　课堂教学公平指标体系相关研究概览

2011 年	郝文武	课程教学公平的本质特征和量化测评
2011 年	王卫平	课堂公平：教育公平的底线思考
2012 年	李金钊	课堂教学公平观察量表的设计及观察
2017 年	冯建军	课堂公平的教育学视角
2017 年	方光宝 李学良	课堂过程公平的构成因素及其验证
2018 年	雷晓庆	课堂教学公平及其指标体系研究

通过分析表 2-2 中的文章发现，郝文武教授观察课堂教学中的教学实施和经费、教师质量和数量、班级规模、个性化学习平台、个性化辅导和激励方式等 10 个主客观条件，对学校跟班级课程教学公平进行量化测评。[2] 王卫平和冯建军教授虽不直接研究课堂教学公平，但却对课堂教学公平的维度进行了探究。李金钊教授则观察课堂教学中的公平与不公平现象，进而分析出课堂教学公平因遵循差异性、发展性和平等性原则，并最终完成课堂教学公平观察量表的制定。李光宝等人则通过《中小学生课堂过程公平问卷》，运用正交旋转因素分析法，认为"平等对待、差别对待、师生互动、学生感知的教师信任"是构成课堂过程公平的因素。[3] 雷晓

---

[1] 杨小微,李学良.关注学校内部公平的指数研究[J].教育科学研究,2016(11):5-12+21.
[2] 郝文武.课程教学公平的本质特征和量化测评[J].教育研究与实验,2011(5):13-15.
[3] 方光宝,李学良.课堂过程公平的构成因素及其验证[J].全球教育展望,2017(12):113-123.

庆通过三轮德尔菲问卷收集和整理,形成三级课堂教学公平指标体系,其中一级指标 4 个,二级指标 14 个,三级指标 27 个。①

第三节　学校教育微观公平关键体现——课堂教学公平的研究

2017 年,习近平总书记在十九大报告中提出要优先发展教育事业,把努力让每个孩子都能享有公平而有质量的教育作为优先发展教育的着力点。2021 年全国教育工作会议和 2021 年教育部工作重点都明确指出要全面贯彻党的教育方针,落实立德树人,坚持发展抓公平,提高人民群众教育获得感。随着国家政策和基础教育深化改革的不断落实和优化,教育公平,尤其是教育过程中的微观公平改革成为今后基础教育工作的重点。教育公平的研究重心也已经从入学机会公平、人人有学上的宏观层面转向人人都能上好学、能获得适切发展的微观层面。②

一般而言,与教育公平相比,教育微观公平更倾向于学校教育教学各个环节以及显性、隐性教育教学资源。从教学逻辑上看,课堂教学作为教育教学核心部分和关键环节,是教育微观公平研究必不可少的主题之一,其公平性研究将直接影响教育微观公平,甚至是教育公平的实现保障。教育公平事关社会的公平正义,课堂教学公平是教育公平的微观体现,③事关每一位学生享受课堂权利、课堂资源、课堂学习机会以及课堂学习身份的公平正义。

在此背景下,作为教育活动最基本组织形式,课堂教学的研究如雨后春笋,研究主题更加聚焦化,研究范式逐渐多元化,研究维度趋于多样化。基于此,本研究运用 bicomb.2 和 SPSS.20 软件,对 2001~2020 年 648 篇文献进行定量分析和定性分析。通过对近二十年来的课堂教学公平文章进行系统梳理和分析,归纳课堂教学公平研究主题和热点,为客观展现课堂教学公平研究提供技术支撑,为拓展教育公平未来发展提供新视角。

为真实、全面地展现课堂教学公平研究成果,本文运用 BICOM2.0 和 SPSS.20

---

① 雷晓庆.课堂教学公平及其指标体系研究[D].南京:南京师范大学,2018.
② 徐容容,吴志宣,郭少榕.我国学校教育过程微观公平研究的回顾与审思[J].教育评论,2019(10):31-39.
③ 兰显芳.英语课堂教学与学生个性发展研究[J].中学生英语,2016(34):91-92.

系统,对文献进行技术加工,形成研究数据,进而挖掘当前课堂教学公平研究主题及其主题变化间的耦合关系,总结课堂教学公平发展道路中的"拦路虎",分析今后研究的重点及方向。

本研究中的课堂教学公平特指学前教育和义务教育阶段的课堂教育公平。资料处理一共分为三步。第一步,收集文献资料。为尽可能地确保文献覆盖面,做到应检尽检,避免出现文献遗漏现象,本文采用中国知网高级检索模式。首先,在高级检索页面输入"课堂教学公平""课堂公平教学""课堂公平""公平课堂""教学公平""公平教学"六个主题文献,其次,确定检索年限为2001~2020年,检索日期为2021年4月12日,最后,得到1014篇相关文献。第二步,筛选文献。因扩大检索范围,已有文献与课堂教学公平关联度较低,为确保所得文献高度相关,本文通过逐一阅读文献题目和摘要,删除与课堂教学公平无关或非直接性文献,如新闻稿、会议简报、征文启事、非学前教育和义务教育阶段、无作者等文章,最终确定有效研究文献648篇。第三步,导出648篇有效文献。在中国知网中选中648篇文献,导出Notefirst格式文本。

首先,在bicomb.2系统建立"课堂教学公平"新项目,提取648篇文献。其次,规范关键词,确定有效关键词:一方面是删除无关信息,如人名、地址等,另一方面是统一关键词表述,如"教育公平"和"公平教育"统一表述为"教育公平","教师课堂教学行为"与"教学行为"统一表述为"教学行为","学习机会公平"与"机会公平"统一表述为"机会公平"等,最终确定1016个有效关键词。再次,确定高频关键词临界值,建立高频关键词共词矩阵。依据最大值法确定本研究词频临界值为6,得出38个高频关键词,运用bicomb2.0矩阵功能,导出48个高频关键词共现矩阵。最后,运用SPSS.20进行聚类分析,运用关键词聚类分析,形成高频关键词聚类树形图。

一、课堂教学公平高频关键词统计及分析

分析表2-3得出,高频关键词共38个,累计占比43.91%。词频超过10的分别为教育公平(240次)、课堂教学(157次)、教学公平(117次)、公平(79次)、对策(45次)、不公平(33次)、分层教学(27次)、课堂公平(26次)、师生互动(23次)、课堂教学公平(16次)、教师(16次)、课堂(15次)、课堂提问(15次)、现状(14次)、班级授课制(13次)、边缘人(12次)、教育过程公平(12次)、问题(10次)、差异教学(10次)、初中英语(10次)、教学公平(10次)。这表明近二十年来,课堂教学公平研究主要聚焦在课堂教学不公平现状、课堂教学中师生互动交往、课堂提问、课堂

教学不公平问题及对策、课堂教学公平内涵与原则、分层教学与班级授课制等教学组织的核心热点的探究。但是,值得注意的是,高频关键词统计分析也仅仅是直观性的展现出研究热点,要深入挖掘关键词之间的内在联系和研究范式的变化趋势还需要借助 bicom.2、SPSS.20 系统以及大量的文献阅读。

表 2-3 高频关键词列表(词频≥6)

关键词	频次	关键词	频次	关键词	频次
教育公平	240	现状	14	学习机会	7
课堂教学	157	班级授课制	13	教学中	7
教学公平	117	边缘人	12	多元智能	7
公平	79	教育过程公平	12	学生	7
对策	45	问题	10	差异	6
不公平	33	差异教学	10	小学英语	6
分层教学	27	初中英语	10	师生关系	6
课堂公平	26	教学行为	10	差别对待	6
师生互动	23	公平问题	9	教育	6
课堂教学公平	16	小学	9	因材施教	6
教师	16	个体差异	8	教学模式	6
课堂	15	体育教学	8	教学评价	6
课堂提问	15	原因	7		

二、课堂教学公平高频关键词 Euclidean 距离分析

Euclidean 距离分析主要是通过核定两点之间的真实距离来反映两者之间的相关性,距离与相关性成反比,即距离值越接近 0 则表示两点距离越小,相关性越高。基于以上原理,将 38×38 核心关键词矩阵文档导入 SPSS.20,进行 Euclidean 距离分析,得出不相似矩阵(见表 2-4)。

研究表 2-4 可知,词频高于 15 次(包括 15 次)关键词中距离"课堂教学公平"由近及远的分别为教师、师生互动、分层教学、课堂公平、不公平、对策、公平、教学公平、课堂教学、教育公平。该现象表明了研究者习惯性从"教师""师生互动""分层教学""不公平"等角度来阐述"课堂教学公平"。这一结论与学者们研究结论相似。同理可以得出"不公平"经常与"原因""体育教学""初中英语""师生互动"等词一

起出现,"师生互动"常与"小学""原因""英语""师生关系""因材施教"等词一起出现。这也再次说明了,近二十年课堂教学公平研究热点主要集中于课堂教学不公平的现状和原因探析,体育、英语等课堂中挖掘和分析学科教学中的公平问题,尝试从师生互动、因材施教、教学评价、教学组织模式等方面寻找课堂教学公平道路研究等。

表 2-4 课堂教学公平高频关键词二值 Euclidean 距离分析(部分)

	教育公平	课堂教学	教学公平	公平	对策	不公平	分层教学	课堂公平	师生互动	……	差异	小学英语	师生关系	差别对待	教育	因材施教	教学模式	教学评价
教育公平	0	15.1	16.1	16	14.9	15	14.3	15.2	15	……	14.7	14.7	14.7	14.7	14.8	14.7	14.7	14.6
课堂教学	15.1	0	14.6	13	12.5	12.6	13	12.9	12.5	……	12.1	12.3	12.4	12.3	12.4	12.3	12.4	12.4
教学公平	16.1	14.6	0	13.4	11.7	11.5	11.6	11.6	11.3	……	10.9	10.8	10.7	10.7	11	10.9	11	10.8
公平	16	13	13.4	0	10.2	10.2	9.85	9.75	9.33	……	8.83	8.94	9.06	8.83	8.49	8.94	9.06	8.94
对策	14.9	12.5	11.7	10.2	0	8.49	8.12	7.87	8	……	6.86	7	7.14	7.14	7	7.14	7.14	7.14
不公	15	12.6	11.5	10.2	8.49	0	7.48	7.21	7.07	……	5.92	5.92	6.08	5.92	5.92	6.08	6.08	6.08
分层教学	14.3	13	11.6	9.85	8.12	7.48	0	7.07	6.93	……	5.75	5.57	5.75	5.57	5.57	5.57	5.57	5.75
课堂公平	15.2	12.9	11.6	9.75	7.87	7.21	7.07	0	6.63	……	5.57	5.57	5.57	5.57	5.57	5.57	5.57	5.57
师生互动	15	12.5	11.3	9.33	8	7.07	6.93	6.63	0	……	5.39	5.39	5.39	5.39	5.39	5.39	5.39	5.39
……	……	……	……	……	……	……	……	……	……	……	……	……	……	……	……	……	……	……
差异	14.7	12.1	10.9	8.83	6.86	5.92	5.75	5.57	5.39	……	0	3.46	3.46	3.46	3.16	3.46	3.46	3.46
小学英语	14.7	12.3	10.8	8.94	7	5.92	5.57	5.57	5.39	……	3.46	0	3.46	3.46	3.46	3.46	3.46	3.46
师生关系	14.7	12.4	10.7	9.06	7.14	6.08	5.75	5.57	5.39	……	3.46	3.46	0	3.46	3.46	3.46	3.46	3.16
差别对待	14.7	12.3	10.7	8.83	7.14	5.92	5.57	5.57	5.39	……	3.46	3.46	3.46	0	3.46	3.46	3.46	3.46
教育	14.8	12.4	11	8.49	7	5.92	5.57	5.57	5.39	……	3.16	3.16	3.46	3.46	0	3.46	3.46	3.46
因材施教	14.7	12.3	10.9	8.94	7.14	6.08	5.57	5.57	5.39	……	3.46	3.46	3.46	3.46	3.46	0	3.46	3.46
教学模式	14.7	12.4	11	9.06	7.14	6.08	5.57	5.57	5.39	……	3.46	3.46	3.46	3.46	3.46	3.46	0	3.46
教学评价	14.6	12.4	10.8	8.94	7.14	6.08	5.75	5.57	5.39	……	3.46	3.46	3.16	3.46	3.46	3.46	3.46	0

三、课堂教学公平高频关键词聚类分析

为更具体直观地表现出课堂教学公平高频关键词之间的内在联系,分析其研究内容和趋势,将表2导入SPSS.20进行聚类分析,形成课堂教学公平树状图(见图2-1)。图2-1横坐标数字表示关键词之间的距离,数值与关联度成反比,即数值越小,关键词之间关联度越高;①纵坐标则是高频关键词及其排序。根据图2-1展现的结果,课堂教学公平研究热点和趋势可分为以下4类(见表2-6)。

(一)课堂教学(不)公平表征性研究

种类1是课堂教学(不)公平表征性研究,关键词主要有课堂提问、学习机会、小学英语、公平等。课堂教学公平是教育公平在学校教育中的微观呈现,诸多学者从不同维度对课堂教学公平或不公平的表现展开过详细研究。赵延金通过普遍归纳,简单描述和解释的方式总结课堂教学中五大不公平表现,即优秀学生获得更多、更好的课堂空间资源,劣势学生在课堂空间资源安排和分配上存在被歧视现象;学生因身份、成绩等因素在教学参与机会受到不公平现象;教学内容不能照顾不同学生差异;教师教学方法和组织形式难以照顾学生全面发展;教学评价指标单一,重视成绩忽视综合发展。② 但也有不少学者开始注重研究的实证性和实践性,采用问卷调查、个案观察、走访学校师生等方式。因此,基于数据、可重复验证的开展课堂教学(不)公平研究趋势日渐上升。如2012年,李金钊在《课堂教学公平观察量表的设计及观察方法》一文中,采用学生参与课堂学习、教师对学生的回馈、教师对学生的个别关注、课堂教学目标与内容的安排、课堂教学方法与手段的运用、课堂教学资源的分配六大维度及课堂教学公平观察方法为课堂教学公平研究提供了可重复、可验证、可行性的实证研究方法;③2016年,郝亚迪、胡惠闵在《从课堂提问看学习机会的公平——基于Z市初中生的调查分析》文章中聚焦"课堂提问"和"参与学习机会",运用"中国学校课程与教学调查"数据,通过对比分析教师提问频率和学生被提问情况,提炼出课堂中学生答问机会的不公平表征;④2019年,王瑞

---

① 徐容容.我国学前教育研究热点分析与启示——基于"国十条"以来的共词分析视角[J].内蒙古师范大学学报(教育科学版),2019(2):37-42.
② 赵延金.课堂教学公平问题的理论与实践研究[D].武汉:华中科技大学,2004.
③ 李金钊.课堂教学公平观察量表的设计及观察方法[J].上海教育科研,2012(3):66-69.
④ 郝亚迪,胡惠闵.从课堂提问看学习机会的公平——基于Z市初中生的调查分析[J].教育发展研究,2016(2):64-70.

在其硕士论文《课堂教学语言的公平性研究》中,明确研究取样地点、精选访谈者取样、拟定访谈提纲、制定观察计划和纪律表,将课堂语言教学公平划分为平等性教学言语下的课堂教学公平行为表现、民主性的教学言语下的课堂教学公平行为表现、关怀性的教学语言下的课堂教学公平行为表现,其中平等性不等于机会均等,而是依据学生认知特点等特征确保每位学生得到同等的权利和机会,能够满足学生个性化需求,师生关系上更加突出教师要强调和激发学生积极性,调动学生潜能,尊重学生主体地位,引导学生自主构建知识体系;民主性则是倡导师生交往互动中互相尊重,教师要尊重学生的主体地位,学生要尊重教师的主导地位;关怀性指的是关心学生的公平感受,以及主体地位是否得以体现,是否得到尊重,是否平等享受参与机会和权利,是否个性得到发展和满足等。①

此外,通过对近二十年来有关课堂教学(不)公平表征的研究,我们也发现,学者研究视角发生了改变,由课堂教学(不)公平宏观性表征向微观性表征转变,从多个表征的笼统研究向单一表征的精准研究转变。

(二)课堂教学公平内涵研究

种类2是课堂教学公平内涵研究,关键词主要有课堂公平、教学行为、课堂、教学过程公平等。通过浏览已有文献发现,明确研究课堂教学公平内涵的文章并不多(见表2-5),大部分是零星地分散在教育公平或课堂教学公平的相关论述中。关于课堂教学公平的内涵,学术界尚未有一个普遍认可的界定,更多的是一种具体性的描述和解释,大致可分为以下四类。第一类认为课堂教学公平是一种教师的教学方式。持此种观念的学者认为,课堂教学公平是依据学生不同个性和需求而采用的适合每个学生发展的教学方法,其最终目的是使得每个学生都能获得最大可能性的发展。② 第二类认为课堂教学公平是一种学生的学习方式。该主张认为课堂教学公平是尊重学生学习主体地位,调动学生学习积极性和能动性,坚持公平正义的原则,寻找到适切学生发展的学习方法,以实现学生学业成就。第三类认为课堂教学公平是一种价值判断,主张课堂教学公平是基于某种公平理论的对课堂教学各环节的考察,是对教师教和学生学双边活动的规范和评价。如周志平在《课堂公平的内涵及实现》一文中详细论述了基于分配正义、承认正义、素养正义理论深入浅出地剖析了课堂教学公平内涵,他认为分配正义包括权利均等、机会均等、资

---

① 王瑞.课堂教学语言的公平性研究[D].济南:山东师范大学,2019.
② 汪卫平.课堂公平:教育公平的底层思考[J].教育理论与实践,2011(11):6-8.

源均等,承认正义包含爱的承认、法权承认和成就承认,素养正义包括价值观正义、知识正义和能力正义,并最终提出课堂公平教学三个价值维度,即均衡价值维度、活动价值维度和品质价值维度。[①] 周志平提出的课堂教学公平价值维度既是课堂教学公平的逻辑起点,也是其实践和评价起点。第四类则是课堂教学公平内涵特征化。基于相关文献分析,诸多学者认为课堂教学公平内涵具有多元性,它既是一种教师的教学方法,也是一种学生的学习方式,还是一种价值判断,任何一种单一的论述都很难全面性地解释清楚该内涵,因而就出现第四类研究类型。该观念认为课堂教学公平指的是在课堂教学中,教师尊重学生享有的平等受教育和发展权利,平等对待每个学生,区别对待学生差异,并依据学生个性特点采用适合其发展的教学方法,促进学生个性全面发展。基于这个内涵,陈智琼等人认为课堂教学公平理应包括平等性、差异性和发展性三大特征,平等性是指同等对待相同,是指教师在进行教学时应该尊重每个学生的身心发展的差异、人格特点、意志水平,无歧视地对待每个学生,是最基本和最基础性特征;差异性是差别对待不同,强调应根据各个学生不同的特点、学习水平施之以差异性、针对性的教育,满足学生不同的学习习惯、学习方式的特殊要求,最大限度地挖掘他们的学习潜力,是平等性的延伸;发展性是全面发展基础上的个性发展,强调教师要在尽可能地情况下,使教学过程能够促进每个人在自己原有水平的基础上得到最大的发展,使每个个体的自身价值能够得到相应的提升[②][③]。刘利平认为课堂教学公平内涵可以概括为平等说、权利说、差异对待说三类代表性观点。[④] 吴晓宁提出课堂教学公平还具有相对性和历史性的特点。[⑤]

表 2-5 国内课堂教学公平内涵研究概览

作者	篇名	时间
陈智琼、赵正	对课堂教学公平的内涵思考	2008 年
李西顺	课堂公平的内涵	2012 年
郑惠懋	课堂教学公平的内涵、问题及对策	2017 年
周志平	课堂公平的内涵及实现	2020 年

---

① 周志平.课堂公平的内涵及实现[J].教学与管理,2020(12):13-15.
② 陈智琼,赵正.课堂教学公平的解读[J].教育与现代化,2008(2):30-35.
③ 陈智琼,赵正.对课堂教学公平内涵的思考[J].科教文汇(中旬刊),2008,(1):23-24.
④ 刘利平,刘春平.我国课堂教学公平研究的回顾与反思[J].教学与管理,2011,(33):3-6.
⑤ 吴晓宁.对我国义务教育阶段课堂教学公平问题的思考[D].贵阳:贵州师范大学,2008.

(三)课堂教学公平问题的原因探究

种类 3 是课堂教学公平问题的原因探究,关键词主要有教育公平、课堂教学、边缘人、原因等。课堂教学公平问题是由多重因素共同导致的。探究学者对课堂教学公平问题的原因剖析,大致可分为微系统因素、中间系统因素、外层系统因素以及宏观系统因素。其中,影响课堂教学公平微系统因素主要有:一是教师自身素养,主要表现在教师对学生的刻板印象、教师职业理念和教学价值取向、教师对公平的认知水平及教学行为能力等。二是学生个性差异,受遗传、家庭等方面的影响,每个学生在各个方面都存在各种差异,每个班级都客观存在优秀生、中等生和后进生,在班级授课制和大班额的影响下,教师在实际课堂教学中很难做到同等对待相同、差别对待不同,这也是当前教学组织形式下迫切需要改善的难题。三是学生权利意识淡薄,当平等享受教育资源权利遭到损害时,不能及时维护自身权益。影响课堂教学公平中间系统因素主要有:一是学校一方面将学生成绩和升学率与教师评价和绩效工资挂钩,诱导教师将课堂教学资源更多倾向于优秀学生,从而忽视中等生甚至是后进生;另一方面学校领导为追求教育公平,较多关注学生公平感而往往容易忽视学校教育另一群体——教师的公平感,只有教师亲身体验到学校领导同等对待相同,差别对待不同之后才能发自内心地在课堂教学过程中践行这一公平理念。此外,学校教育大班额现状和我国最基本的学校教育教学组织形式——班级授课制,也一定程度上限制了课堂教学公平的落实。二是家庭错位行为干扰课堂教学公平,有些家长为了让孩子得到教师更多的关照,经常向教师送礼、请客或有意透露家人权高位重,使得师生互动中带有商业化和功利性气息。影响课堂教学公平外层系统因素主要是政府教育资源投入不足。教师的时间和精力有限,要想在课堂教学中做到公平公正,理应合理控制学生数量,而这与我国现行大班额现状形成鲜明冲突。该冲突的解决就有赖于政府加大教育资源投入力度,消除大班额,保障每位学生平等享有受教育权利和教育资源。影响课堂教学公平的宏观系统因素主要是功利性社会文化。在市场经济的冲击下,人们价值取向日趋功利,社会和家庭评价学校教育成功与否的关键依据就是名次、分数和升学率,各学校为争夺优秀学生,更是采取五花八门的"掐尖"行动,这种功利性社会文化折射到课堂教学中就是教师更多关注优秀学生,奉行精英教育,出现所谓的因"才"施教和因"财"施教,忽视中等生和后进生。

(四)课堂教学公平对等性研究

种类 4 课堂教学公平对策性研究。关键词主要有师生关系、教学评价、体育教

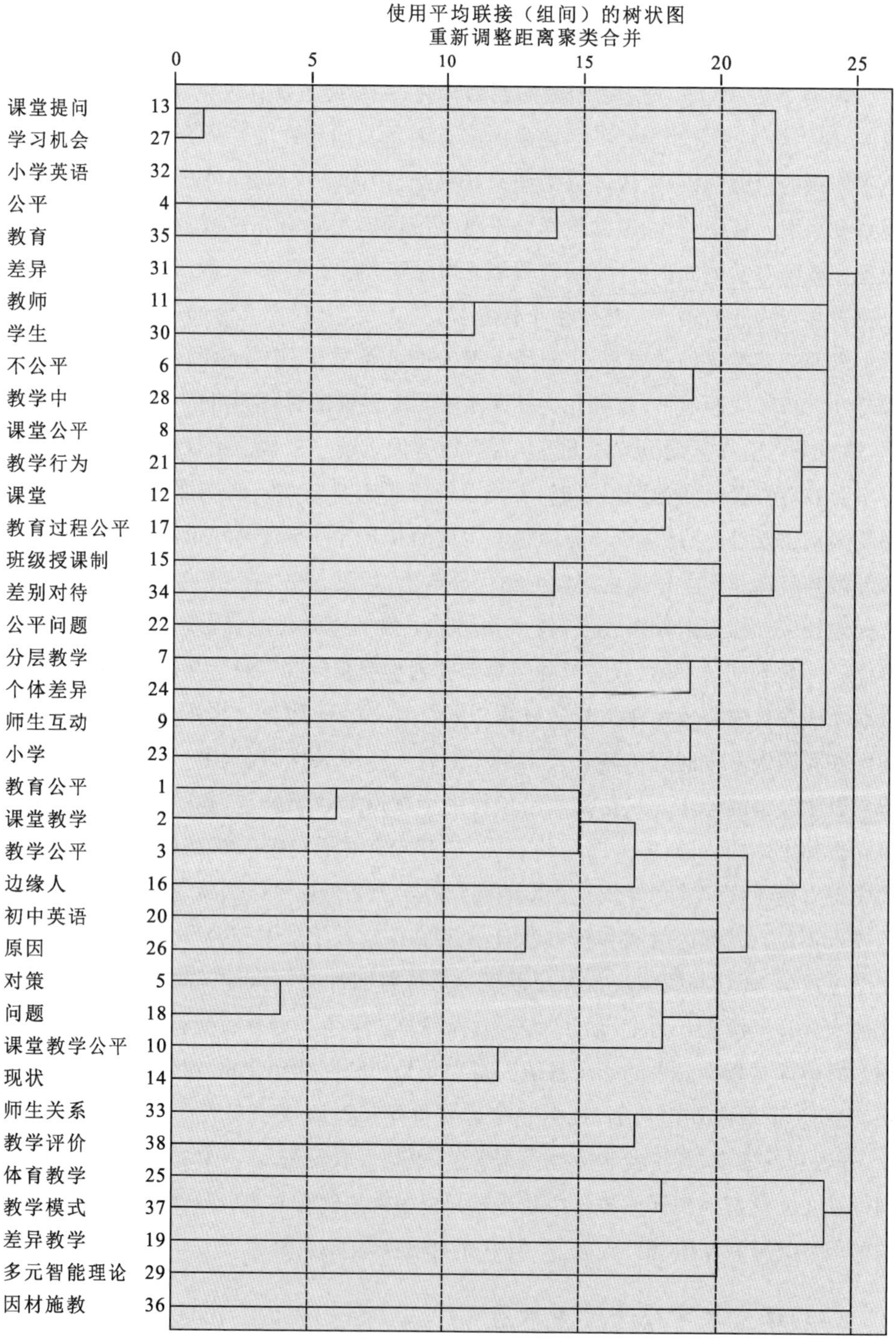

图 2-1 课堂教学公平高频关键词树状图

学、教学模式等。为有效实现课堂教学公平,诸多学者从多方面提出课堂教学公平问题的解决对策,大致包括以下几方面。一是要树立科学的课堂教学公平观,营造和谐公平的课堂。不仅教师要提供公平的课堂教学环境,促进每个学生获得适合自己的最大限度的发展,而且学生也要树立起公平意识和权利意识,与教师一起建立平等、尊重、友爱和民主的和谐师生关系。二是要提高教师综合素养。教师是课堂教学主导者和参与者,是实现课堂教学公平核心和关键因素。因而教育行政部门和学校应更加关注教师综合素养的提高,加大培训力度,丰富培训内容,延长培训时间。务实教师教育教学技能,加强教师职业道德建设。三是优化评价机制,助力课堂教学公平的实现。教育行政部门要摆正姿态,本着"以人为本"的初心和使命,对学校评价不唯分数、不搞排名,更多地关注学校的需要和多样性特色发展;学校对教师的评价也应该公平、公正,让教师体验公平;教师评价学生更应该客观、合理、公平,用多把尺子衡量学生。四是面向每位学生,采用多种教学模式。为发展学生个性,使教育真正面向全体学生,国内研究者纷纷提出各自的主张和建议,如大单元教学模式、小组合作模式、学习共同体模式、互动式智慧教学模式、分层教学模式、小班化教学模式等。

表 2-6　课堂教学公平高频关键词聚类结果

种类 1	课堂提问、学习机会、小学英语、公平、教育、差异、教师、学生、不公平、教学中
种类 2	课堂公平、教学行为、课堂、教育过程公平、班级授课制、差别对待、公平问题、分层教学、个体差异、师生互动、小学
种类 3	教育公平、课堂教学、教学公平、边缘人、初中英语、原因、对策、问题、课堂教学公平、现状
种类 4	师生关系、教学评价、体育教学、教学模式、差异教学、多元智能理论、因材施教

四、其他类别的课堂公平研究

需要指出的是,课堂教学公平研究并不仅限以上四种类,其研究种类繁多,研究内容和视角逐渐丰富和多元。

(一)在课堂教学公平多学科视野研究方面的研究

余维武运用伦理学相关概念和理念对一节课堂教学进行微观分析,探讨课堂教学中的教育公平问题;孙兴屹、朱成科等人从教育哲学视角解析课堂教学不公平问题;冯建军教授从教育学角度指出课堂教学公平理应具有平等性公平、差异性公平和发展性公平;常丽丽从社会学视角追溯课堂教学为何缺失公平。

(二)在实现课堂教学公平的实证研究方面的研究

目前我国学术界对课堂教学公平问题的研究以理论研究居多,相比之下,实践应用性研究较少。比较有代表性的是郝亚迪、胡惠闵的《从课堂提问看学习机会的公平的实证研究》和李红的《关于课堂教学公平观察量表的设计及观察方法》,该研究通过对中小学29节课的观察分析,提出六个观察维度,设计课堂教学公平观察量表,以及基于小组合作的课堂教学公平观察方法,为课堂教学公平研究提供一个可行的实证研究方法,也为了解中小学课堂中教育公平现状提供了实证数据,丰富了课堂教学公平研究方法与内容[①]。

从研究内容来看,人们对"教学公平"的内涵、教学不公平现象的分析、影响教学公因素、实现教学公平的路径等多个方面进行了深入探索,研究框架比较完整,并且已经取得了相对一致的看法。从研究方法来看,思辨分析占大多数,实践研究和实证研究比较缺乏。为此,一些看似一致的研究结论,并无实证数据支撑,体现了"教学公平"研究还处于初级阶段。这需要我们一方面进一步加强教学公平基础理论的研究,另一方面要深入教育实践,开展实证研究和实践研究,为丰富教学公平理论提供更多的原创经验。

(三)在学校课程——校本课程的开发方面的研究

真正的教育公平最终取决于学校教育活动对受教育者个性发展需求的满足效能与适应程度,要实现学校教育的微观公平,就必须具备满足基于学生个体发展需要的课程与教学目标,所以校本课程研究是影响教育过程公平的重要因素。但是对这方面的研究不多,而且研究内容也集中在如何推进校本课程的开发上。

通过总结,推动校本发现校本课程的开发可从政府和学校两方面入手。政府层面:加强地方课程建设;设立校本课程建设专项资金,并向薄弱学校倾斜,为校本课程开发提供物质保障;推进区域内的课程合作开发;建立健全相关管理制度和必要的支撑系统[②]。学校层面:加强校本课程开发技术培训,为提升校本课程开发质量提供技术保障;建立优质校本课程交流共享的机制;加强教师校本课程开发意识

---

① 李金钊.课堂教学公平观察量表的设计及观察方法[J].上海教育科研,2012(3):66-69.
② 周勇.校本课程的校际差异与区域基础教育公平[J].教育研究,2011(5):72-74.

与能力提升的策略研究①。

(四)微观公平视角下的班级管理研究

班级管理作为学校管理中的重要一环,是影响学校教育公平的重要因素之一,其涉及的资源配置公平、文化公平、性别公平与程序正义等问题也是学校教育公平的关注点。在这些研究中,主要分为成因研究和对策研究。成因研究列举了班级管理中的不公平现象,包括班干部选拔中的不公平,班级德育中的不公平,班级文化建设中的不公平,班级心理干涉中的不公平,学生评价中的不公平,人际关系中的不公平等。认为资源配置权利引起的不公平,性别角色定位与性别差异引起的不公平和亚文化引起的不公平是班级管理不公平现象的主要成因。在对策研究上,提出消除班级管理中不公平问题的两大对策:其一,建立民主、平等的班集体,如发挥学生的主体地位,建构民主平等的人际关系,建构民主平等的人际关系,开创新的管理局面;其二,正确处理问题行为,如定性问题行为,实行分级处理,消除累积效应,强化女性主义伦理,关注程序正义②。这些研究多为一线教师所做,贴近现实,具有较强的参考性,但是多数研究室基于教师经验性出发,缺少实证研究。

(五)关于教师行为态度公平的研究

教师作为教学活动的主导者,教育微观公平的实现必然由教师来执行。针对教师的研究角度也颇多。有的从教师情绪入手,如曾文婕在《"正视"教师情绪——教学公平研究的应有取向》一文中认为,"正视"教师情绪理应成为教学公平研究的应有取向,在关注教师情绪"阻碍"教学公平的同时,也应该看到教师情绪也是教学公平的"促进者"③。有的从教师对学生的关注入手,如俞书平在《教育公平视野下学校教育中的马太效应及应对》一文中认为,在学校教育中只重视和培养少数优生,忽视甚至放弃后进生的做法,会对教育工作产生消极影响。在教育教学中教师要用发展的眼光看待学生,用多元智能培养学生,尊重每个学生,对学生因材施教、分层评价,为每个学生健康成长创造良好的心理环境,防止马太效应在教育教学中

---

① 万伟.校本课程开发:影响教育过程公平的新因素——以江苏省为例[J].教育理论与实践,2013(32):42-44.
② 杨晓峰.情景与分析:班级管理中的不公平现象及其对策[J].教育理论与实践,2011(14):24-26.
③ 曾文婕."正视"教师情绪——教学公平研究的应有取向[J].中国教育学刊,2009(7):79-81+85.

的负面效应和隐性影响[1]。有的从教师的公平意识入手，如王凤秋、倪玉娟、李晓在《中小学教师教育公平意识现状调查研究》中通过对哈尔滨市8所中小学教师教育公平意识进行调查发现，教师在公平知觉维度上评价方式的公平性和满足性发展的知觉偏低，对学生学习能力差异的知觉不高；多数教师对教育公平内涵和价值的认知模糊，对教育过程公平与教育关系的理解性存在偏差；教师的公平意识存在个体差异。该研究认为学校一要重视对教师教育公平意识的培养，帮助教师树立正确的教育理念，认识到教育过程也存在教育公平问题；二要破除以"升学率"为评价准则的教育评价体系，把促进全体学生的全面发展作为教育教学的评估标尺，对学生进行过程评价和多元评价；三要发挥骨干教师积极的带动与示范作用，形成从学生的需求出发、关注差异、以一切学生发展为本的学校教育文化，强化教师的教育公平意识；四要制定和完善保证教育公平的法律和政策，使教育公平意识形成及实践有着良好的法治氛围[2]。也有的从在教育公平诉求下教师应具备的素质角色入手，如石艳、崔宇在《"新教育公平"观与教师教育转型》一文中对教师提出了新的要求，将伦理关怀作为教师责任的一部分，帮助学生从"再生产"中突围，建构反思性的社会角色。同时，"新教育公平"需要教师教育进行转型：培养教师通过反思性的、审辩式的思维来审视社会与教育中的不平等的结构和关系，通过包容性的教师教育课程来实现教师对于社会公正取向的认同，并进一步在课堂实践中走出"偏见"，以此实现教育过程公平的追求[3]。

（六）关于性别差异教育公平的研究

要实现教育微观公平，学生是绕不开的一个话题，学生作为学习的主体，是教育公平最终的落实点，但是在现今的课程体系，学校和班级的教育教学中，因性别差异暴露出的问题对学生发展造成很多不良影响。邹泓、李彩娜的《中学生的学业行为及其与人格、师生关系的相关》发现中学生学业行为具有显著的性别和年级差异，"人格五因素和师生关系的亲密性、冲突性能够显著预测学业行为，谨慎性在师生关系的亲密性和学业行为间起完全中介作用"等。还有郑新蓉的《性别与教育》，吴亦明的《浅论性别差异与学校教育》，孙百娥的《性别差异：教育公平的新视角》等

---

[1] 俞书平.教育公平视野下学校教育中的马太效应及应对[J].教学与管理,2014(3):72-74.
[2] 王凤秋,倪玉娟,李晓.中小学教师教育公平意识现状调查研究[J].教育理论与实践,2015(26):12-15.
[3] 石艳,崔宇."新教育公平"观与教师教育转型[J].湖南师范大学教育科学学报,2018(5):110-116.

等,探讨了男女生的学习能力、学习特点、学习策略差异对学习的影响等;郭少榕的《现代化视角下我国学校性别差异教育特点分析——以中等学校教育为例》则对我国基础教育领域对性别差异教育的探索实践进行了综合分析。在对近年来学校教育公平中针对性别差异的研究汇总中,发现整体研究趋势较为集中,其一是针对教育过程的性别公平内涵:以于康平《教育过程公平的性别维度》为代表,认为教育过程的性别公平主要是一种质性公平,是一种价值判断与情感体验,是一种伦理诉求,是对两性差异的尊重。每一个学生都有要求获得最佳发展的权利,但每一个人的发展又都不能以牺牲他人的发展为代价。教育过程性别公平的关键不是对基于社会文化建构的原有性别角色、品质的否定,而是对多元价值的认可①。其二是学校教育产生性别不公平的原因,主要有以下几点:(1)教材文化中的社会性别偏见;(2)教师的态度和行为;(3)教师教育观念上的性别差异;(4)教师资源、课程资源等教育资源在男女生群体间分配的不均等②。其三是实现教育过程性别公平的主要路径:加强两性教育公平的立法工作;制定社会性别公平教育政策;实行"双性"教学;③提高各级学校教师和教育管理人员的教育性别公平理念和意识;教育者秉持差异原则,因性别施教;改革课程和教材,增加性别课程④;加强舆论导向;教师参与性别研究。

第四节 微观公平视角下相关教育公平研究的反思

国外学者已从不同领域和视角进行探索研究教育过程微观公平,为教育过程微观公平问题研究提供丰富的经验与广阔的思路。相比于国外,以往的国内相关研究存在以下不足。

一、缺乏整体性的丰富内涵的理论研究

当前,我国教育过程微观公平理论研究处于理论形成初创期,审视已有文献分

---

① 于康平.教育过程公平的性别维度[J].教育学术月刊,2010(8):14-16+36.
② 赵春娟.性别公平:学校教育的应然选择[J].教学与管理,2010(24):3-5.
③ 苏勇.通向教育公平之路:性别教育平等刍议[J].中国特殊教育,2014(12):20-24.
④ 赵春娟.性别公平:学校教育的应然选择[J].教学与管理,2010(24):3-5.

析可以发现,国内学者关于教育过程微观公平内涵界定、原则分析以及理论基础阐述都直接或间接引用国外理论,最常引用的理论有罗尔斯正义论、承认正义论、全纳教育理论、教学最优化理论等,缺少本土化理论。此外,现有的教育公平的定义范围多聚焦于宏观和中观公平,如学生入学机会的平等、教育资源的均衡配置等,对微观公平的内涵解释偏少;研究视角不够聚焦,纵观近年来为数不多的关于教育过程公平的研究,发现研究的内容多集中于对学校不公平现象的概括及其原因的分析,主要涉及的内容有课堂教学和课程设置的不公平现象。如空间座位的排法、时间的分配、教师的偏爱、课程资源分配的不均衡、提问次数等,角度虽多,但较少涉及学校监督评价制度、对课程设置,以及教学过程的实证研究。

二、研究方法单一,理论研究与实践研究脱节

在研究方法上,更多采用历史学、教育学或者社会统计学的方法,以官方文件资料为研究对象,较少采用社会学、人类学的方法,缺乏现场研究,很少对事件、细节的探究,如对生态课堂的研究就存在"国内研究者运用的研究方法比较单一,缺乏系统持续地研究,尤其是对现场进行研究"的问题。同时,理论研究与实践研究脱节,包括:理论领域针对教育过程公平的研究多以公平的必要性和正当性为主,部分指出教育过程存在的非公平问题,但对于什么是个体需要的公平、如何实现真正的公平等,没有深入研究。因此,在外部教育公平水平越来越高的背景下,我们的教育内部却成为不断复制、固化甚至扩大既定的社会阶层结构的一个推手;在实践领域,大量的一线教育工作者在提高课堂教学效果方面进行了艰苦的探索,形成了高效课堂、分层教学、合作学习等实践经验,但多集中于课堂教学效果的提升,没有主动带入公平理念的研究,而且,较少关注课堂之外的影响因素,以及差异因素的制约与破解问题,也较少得到专家学者的理论指导;相关研究以个体研究为主,忽视成果的应用,学者的研究与政府的制度设计没有连接,没有在相关政策的顶层设计中得到体现等。同时,从方法论角度来看,国内教育过程微观公平研究出现了从思辨向实证研究方法萌发的趋势。在这一萌芽期,教育过程微观公平实证性研究同质化现象比较明显,学者们的研究思路、研究过程、研究主题、研究方法甚至是问卷调查、访谈题纲都惊人地相似,其最大的区别是调查对象的不同,或由A学校换成B学校,或由A教师(学生)换成B教师(学生)。不可否认,多数学者是扎根课堂脚踏实地地收集和分析教育过程微观公平相关资料,但往往又陷入就过程论公平,就教学论公平的桎梏,没有从大环境、大背景中去思考教育过程微观公平问

题,也没有考虑到某个地区、某个群体独有的特征。

三、研究成果的应用性不够

研究结论价值判断偏多,可操作性小。由于很多研究者认为某些论断是不证自明的,因此就对规范性论断不加论证地给出,因而在教育过程公平的实现上充斥着原因不明的建议,研究结论显得肤浅、空泛而没有操作性。例如,认为教师偏爱是课堂教学不公的主要原因,有些人将教师偏爱看作是教师因"财"施教,提出应提高教师的待遇水平;还有学者认为公平缺失的原因是师德缺失、认知偏见,提出"加强师德建设,克服认知偏见,树立科学评价观"等建议,以及"教师要有追求社会公平的理想与志向,要有落实教学公平的能力,要有师德,强化民主意识。"有学者提出,教师要做到公平应该"加强人生修养,提高教育素养""加强自我修养,加强师德建设,提高专业水平,提高民主意识"。这些只是对现象的观察和个人经验的总结,认识肤浅,缺乏内在的逻辑关系及论证,很难对教师的行为起到真正的改造作用,没有实际意义。

四、研究缺乏超前性和创新性

从以上研究关注程度变化来看,近几年,一些学者对基础教育公平问题的研究大都随国家教育政策的变化而改变,自身缺乏一些超前创新的理论体系,总是等着国家发布了新的教育政策之后,才去进一步地分析、阐述和解读它的特点、优点和意义等,而自身缺乏创新性和独立性,有的研究成果甚至还滞后于国家教育机关发布的教育政策。

五、研究展望

综观近年来我国研究的概况,义务教育公平问题已引起广大学者的关注,并陆续发表了一批有见地的研究成果。这些成果虽不能涵盖学术界的所有研究,但也能比较集中地反映我国义务教育微观公平问题研究的主体脉络。今后几年如能在以下几个方面深入开展研究,也许更有意义。

(一)加强实证研究,提高研究的有效性

广大研究者应结合我国各地基础教育的特点,切实深入社会基层,对社会不同阶层的学生、家长、教师、教育管理者等开展实地调查,探究我国基础教育过程微观实践存在不公平的真正原因,寻找解决不公平的有效对策。

(二)创新理论体系,丰富究方法

理论是开展研究的基础,我们在吸收过去基础教育微观公平研究理论优点的前提下,应尽量避免被陈旧理论约束,另辟蹊径,大胆开创新的理论体系,为丰富研究方法提供理论基础,为深入开展基础教育微观公平研究提供理论指导。

(三)突出微观层面,拓展研究领域

基础教育微观层面的公平问题,涉及学生的切身利益,更能反映教育公平的实质问题。如贫困学生的教育公平,涉及贫困学生的资助标准、资助形式、资助途径等微观层面;学校内部的教育公平,涉及优秀师资的分配、试验班的设置、学生座位的排序等。因此,加强微观层面的研究,不仅有利于我们探究问题的根源,还有利于我们拓宽研究领域。

(四)加强高质量的教育过程微观公平研究

教育过程微观公平不再是为了公平而研究公平,也不是为了公平而丢弃教学质量,更不是为了追求质量的精英教育而放弃面向全体学生的教育理念。未来教育过程微观公平一定是公平与高质量的兼得,追求的是高质量的公平。这既是未来课堂教学公平研究的焦点和热点,也是当前国家教育迫切需要解决的难题,更是努力让每个孩子都能享有公平而有质量的教育的出发点和落脚点。

第三章 学校教育微观公平理论建构与研究架构

中国现代教育体系建设的逐渐完善,与教育公平的促进有直接和必然的关系。目前,我国教育公平进入教育过程公平发展的阶段,学校教育过程公平是其重要研究领域。虽然当前"中国的学校教育改革和发展,越来越关注区域之间、学校之间的均衡与公平问题"[①]。但对东部及中西部一些较为发达的地区来说,还呈现从"资源配置均等"到"内涵式质量均衡"乃至"多样化优质均衡"的发展重心转换,也就是正在向"教育过程公平"过渡和转换。[②] 随着教育公平的研究和实践从教育起点、教育结果伸向了教育过程,教育过程公平的研究逐渐成为关注的焦点和热点,其细分领域的学校教育过程公平研究也随之成为焦点和热点。而基于学校教育过程的微观公平的理论阐述也显得非常有必要。

教育过程公平也有宏观和微观两个层面,侧重资源配置、内涵提升的整个现代教育体系建设等资源、制度的建设是教育过程公平的宏观层面,随着这个层面的完成,教育过程公平应该逐渐进入微观领域,即注重师生交往的日常生活教育实践,促进更多的师生享受学校教育生活的过程,过幸福完整的教育生活的权利、能力和机会的公平性建设的发展,也即学校教育过程的微观公平。

第一节 学校教育微观公平的理论建构

教育公平是涉及多学科的复杂问题。从伦理学视角看,公平更多地被理解为公正、正义,在近现代的西方思想家那里,公平概念越来越多地被专门用作评价社

---

① 钟祖荣.论教育过程公平的几个问题[J].北京教育学院学报,2012(5).
② 钟祖荣.论教育过程公平的几个问题[J].北京教育学院学报,2012(5).

会制度的一种道德标准,被看作社会制度的首要价值。从经济学角度来说,教育公平是与教育资源的分配和享受联系在一起的。从法学角度看,教育公平就是受教育权利的普遍化问题,是一个基本人权问题。受教育权利的发展经历了从平等到不平等,又趋于平等的演变过程,由一种少数人的特权转化为普遍的公民权利并受到法律的肯定和保护是现代社会才出现的现象。从社会学视角看,教育公平是社会公平的一个子系统,社会政治制度、经济制度、文化发展、社会阶层、人口发展等外部因素严重制约着教育公平。

总之,教育公平归根结底是一种价值观,存在宏观和微观两种公平,包含起点公平、过程公平和结果公平,与伦理学、经济学、法学和社会学等密切相关。

一、教育公平与相关概念的关系澄清

要阐释教育公平的概念,首先要厘清"公平"与"公正""平等"和"平均"几个概念之间的关系呢。从哲学意义上,"在对事物做出判断时,公平是一个价值判断,是衡量善恶的尺度;平等、平均是事实判断,是衡量有无、多少、比例的尺度。"[①]那么平等、平均等事实判断又如何与公平价值判断联系起来呢?这是因为任何事实判断一旦加上某种视角等就可以转换为价值判断。比如,同工同酬是一种平等理念,但却不是公平理念,同工中还会存在同一工种、劳动者积极性、劳动能力和劳动成效的差异,因此多劳多得就成为公平理念,解决这个问题就是基本工资是同酬,绩效就是多劳多得。可见,平等的事实判断,到公平的价值判断,是一种进步,一种多一个视角看待社会关系的视角。我们研究教育公平,也就是要在教育平等中增加多维视角,使得我们的教育更加公平,更符合社会关系的建构,从而有利于解放社会生产力,为社会发展发挥教育的应有力量。

在传统的公平探讨语境中,公平与效率、公平与自由、公平与能力、公平与努力等几对概念一直呈"双螺旋"的结构出现。政治、经济、文化、教育等领域内的学者大多各持一端、各执一词,将各类"自我定义"加以合理化和美化,制造出所谓的"重叠性共识"并促使其以价值观的形式为人们所接受和秉持。将公平与效率分立的学者大多从经济学的"利润"角度出发,看重的是"总体的社会利益"和整全的社会发展,放诸于教育领域就会担忧因"公平"而妨害社会进步和资源扩容,于是有了撤

---

① 郭彩琴.教育公平论:西方教育公平理论的哲学考察[M].徐州:中国矿业大学出版社,2004:36.

点并校、高校合并、教育服务市场化等现象的出现。将公平与自由分立的学者大多从政治学的"权利"角度出发,看重的是"天赋人权"和"市场规律",放诸于教育领域就会担忧因"公平"而妨害"人人生而平等"的自由权利以及可能会受到政权、意识形态所左右的潜在危机,于是有了高考自主命题、高校自主招生、特长考试加分等现象的出现。至于公平与能力、公平与努力等命题与之类似,它们共同构成了公平的"幻象"。①

事实上,公平与效率、公平与自由、公平与能力、公平与努力等几对概念恰恰为公平的发展寻找到辩证的方向,是公平需要追求和超越的方向。事物的发展是正—反—合的。公平走向效率,公平走向自由,公平走向能力等等,都是公平应有之义。当平等理念中加入效率、自由、能力等方向,平等才能转化为公平,公平才能真正为社会关系所认同,才能成为解放社会生产力的重要促进力量。

二、学校教育过程微观公平的基本内涵

(一)学校教育过程公平

教育过程是实施教育的具体活动的过程,教育过程发生在家庭、学校和社会生活中。如,陶行知就曾主张"生活即教育"。广义上说生活过程即教育过程。但一般理解的教育过程是学校教育过程,从而也阉割了教育过程的生活性,使得教育本身被局限在学校教育中,对学校之外的生活教育过程未加重视,或不予关注。

一般认为,教育过程是一个由各个不同方面组成的复杂体。学校教育过程公平从发生的场域看,有学校、班级、课堂管理三个层面,关乎学校领导、中层干部、教师、学生、家长等各方面利益,涉及学校管理、班级管理、课堂教学,如教学目标、教学内容、教学方法、教学评价等各个方面,蕴含资源配置、教育态度、教育理念、师生关系等多方因素,正如冯建军所说,教育过程公平就是通过合理的教育制度,恰切地分配教育资源,使每个人获得与其相适宜的教育,满足个体的学习需要,使个体得其应得,实现个性化地发展。②

学校教育过程公平,是指学校教育系统的教育教学过程中的公平问题。当前,

---

① 陈栋:底线与上限:论教育公平的立场、内涵和限度——兼论新教育公平的实践路径[J].教育发展研究,2017(2):32-40.

② 冯建军.教育学视野中的教育公正[J].陕西师范大学学报(哲学社会科学版),2008(2).

"教育机会公平是实现公平的条件,教育结果公平是理想境界,无法达到;教育过程公平才是最大的、最现实的教育公平。没有教育过程公平的实现,教育公平就只能停留在资源、机会层面,无法关注到人的发展层面,从而失去教育公平的根本追求。"[①]学校教育过程公平要"肯定每一个人都能受到适合的教育,而且这种教育的进度和方法是适合个人的特点的。"[②]

在学校教育过程中,又有广义和狭义之分,广义的学校教育过程,是指学校各种教育活动过程,如科研、教学、行政、德育、总务、考试、家校合育等;狭义的学校教育过程是指师生之间具体的互动过程,如课堂教学、班级管理和师生交往等。本书所指的学校教育过程公平是广义的。

(二)学校教育过程的微观公平

宏观和微观是一个相对的概念。一种理解是我们将国家层面看成是宏观层面,省市县级层面看成是中观层面,而学校看成是微观层面。那么学校教育过程公平,其实就是微观层面的公平。另一种理解是教育公平问题有教育系统整体的公平与教育系统内部的公平两个层次,一个是宏观层次,一个是微观层次。[③] 教育系统整体的公平是教育制度上[④]、政策的公平,包括教育权利、机会公平,教育起点公平,考虑的是群体利益。教育系统内部的公平是交往实践上的公平,包括教育过程公平、教育结果公平,关注的是个体利益。[⑤]

学校教育系统的整体公平更多的是属于社会问题,是受经济、政治和文化影响的公平,学校教育系统内部的公平,是社会公平在教育领域的延伸,它主要属于教育问题,而不是社会问题。前者研究内容是教育资源、权利的分配,后者侧重研究师生的交往实践、教育教学文化;前者实现方式是制度和政策,后者实现的方式是对待方式,或者实践方法的差异。本研究对象主要是学校教育系统内部的公平,是教育问题,这种研究对象包含科研、教学、行政、德育、总务、考试、家校合育等的微观公平。

---

① 吕星宇.教育过程公平——教育活动的内在品性[M].上海:华东师范大学出版社,2013:248

② 联合国教科文组织国际教育发展委员会.学会生存——教育世界的今天和明天[M].上海师范大学外国教育研究室,译.上海:上海译文出版社,1979:116.

③ 吕星宇.教育过程公平——教育活动的内在品性[M].上海:华东师范大学出版社,2013:64.

④ 苏君阳.论教育公正的本质[J].复旦教育论坛,2004(5).

⑤ 吕星宇.教育过程公平——教育活动的内在品性[M].上海:华东师范大学出版社,2013:64.

(三)学校教育微观公平的意义

完善现代教育体系是当前中国教育发展的大局。这个大局包括:提高教育质量、促进教育公平和培养全面发展的人才三个有机部分。三者之中,促进教育公平是促进教育质量提高和培养全面发展的人才的重要手段,而当前教育公平正在聚焦学校教育公平。因此,学校教育公平的发展直接目的是促进教育质量和培养全面发展的人才,而最终目的是完善现代教育体系。

1. 促进教育质量提高从"自上而下"转向"自下而上"的发展

当前学校教育公平如何促进教育质量提高。作为社会主义国家,教育公平是其现代教育体系的必有之义,应该不断通过促进教育公平阶段性发展来促进现代教育体系的完善,全面提高教育质量。当前我国已经通过深化教育过程公平,注重教育过程宏观公平的对教育质量的提高,提出激活教育活力的制度建设,自国家"十三五"规划就提出了"增强教育改革发展活力"的重要内容,如"深化考试招生制度和教育教学改革。推行初高中学业水平考试和综合素质评价""全面推开中小学教师职称制度改革,改善教师待遇。推动现代信息技术与教育教学深度融合""依法保障教育投入""实行管办评分离,扩大学校办学自主权,完善教育督导,加强社会监督""建立分类管理、差异化扶持的政策体系,鼓励社会力量和民间资本提供多样化教育服务"等等。然而这样的促进教育质量提高依然是一种"自上而下"的模式。研究基于学校教育过程的微观公平的第一要义仍然是提高教育质量,正如国际社会正在进行的"静悄悄的革命"是通过学校内部改革来提高教育质量的。这一研究是有别于政府规划和行动,而是每个教育者自身可以努力的方向。学校教育公平是提高教育质量最直接,最前线,最快速,最有效的地方,可以说是促进教育质量提高的关键领域。因为它将遵循"自下而上"的促进教育质量提升的逻辑,事实上只有宏观和微观层面的双重推进才能真正落实当前促进教育质量提高的任务。

2. 促进学校教育从机械的全面发展转向五育并举,五育融通的全面发展

通常认为的全面发展是"德智体美劳"的发展。从多元智力理论来看,对绝大多数人来说真正全面发展是不现实的,尤其当这一教育理念成为课程建设的指导思想后,中小学课程科目数量就会非常多,导致学生课业负担过重。我们知道多元智力方面是因人而异的,大多数人的智力是不全面的,所以传统认为的全面发展,应该尽快转变为的五育并举和五育融通的发展,应该注重个体差异、区域差异、民族差异等等现实因素既做到全面,又不机械全面。因此真正的马克思主义的全面而自由的发展是从"现实的个人"出发。这种"现实的个人"规约人的全面是一种基

于多元智力的发展的全面,而不是机械的全面,是融通的全面。另一方面,"现实的个人"也规约了自由,使得这种全面发展不仅仅是其类本质的发展,还包括人的另外两种属性,即集体性和个体性。长期以来,学校教育在促进人的自由的全面发展方面往往只重视公共的全面发展,即人的类本质和集体本质,而对个性的发展,基于现实的个人的这种个性的约束的发展,往往是"视而不见"。因此,认为个人的全面发展应该包括个体、集体和类体三种属性的全面发展,这种发展是自由的全面发展。总之,基于学校教育过程的微观公平的角度来考察当前我国学校教育的全面发展,我们会看到这种机械的全面发展需要转向多元的全面发展和自由的全面发展,这样才能更好地基于"现实的个人"这种微观的、具体的个人,来构建我国未来的课程标准。

三、学校教育微观公平的事实基础与理论支撑

我们对学校教育微观公平需要一个分析框架,才能有针对性开展对学校教育过程各领域的要素分析。由于教育公平是一种价值观,这种价值观必须以某种事实或首要价值作为基础,因此这个分析框架需要建立在事实和正义(首要价值)之上。所谓的教育事实,是教育公平必须是尊重事实的,所谓正义,就是那些普遍被社会和个人认同的一些首要价值,这些首要价值还不是一个,可能是多个。罗尔斯认为:"正义是社会制度的首要价值,正像真理是思想体系的首要价值一样。"①

(一)基于差异是教育微观公平的事实基础

学界普遍认为,教育过程公平的核心是尊重学生的个性差异,其目的是实现学生差异性优质发展。因此,教育过程的本质就是面对学生差异,让学生得到差异发展,就是使学生得到与自身现有发展状况与发展潜力相适切的帮助,平等地获得适合自身需求的教育资源。② 真正的教育公平必须在承认个体差异的同时允许非基本教育权利、非公共教育资源方面的不公平的存在,绝对的教育公平本身就是不公平的、也是不可能存在的;同时教育公平会随着时代的不断发展、社会文明的不断进步而有所变化。所以,教育公平是一个动态的、发展的、区域的概念,不同时期、不同地区内教育公平的范畴也是不容混淆。

---

① 罗尔斯.正义论[J].何怀宏,等,译.中国社会科学出版社,1988:3.
② 周波,黄培森.关注个体差异:教育过程公平的路径选择[J].河北师范大学学报(教育科学版),2017(1):91.

"因材施教"是早在我国古代就提出的差异教育的理念。如《论语·先进》中记载的故事,子路问:"闻斯行诸?"子曰:"有父兄在,如之何其闻斯行之?"冉有问:"闻斯行诸?"子曰:"闻斯行之。"公西华曰:"由也问闻斯行诸,子曰,'有父兄在'。求也问闻斯行诸,子曰,'闻斯行之'。赤也惑,敢问。"子曰:"求也退,故进之;由也兼人,故退之。"就是非常好的案例。正如宋代程颢、程颐对孔子"因材施教"的教育思想十分推崇,在《程氏遗书》中说道"孔子教人,各因其材,有以政事入者,有以言语入者,有以德行入者。"因材施教,说到底就是基于差异的教学。

当今我们谈及教育公平依旧要基于差异,区域差异、学校差异、师资差异、生源差异这些都是客观存在的,脱离这样的差异,谈学校教育过程的微观公平,就会变得过于理想和失去操作的可能。

(二)共享正义是教育微观公平的基础价值

《礼记·礼运》:"大道之行也,天下为公。"孟子也认为"不患寡,而患不均"。共享是中国自古就有的理念。马克思在1866年提出一个基本观点,即教育是"人类发展的正常条件"和每个公民的"真正利益",教育是每个公民都应拥有的一项平等权利。[①] 新时代习近平在中法建交五十周年纪念大会上的讲话中指出:"我们的方向就是让每个人获得发展自我和奉献社会的机会,共同享有人生出彩的机会,共同享有梦想成真的机会,保证人民平等参与、平等发展权利,维护社会公平正义,使发展成果更多更公平惠及全体人民。"[②]从古代的天下为公,到马克思主义的平等权利,再到新时代的共同享有。共享观成为当今维护社会公平正义,尤其是微观公平的有力的主张。

类似的,西方学者提出过"正义论"。比如美国学者罗尔斯提出的理论认为,"正义的主题就是社会的基本结构"。若"共享"与"正义"结合,共享正义应该是社会主义社会的基本结构。正义的社会主义社会制度应该共享社会的基本善。这里的基本善可以借鉴罗尔斯认为的权利、自由、机会、收入和财富、自尊。

共享正义,是教育微观公平的基础价值。21世纪以来中国基础教育大力推进教育均衡发展。这场发展改革,目标始于促进教育起点公平进而追求过程公平,走向结果公平。我们常说"效率优先兼顾公平",随着社会的发展,中国教育体制已从效率优先发展转为均衡优先,这在一定程度上说明均衡是社会追求的更本质的价

---

① 华东师范大学教育系编.马克思恩格斯论教育[M].北京:人民教育出版社,1986:207.
② 习近平.在中法建交五十周年纪念大会上的讲话[N].人民日报,2014-03-29(2).

值,效率只是实现均衡路上的一个阶段,这正如我们知道的"先让一部分人富起来,最终达到共同富裕",共同富裕也就是"发展成果由人民共享",这在教育领域就要求"努力让人民享有更好更公平的教育",同理在学校教育过程的微观领域,共享正义同样存在。

(三)素养正义是教育微观公平的核心价值

马克思主义是较早将人的自由全面发展作为社会最高公平价值的理论家。其教育公平理论是在批判资本主义的现代经济结构的过程中形成的,资本主义经济是外在的一种控制人、压抑人的力量,这种经济基础下,教育作为一种意识形态力量成为对人的物化、工具化、乃至异化。这种现实下的教育严重地造成了智力的荒废,损坏了人的发展能力。对真正的教育,马克思指:"未来教育对所有已满一定年龄的儿童来说,就是生产劳动同智育和体育的结合,它不仅是提高社会生产的一种方法,而且是造就全面发展的人的惟一方法。"①此后,马克思主义把"人的全面而自由的发展"作为核心价值理念。当今努力促进人的全面而自由的发展是社会主义的本质要求,人的全面发展与社会全面进步互为前提、互相补充。教育的目的在于培育人们自我生存和发展的能力,为人的全面而自由的发展奠定基础,进而促进人的全面发展和社会的进步。即教育应以"人"为本。

在我国,陶行知是20世纪初较系统地论及能力培养的教育家和社会改造家,他的教育公平核心价值是建立教育为民所有,为民所享,为民所办的教育。1926年他在《我们的信条》中提出:"我们相信教育应该培植生活力,使学生向上成长。"②并逐渐构建了以培植生活力为目标的生活教育理论与实践体系;1931年他提出五类70种生活力;③1944年他发展了生活力,在《育才二十三常能》中进一步将能力分为初级常能16项,如查字典、游泳、唱歌、修理。高级常能7个,如速记、接电、翻译、讲演、领导工作,共23项。④ 不论是生活力还是常能都表达了对"过向上向前的生活"的追求。生活力和常能不仅关注基本能力,更是为了美好生活的能力。

无独有偶,西方学者也看到罗尔斯提出的分配正义有不足,认为诸如能力、自尊是无法分配的,如果教育不培养人的能力,那么教育的机会、资源的公平也只是一时的公平,不是深度的微观公平。为此,美国学者努斯鲍姆也提出"能力清单"。

---

① 马克思恩格斯文集(第五卷)[M].北京:人民出版社,2009:556—557.
② 陶行知.陶行知全集(第1卷)[M].成都:四川教育出版社,1991:88.
③ 陶行知.陶行知全集(第2卷)[M].成都:四川教育出版社,1991:127.
④ 陶行知.陶行知全集(第4卷)[M].成都:四川教育出版社,1991:187.

在"能力清单"的思考上,学者们存在三种路径:一是努斯鲍姆构造包含10项核心能力的"充分原则"(即所谓的"能力清单")。这10项核心能力是"生命、健康的身体、身体的完整性、理智、想象力及思考、情感、实践理性、友好关系、与其他物种共存、嬉戏、控制个人环境"[①]二是安德森,构造包含广泛而非完备的能力的厚版"充分原则",[②]三是陈晓旭构造仅包括4项能力的薄版"充分原则"[③]。

在陶行知这里,已经把能力(生活力)作为教育的目标,教育微观公平本质是均衡,但均衡是什么,能力正义给出答案,这是目标。但是随着时代的发展,我们认为能力应该让位于素养,能力正义应该发展成为素养正义,其原因还如下:

众所周知,我国社会一直将人的品格作为对人评价的首要标准,如"德能勤绩廉"的评判标准,是将德为首要标准。可见,"能力正义"并不完全概括了符合我国社会对人才评价的导向标准;"能力正义"也就在实际的社会发展中不能准确地引导我国社会发展。因此,"素养正义"才是比较符合我国社会对人才发展的微观导向标准。事实上,从2016年起,我国已经将"核心素养"作为中国学生发展的培养目标,核心素养(Key Competencies)是学生在接受相应学段的教育过程中,逐步形成的适应个人终身发展和社会发展需要的必备品格和关键能力。[④] 可以说,新时代学校教育微观公平价值基础已然从"能力正义"到"素养正义"。

再者,"素养正义"更符合教育发展规律,也为新时代教育培养人提供正义原则。素养是品格与能力的综合。而核心素养是继三维目标提出的新课程改革培养人的目标。研究者认为素养包括知识、能力和价值观。在古代,价值观素养集中反映在美德上。比如,中西方都把美德看成是最重要的素养。美德正义先于知识和能力,先学会做人,后学会做事,也是中国人普遍的价值观。因此教育的正义首先是保障教育能让一个人成人。因此,"立德树人"作为我国社会主义教育首要目标,即将德育作为优先的正义价值。近代科学逐渐发展,培根提出"知识即力量"的口号,知识逐渐成为最重要的素养。随着现代科学技术的发展,对人脑和对人的研究,现代多元智力,将能力视为最重要的素养。能力正义成为重要的倡导,中西方都有对能力正义的相关主张。而当代核心素养等的提出,也呼唤素养正义,素养正

---

① Martha C.Nussbaum."Human functioning and social justice:In defence of Arisotelian essentialism".Political Theory,1992,20(2):202-246.

② E.S.Anderson."What is the Point of equality?",Ethics,1992,109(2),pp.287-337.

③ Xiao xu Chen."Can Sen's and Nussbaum's Capabilities Approach be Justified as an Approach to Social Justice?",P.H.D.Thesis,at Cambridge University,2010.

④ 林崇德.基于核心素养的教育改革实践[J].教育家,2016(40):10-11.

义是建立在包括知识、能力和价值观之上的正义,是比较系统的对人的培养目标的表述。三者之间的关系,轻视知识或知识误读都是不应该的,知识是学习的基础,也是每个人素养构成的基础,素养正义是要保障这些的。因此,某种程度上可以认为素养正义已经历价值观正义(美德即正义),知识正义(知识即力量)和能力正义三个阶段,当前处于三种正义的综合,即素养正义阶段。因此,素养正义作为培养人的目的,是目的正义,应是决定一切正义的基础。

最后,素养正义是教育微观公平的核心价值。素养正义的实现,更有利于实现共享正义,在宏观上共享正义首先被实现,但进入微观领域,素养正义就显得更加重要,一旦实现素养正义这个核心价值,也有利于实现后面的关系正义。

(四)关系正义是教育微观公平的最终价值

马克思主义认为:"人的本质在其现实性上是一切社会关系的总和"①。马克思是较早将人解读为是社会关系的本质。因此一个社会,能不能让人作为社会关系的成员,和作为怎样的社会关系成员就存在公平的问题。在阶级社会里,被剥削阶级收到社会关系的压迫,人是手段而不是目标。马克思曾明确地指出:"社会——不管其形式如何——是什么呢?是人们交互活动的产物……人们的社会历史始终只是他们的个体发展的历史,而不管他们是否意识到这一点。"②马克思主义倡导的共产主义,是通过人的个体发展,让人是目的,而不仅仅人是手段。因此他认为,真正意义上的公平只有到了共产主义阶段才能够最终实现,"代替那存在着阶级和阶级对立的资产阶级旧社会的,将是这样一个联合体,在那里,每个人的自由发展是一切人的自由发展的条件"③

直到1996年,西方学者玛格丽特出版《正派社会》,该书找到了超越罗尔斯分配正义的关键点。她主张的正派社会与罗尔斯的正义社会相同之处都是关注制度,但玛格丽特关注的是制度对人的心理伤害,尤其是对自尊的伤害,因此,她把"不羞辱"人作为正派社会制度的基础性价值。玛格丽特把不让制度羞辱社会中任何一个人,作为正派社会的第一原则。

从马克思主义的角度说,关系的问题,不仅仅是心理上的,如自尊,还包括社会的各种关系,人的本质是社会关系的总和。在经济关系中是免于被剥削,在心理关系

---

① 马克思,恩格斯.马克思恩格斯选集(第1卷)[M].北京:人民出版社,1995:60.
② 马克思恩格斯选集(第4卷)[M].北京:人民出版社,1995:532.
③ 马克思恩格斯选集(第1卷)[M].北京:人民出版社,1995:294.

中是被承认,不被羞辱。何为"不羞辱",冯建军解释说,"不羞辱是基于主体间平等承认关系"。① 因此,我们认为,关系,应该成为一种社会的基本善,是一种正义,也即关系正义,它同样是教育微观公平需要关注的,而且是实现人的本质不可或缺的。

可以说,共享正义,共享的权利、机会、资源,是服务素养正义的能力、品质和价值观的形成,而素养正义的素养,最终应该是帮助人实现社会关系的改造,实现美好社会。因此,关系正义是教育微观公平的最终价值,这是因为教育微观公平基础是追求均衡,均衡的目标是素养,素养的目的是关系。

因此,如果我们将三个正义放到一起,我们认为共享正义主要解决权力、机会、资源等基本善的共享,让人们免于匮乏、无助和不安全感,给予人自强正义。素养正义它主要是解决人的关键能力、必备品格和正确价值观,让人免于无能感,给予人自信的正义。关系正义是塑造一个和谐的世界,是"对群体身份及其差异的一种肯定"②,它主要解决人的尊严问题,免于剥削、歧视和羞辱感,给予人自尊的正义。(见表3-1)

表 3-1 三种正义的比较

正义类型	内容	免于	给予
共享正义	权力、机会、资源	匮乏、无助、不安全感	自强
素养正义	可行能力、生活力、常能、品格和价值观	无能感	自信
关系正义	尊严	剥削、歧视和羞辱感	自尊

总体而言,教育公平是一种价值观,这种价值观应渗透于教育全过程的资源建设、制度架构和实践策略。教育公平应是基于差异(事实基础)的发展性公平,包括人人享受平等的教育权利(共享正义)、人人平等地享有公共教育资源(共享正义)、人人受到平等地教育对待(关系正义)、人人具有同等的取得学业成就和就业前景的机会(素养正义、共享正义)③。因此,我们将教育过程的微观公平定义为:在尊重和保证每个人平等享有(各种)教育权利和人格尊严的基础上(共享正义)(关系正义),尊重人的差异性,保证其在教育中得到积极的、充分的发展(素养正义),并

---

① 冯建军.承认正义:正派社会教育制度的价值基础[J].南京社会科学,2015(11).

② Ryan Holifield."Environmental Justice as Recognition and Participa-tion in Risk Assessment: Negotiating and Translation Health Risk at a Superfund Site in Indian Country". Annals of the Association of American Geographers,2012 (3):591—613.

③ 石中英.教育公平的主要内涵与社会意义[J].中国教育学刊,2008(3).

对这种发展予以同等认同（关系正义）。其中，尊重人的差异、重视个体感受和体验、对发展的同等认同就是以"人民为中心"的新时代的微观表达。

第二节 学校教育微观公平研究架构、指标和实施原则

学校教育过程微观公平，是期望在教育过程中，学校制度、文化、课程、教师多种因素协同配合，采用适宜不同教育对象的教育教学方式，使我们的教育能够最大限度实现：尊重基于个体差异的教育选择权、给予每个学生充分发展的机会、让每个学生都获得适合的幸福生活。正如美国在2002年颁布的"不让一个孩子掉队"法案（No Child Left Behind Act）和2015年底颁布的"让每个孩子都成功"（Every Student Succeeds Act）法案所持续表达的那样，作为社会公益事业和基础社会活动的教育不应允许在总体数据增长的掩饰下存在任何一个"被剩余"的学生。

一、学校教育微观公平研究架构

教育微观公平的目标是在微观层面实现受教育群体的五育融通全面自由发展，为了实现这个目标，必须关注影响群体公平发展的几大领域，即决定学校教育过程公平实现的关键领域。具体有建构基于培养全体学生健康成长的办学目标的学校文化，能够促进教师责任感和激发教师教育智慧的学校管理制度，较大影响微观公平的分班和班级组织；根据不同地域和学校学生的需求构建丰富的课程体系，以及与之相适应的课堂教学，教师是否能够在课堂内外给予每个学生最适合的平等的教育，在最大程度上使每个儿童能够得到适合其个性和能力的教育，培养个性鲜明、潜力得到发挥、健康成长的人；对学生的教育过程评价机制；对教师的公平评价和教师本身的公平理念和公平行为。这就是我们所试图研究并希望未来这些领域能够基本达成的学校教育微观公平。因此，学校教育过程微观公平的达成至少涉及学校文化与管理（班级管理）、课程、课堂教学、学生公平体验与评价、教师公平行为与评价等要素，这些要素一定程度可以分成三个方面研究领域，即教育内容的微观公平，如课程；教育手段的微观公平，如学校文化与管理（班级管理）、课堂教学；教育主体的微观公平，如学生公平体验与评价、教师公平行为与评价。（见图3-1）

第三章　学校教育微观公平理论建构与研究架构

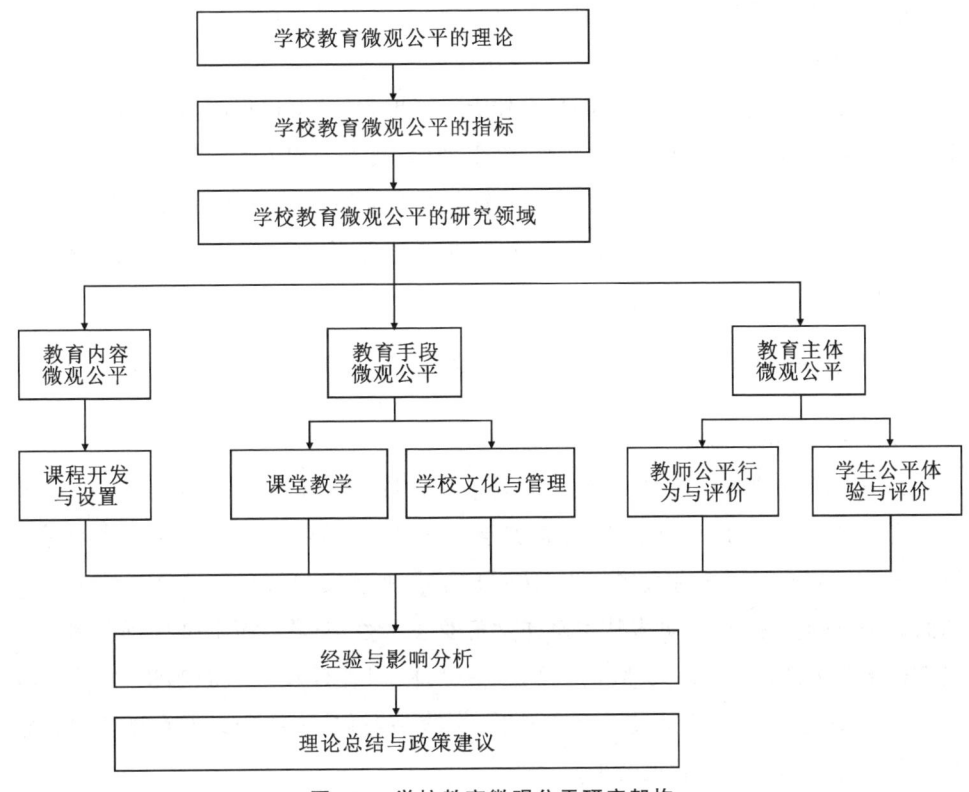

图 3-1　学校教育微观公平研究架构

（一）教育内容的微观公平——课程开发与设置的公平

完整的课程设置是实现教育过程微观公平的前提，如果一部分人接受的是完整性的教育，另一部分人接受的是残缺不全的教育，教育公平的内涵和意义必将大打折扣。[①] 而在同样的课程教学中，有针对性的个性化教学，是教育微观公平的本质。按学科教育标准设置课程和教学内容是实现微观公平的前提，根据学生的身心发展、生活经验和兴趣能力解构课程内容是促进教学过程微观公平的重要手段。

学科教育标准一般是相关领域专家制定的，它关注的是学生必须掌握的基本学科知识和技能，以及应用知识和技能解决学科问题的能力，同一学科在不同年段有不同的要求，学校只有根据学科要求设置相应课程（含学科核心课程和辅助课程）、教师能够将学科知识体系转化为学生能够接受的教学内容，让所有学生能够主动积极参与学习，达到学科教育标准，这才是实现微观公平的关键。学校和教师

---

① 王璐.均衡与优质：教育公平与质量[M].济南：山东教育出版社，2015：32−33.

可以根据校情和学情,重新编排课程内容,也可以多学科合作,促进学生建构综合、系统的知识体系。

地方课程、校本课程的选择则具有较大灵活度,学校可以根据校情、学情,建立有课程专家、学科专家,以及本校教师、学生、家长及社会相关人士等多主体参与的课程开发机制,在课程设置方面,应该充分考虑学生的差异,不能强制学生选修统一的课程等,站在促进受教育者多元发展、推动学校特色发展的视野开发特色课程,为学生的个性全面发展服务。

(二)教育手段的微观公平——课堂教学、学校文化与管理的公平

1.课堂教学的微观公平

相对于宏观的教育评价,教育微观公平评价则致力于学校课程、学校制度、教学过程的评价,其中最为核心的,是将课堂教学,特别是师生行为中的公平问题看作是重要研究域。周树奇直接指出,课堂教学公平是实现教育过程公平的一项长期而又艰巨的任务,应该更多从生态课堂角度去思考"公平",而不是盲目批判和构建细枝末节上的所谓不切实际的"教育公平"体系;他建议一线教师用"心"去教育,而不是埋怨不公或者又过于追求公平。[①] 很多时候,一些研究者直接把课堂教学的公平等同学校教育微观公平。

2.学校文化与管理的公平

学生成长的主要过程在学校场所,学校就是实施教育公平的微观场域,学校空间建构和教育时间的安排、学校各项管理制度(包括课程教学管理、教师管理、学生管理以及评价制度等等),与教育活动的内容与实践开展密切相关,直接影响了公平的实施与效果。因此,学校从具体教育教学目标的设定、教师和学生管理制度的制定、校园文化的营造(含学校整体空间及教室空间的构建)、课程和教学内容的选择与设置、教育教学评价方法的制定与实施细则等等,都可以渗透教育公平理念并有利于公平教育的实施。

此外,值得单独提的是班级管理。班级是学生最主要的受教育场所,班级规则和秩序,其中的人际关系等都对学生的身心发展产生了重大影响。自班级授课制建立以来,它就被看做是以效率为目标让更多的人接受教育的形式,也有人如马卡连柯认为,班级授课制更能让人在集体中获得发展,当代心理学也提出学校和班级

---

① 周树奇.课堂教学的教育公平探析—对一位中学教师的"心"公平教育访谈.中小学教师培训,2015(1):66-70.

是实现个体社会化的重要途径。当然,班级授课制也被看做是无法照顾学生的个别差异的教学形式。这也是当代教育形式改革如小组教学、小班教学等教学形式得以有效展开的重要原因。我们认为,以公平为导向的班级秩序的建立,是可以确保教育微观公平的,其中最为关键是建立师生和谐的关系,以及在此关系之上的规则和师生互动行为。包括师生的民主交往,班级干部与一般学生的平等交往,不同家庭背景学生之间的平等交往,才能防止出现等级化、边缘化、排斥、欺侮等现象。

(三)教育主体的微观公平——学生公平体验与评价、教师公平行为与评价

1.学生公平体验与评价

教育微观公平的重要目标就是学生对公平的获得感,学生公平体验与评价是促进教师对学生的公平对待、促进不同学生以不同的方式发展自己的优长、促进学生最大可能发挥潜力得到较全面的发展的重要手段。教育过程中,对于受教育者的某种忽视、贬低、放逐,都有可能影响其性格爱好、心智发展和品行等等。因此,公平理念下的微观教育评价既不能偏好受教育者的认知能力、理性思维能力,也不能偏爱受教育者的实操能力,而应对于受教育者的不同爱好倾向的都加以鼓励和引导,促使其充分发展。同时,教育评价的工具和手段也应多元,才能充分考察每个个体的丰富性格和多元能力,同时,差异多元的评价还应关注受教育者的个人体验,避免其产生"不平等"感。

2.教师公平行为与评价

一是教师的公平理念与公平行为。教师是教育微观公平的最主要实践者,公正、智慧、有责任感的的教育者是教育公平实现的保证。罗森塔尔效应告诉我们,只要是常人,如果受到教师的期待、关心、帮助、爱护,那么他就会健康成长以致成功(这里的"成功",应该是多元的目标)。教师的行为深受其已有理念的制约,教师只有从内心深处认同公平对待是每个学生应有的权利时,只有认同每个孩子都有自己的优势和长处时,才能够尊重学生、公平对待、信任学生。首先,为了实现学生的公平,作为教育者的教师是否得到公平的关照也是十分重要的——只有教育者感受到公正待遇,才有可能有一个公平心,用责任、尊重和爱对待受教育者。其次,在升学率优先的现实情境下,如何让一线教师改变效率第一的功利教育理念,将教学关注重点从"物"(考试成绩)转变为关注"人"(思考并重视如何对待学生),从注重有升学潜力的孩子转向关注所有孩子,并采取弱生援助策略,仅仅是理论灌输是远远不够的。经过不断的培训,大部分教师认同"教育公平"理念,但是,很多教师在教育教学过程中的

行为仍难以贯彻"公平",原因是以往效率优先的社会和教育影响,以及长期采用的程序化的教育方式所形成的固有理念和行为方式已经深深烙印于其思维方式,成为其"内隐的思维过程和意向"[①]。因此,只有让教师将教育公平的内涵和要求深入其思维过程,才能促使其行为转变,促进其真正认同并探索教育微观公平实践。只有在学校办学目标、学校管理制度(含考核机制)整体转变的前提下,推动教师在课堂内外的教育实践中,基于公平理念设计教育内容和方式,针对每个孩子提供不同的教育,并使之成为一种习惯性思维和价值取向,才能真正落实教育微观公平。但是,先天差异和已有家庭和社会资源差异造就了每个独特的个体,每个学生所获得的有效学习和成长需要的时间和任务都可能不一样。因此,教师还需要根据学生特点和已有基础,在不同的情境采用不同的教学方式——都是最有效的学习往往发生在教师所提供的任务结构与学生发展水平相匹配的时候。实际上,优秀的教师无论在课堂上还是课外的教育行为中,都在平等对待下渗透着因材施教,同时又能获得全体学生的情感认可。教师对待学生应遵循:以平等对待相同,以差别对待不同,以补偿对待弱势。

二是对教师的公平评价。教师同样是公平的主体,面临公平的各种对待,学校是否对教师进行差异对待,平等对待和补偿对待,都会影响教师自身的公平体验,教师的公平体验差,必将影响教师的教育教学积极性,影响其公平理念的构建和稳固,影响其公平行为的实施。

二、学校教育微观公平指标体系

如何评价一所学校教育的公平程度,它的指标体系是我们要研究清楚。评价一所学校教育的公平,可以从学校教育的内容、手段和主体来看待其公平。

(一)学校教育公平的指标体系

教育公平的指标是从事实走向价值判断的表征。基于差异,教育微观公平的三个首要价值,本质价值、目标价值和需求价值,其表征就是指标。本研究组认为,均衡是共享正义的表征,是教育公平的本质价值的指标;优质是素养正义的表征,是教育公平的目标价值的指标,活力是承认正义(关系正义)的表征,是教育微观公平的需求价值的指标。也就是说,在学校教育微观公平中,我们希望学校教育的起点是均衡的,学校教育过程是充满活力的,学校教育结果是优质的。

---

① 吕星宇.教育过程公平:教育活动的内在品行[M].上海:华东师范大学出版社,2013:46.

如何这些指标与学校教育各个领域相结合，我们认为，学校教育的文化和管理是起点，课程和教学是过程，对师生的评价是结果。如此，上述三个领域应该在上述三个指标方面各有侧重。但实际上上述三个领域依旧都存在起点、过程和结果三个维度。从分形理论来看，子系统和母系统结构是一致的。比如课堂教学，任何一堂课都存在课前、课中和课后，就课堂本身也存在课的起点、过程和结尾。因此像均衡、活力和优质是适合每个学校教育领域的。

因此，我们一定程度上希望，我们认为的教育微观公平的学校是基于差异，在教育内容、教育手段和教育主体三个方面都是均衡、优质和活力的。

（二）教育微观公平指标的细分

此学校教育公平指标体系基于活力学校来构建的，不同于如杨小微教授等研究者基于人际对待的视角来考察校内公平指标体系。况且校内公平是多主体的公平体验，并非仅仅是学生被对待的公平体验。

1.均衡指标的细分

罗尔斯认为，社会正义体系应该分配社会的基本社会价值，包括权利、自由、机会、收入和财富，以及自尊。这里的均衡指标包括三个方面权力、机会和资源，反映了学校内部中重要的三种资源，权力资源、机会资源、物质资源。这三种资源是有很大区别的，有些机会不是权力才有的，如教师的参训、继续教育机会，参与某些活动的机会，参与比赛的机会，这些机会往往是面向大家的，也有面向特殊能力者的。在五个领域中，各个领域的权力、机会和物质资源是不同的，其表现的公平状态也不同。

2.优质指标的细分

一所学校，内部各个领域的实践结果，是否具有优质。优质指标是建立在素养正义上的，研究者罗列能力清单来表达优质。对教育主体来说，优质是培养学生的核心素养，是发展教师的专业能力。我们谈一所学校的文化优质、课程优质、课堂优质、师生优质时，我们用怎样的标准和指标？我们研究组认为所有的优质都是相对教育主体来说的，当前所谓谈的优质，客观上应该是指向立德树人，培养学生的核心素养，如果一个学校和课堂能够实现这样的目标，那么我们可以定义为优质。需要指出的是，本研究所探讨的优质是一个狭义的优质，而不是像优质学校那样的广义的优质，广义的优质包含均衡和活力的，它泛指一切有利于促进微观公平的指标。值得说明的是，课题组也会在学校教育内部要素中选择诸如品质这个表征，如课程品质、课堂品质来表达课堂和课程对学生能力（素养）的培养。作为整个的学校，我们这里将优质定位为狭义的优质，指的是在素养正义这个维度上的表征，我们想以素养的三个维度,必备品格、关键能力和正确价值观来细分。某种程度上,我们认为,教育教学过程的内容,应该满足培养素养。在现实中,课堂的不优质(品质),课程的不优质(品质),可以认为一定程度上就是必备品格、关键能力和正确价值观培养不到位。

3.活力指标的细分

就关系正义而言,霍耐特对关系正义有所深入研究,这里可以借鉴,其关系正义,包含爱、法律和团结三种关系形式,这三种关系,法律是经济关系,免于剥削,爱是文化关系,免于羞辱,团结是政治关系免于孤立。也就是说"法律"是基于"普遍化他者"立场形成的契约性关系,它使主体获得了权利与自重,免于剥削。当我们采取"普遍化他者"的立场,认识到自己既是权利的承担者,又是义务的承担者,与他人拥有同样的地位、享有相同的权利、承担一样的义务,这样,我们才能使自己成为具有法律人格的人,获得社会的接受,实现自我尊重。"团结"是人们互相信任他人的特殊性,使主体能够自我实现(成就),感到自信,获得重视的承认关系,免于被孤立。当作为社会团体成员的主体能够在团体中发挥个人价值为团体做贡献,得到团体的承认与重视,感到集体荣誉时,个体就可以把因与社会标准一致而获得的成就和尊重归功于自己。结合我们课题组的研究,我们认为教育过程的活力,体现安全的规范、规则中,体现在爱的满意中,体现在团结的信任中。我们选择了中国人比较容易理解的三个细分指标,就是安全、信任和满意,三个指标程度不一,而不完全是领域差别,安全是活力的最大的影响因素,学校内部各领域倘若存在普遍的言语暴力、欺侮事件,那么学校可能出现人人自危的状态,活力无从谈起。而信任方面,倘若学校出现身份歧视、团团伙伙的小圈子、没有公信力的现象等,将导致内部成员间丧失信任,没有凝聚力,形成一盘散沙,互相之间缺乏爱。最后,满意是一个较好和较直接反应学校各主体对学校公平体验的指标。

(三)学校教育公平指标体系运用及内在关系

上述已经对三个一级指标进行了细分,但是仍旧会出现这些一级指标是不是在教育内容、教育手段和教育主体上都是存在相同的二级指标。这里存在两种理解。第一种,从三个领域的宏观上看,二级指标细分应该如下表3-2所示。即教育内容应该是追求优质的指标,微观公平中,课程以优质作为典型维度。而教育手段,如课堂、制度、管理和文化等应该追求均衡的指标。对教育主体,我们才应该谈活力指标,因为教育主体才存在关系对待。

表 3-2　指标细分表

一级指标	二级指标		
	学校教育内容	学校教育手段	学校教育主体
均衡		权利	
		机会	
		资源	
优质	正确价值观		
	关键能力		
	必备品格		
活力			安全
			信任
			满意

然而，正如前面提到的，如课堂这个领域，一旦拆开看，它同样是一个教育子系统，其中也存在课堂文化、管理、课堂内容和课堂的主体，这样情况就不一样了。我们对于课堂可以得到下面表 3-3 的微观公平指标分解。

表 3-3　课堂的微观公平指标分解

一级指标	二级指标		
	课堂教学内容	课堂教学手段	课堂教学主体
均衡		权利	
		机会	
		资源	
优质（品质）	正确价值观		
	关键能力		
	必备品格		
活力			安全
			信任
			满意

同样，如果我们要单独针对学校管理和班级管理这种教育手段，我们也会发现存在表 3-4 这样的微观公平指标细分。

表 3-4　学校管理和班级管理的微观公平指标分解

一级指标	二级指标		
	学校管理和班级管理内容	学校管理和班级管理手段	学校管理和班级管理主体
均衡		权利	
		机会	
		资源	
优质（品质）	正确价值观		
	关键能力		
	必备品格		
活力			安全
			信任
			满意

也许读者会问,那么像学校教育内容,课程的微观公平,它们是否也是一个子系统,犹如教师和学生,是否也是子系统。答案不是。子系统应该是具有教育过程的。如课堂教学、管理和整个学校教育过程。像课程和师生,它们分别属于教育内容和教育主体,是系统的要素。

但是,本研究主要是研究课程开发和设置的微观公平,如此,就涉及到这也是一个教育过程。在这个过程中,存在课程的管理、课程内容和课程开发的主体等,换句话说,课程开发和设置这个领域,也是教育过程的子系统。其微观公平的细分指标见表3-5。

表 3-5　课程开发和设置的微观公平指标分解

一级指标	二级指标		
	课程的内容	课程开发和设置的手段	课程开发和设置的主体
均衡		权利	
		机会	
		资源	
优质（品质）	正确价值观		
	关键能力		
	必备品格		
活力			安全
			信任
			满意

同理,针对师生主体,然而本研究进行了教育过程的转换,将学生变成了学生的公平体验和评价,将教师变成了教师的公平行为和评价。如此,师生不再是主体,而是一个教育过程。学生的公平体验和公平评价是一个教育过程,教师的公平行为和公平评价也是一个教育过程。如此,其微观公平的细分指标见表3-6,3-7。

表 3-6　学生的公平体验和评价的微观公平指标分解

一级指标	二级指标		学生主体
	学生的公平体验和公平评价的内容	学生的公平体验和公平评价的手段	
均衡		权利	
		机会	
		资源	
优质(品质)	正确价值观		
	关键能力		
	必备品格		
活力			安全
			信任
			满意

表 3-7　教师的公平行为和公平评价的微观公平指标分解

一级指标	二级指标		教师主体
	教师的公平行为和公平评价的内容	教师的公平行为和公平评价的手段	
均衡		权利	
		机会	
		资源	
优质(品质)	正确价值观		
	关键能力		
	必备品格		
活力			安全
			信任
			满意

三、学校教育微观公平的实践原则

纵观近十年来涉及教育过程公平原则的研究，主要有以下几种观点。

(一)黄金三原则

黄金三原则指平等对待、差异对待以及补偿原则，就是正义的原则，这是所有的正义的原则。什么是正义？古希腊哲学家亚里士多德将正义分为分配正义(Distributive Justice)、校正正义(Compensatory Justice)和回报正义。分配正义涉及财富、荣誉、权利等有价值的东西的分配，在该领域，对不同的人给予不同对待，对相同的人给予相同对待,即为正义。分配正义,即给每个人以其应得。

第一,以平等对待相同。学校教育的微观公平惠及的应是所有受教育者,因此,教育微观公平首先强调的是基于所有个人的发展需要的平等相待原则,这是教育微观公平的底线原则。在社会发展过程中,由于等级制、种类不平等制度的长期影响,也由于智商优势或家庭出身优势而在收入、财富、机会、成就、权力等方面占据较多社会资源,居于较优势地位群体对于比自己弱势的群体常常具有优越感。在学校教育实践中,总存在各种各样的不公平。例如,在传统教学中,学习力较差的学生或被教师忽视、放弃,或被同学排斥打击(校园欺凌现象的发生,就是生生关系不平等的典型体现),经常孤立无助,他们在学校获得的常常是挫败感和被歧视感。同时,传统观念对教师的角色定位是"传道、授业、解惑",教师在面对学生时,一般都有一种权威感、居高临下感,很难形成民主平等的师生关系,更难建构和谐平等的课堂文化,这些都是微观公平实现的最大障碍。因此,树立每一个教师、每一个学生都是平等的"社会人"的观念意识,树立师生之间、生与生之间平等相待的原则,是推动学校教育过程微观公平必须遵循的最大原则。无论是学习领先者还是落后者,无论是擅长知识学习者还是偏好行动实践者,无论是品行优秀者还是行为缺陷者,都是微观公平必须辐射到的群体。

第二,以差别对待不同。世界是多元的、精彩的,因为有许许多多不同的人、不同的生活方式。每个个体生来不同、成长环境不同、对成功和幸福的目标和理解也不同。毫无疑问,人是有差异的,遗传、兴趣、价值取向的多样性和差异性等都反映了人(受教育者)的差异是客观存在的,因此,教育的方式也不可能都是相同的。差异教育原则是教育微观公平必须遵循的另一条原则,这是建立在平等相待的基础上的。以差别对待不同,就是针对每个不同个体的特质和需求实施的差异教育。现在以及未来,我们应将重点逐渐转移到在确保平等底线提高的前提下,对类型差异(即区域、学校和学生的多样化优质发展)采取承认并鼓励的态度。① 差异教育原则中蕴含着因材施教、弱势补偿和优先扶持等。差异补偿是差异教育的重要方式。但现实对这种差异补偿的定位不清,常常走向两个极端:一些学校和教师特别关爱资优学生,如给予学校最好的设施和教师等,给予过多资源倾斜,即倾向于"精英教育与效率优先"②;而一些学校和教师为了追求更高的合格率和升学率,将资

---

① 杨小微.公平取向下义务教育发展的评价指标探究[J].华中师范大学学报:人文社会科学版,2013(4):146-153.

② 刘复兴.教育改革的制度伦理:教育公平与政府责任[J].人民教育,2007(11):2-5.

源向成绩中下学生倾斜,忽视资优生的教育引导。这些做法,在很大程度上都脱离了教育公平的真谛,但在资源有限的情况下,似乎都有其合理性。随着社会的发展,以及我国教育经费占GDP的4%目标的实现,这两种极端教育都必须也可以得到修正。即针对大多数学校及其各种教育场所都只能满足一般学生的需要而进行的教育设计的现状,基于学校教育的微观公平希望教育者能够关注到一般情况下易被忽视的、分居于学业表现及其他方面表现两头的学生,可以在资源分配上更有针对性;在实际教育教学中,制订适合每个孩子"最近发展区"的教学计划,将教育平等权利从提供者的角度延展到接受者的角度;学校和教育者为受教育者提供优质、合适的教育环境和课程等等。由于天资禀赋优异的儿童,常常无法适应普通教育体制,学校需要给予不同的课程设计和教学方式,利用其优秀的学习力引导其创造力的更好发挥,培养创新型人才;对于中等学生,也要根据不同个体兴趣,协助他们在适当的发展目标下获得最大发展;对于相对弱势群体,要在平等尊重的前提下,通过科学的手段,促进其在"最近发展区"的最好发展。只有让受教育者在一定范围内有选择接受何种教育的自由,受教育者获得适合自己的教育,才能达成学业成就的实质性公平以及自信自尊人格,实现个体的自由全面发展。

第三,以补偿对待弱势。弱势学生的发展困难,很多是来自客观环境限制以及社会不平等意识的渗透。社会发展到今天,我们的政府、主流意识已经形成对弱势补偿的意识。例如,在大部分县域以下都开设环境优美、设施齐全的特殊学校,很多智力、身体有较大缺憾的儿童在这些学校中接受了良好的教育。但是,在普通学校中还有很多来自文化资源较弱家庭、个人学习力不足的学生,也有一些发展迟滞的儿童以及随班就读儿童等,每个学校、每个班级仍有某种"弱势学生"存在。对于弱势学生进行差异补偿、给予特别关爱是必要的。为弱势儿童创造更好的学习条件,让他们在安全的班级环境中,在感受到同学的尊重中树立自信,在教师和同学的真心帮助中提高学习力,这不仅可以促进弱势群体获得较好的发展机会,更有利于社会整体的发展。

(二)利益最大化原则

美国莱伊·道格拉斯(Ley Douglas)最先提出利益最大化原则,该原则是平等对待、差异对待原则的出发点,最终回到此原则。国内学者焦晓燕、吕星宇等人将莱伊·道格拉斯引入教育过程公平,指出利益最大化原则是教育过程微观公平原则的最终原则,其他原则都要服从该原则,这意味着每个学生个体都有机会将其潜能发展到极致,实现自身所能达到的最佳水平。①

(三)遵循限度原则

学校教育微观公平是一个基于客观环境和现实的个人的,由于微观层面,教师和学生的视野、能力和经验的制约,公平的利益正义和价值正确很可能成为对教师和学生的实际的伤害,这就极容易将原本对公平的追求,变成了不公平的结果。因此学校教育公平目标是具有限度的,在追求学校教育微观公平时,应该时常注重这种限度。

四、学校教育微观公平要处理好的几对关系

影响学校教育过程的因素有很多,其中有几对关系的处理对教育微观公平的实现具有重要影响。这些关系的处理始终反映公平是一个动态的过程,是一个在实践中需要反复权衡的过程。公平实践不是有一把标尺,有明确的尺度,可以明确说出公平的多少,公平实践是在处理各种整体和部分,遵循各种原则的基础上,以公平理念和指标为导向开展的权衡实践。

(一)整体与部分:学校管理制度与课堂教学的关系

一般情况下,我们将"学校教育过程"定位为课堂教学这一有限场域的活动,将教育微观公平的着力点放在班级环境的营造和教学环节的师生关系上。确实,班级环境和课堂教学对学生的成长极为重要,与学生学习关系密切的人几乎都是在班级环境里接触,班级是师生关系、同学关系的最大发生地。因此,教室的环境布置,包括桌椅的摆放和学生的位置,黑板报的内容以及学生作品的展示,墙壁的字画标语等,都体现了班级生态是竞争多还是和谐多,是民主平等多还是阶层差异多,这在相当程度上决定并展示了师生关系、生生关系,决定了教育教学过程的公平程度。课堂教学则是学生学习知识提升能力的主渠道,教师的教学环节设计、课堂上的师生互动和生生互动,无不蕴含着教师的学生观,充分体现了教师是否面向全体、是否为了班级所有学生的成长。

同时,学校管理制度包括教师激励机制、学生评价机制等,这些对学校整体环境以及教育效果的影响不比教学过程的影响小,在很多方面更是决定了班级的文化生态。实际上,学生成长的主要过程在学校场所,学校就是实施教育公平的微观场域,学

---

① 吕星宇.论教育过程公平[D].上海:华东师范大学,2009:79.

校整体环境包括学校空间建构和教育时间的安排、学校各项管理制度(包括课程教学管理、教师管理、学生管理以及评价制度等),与教育活动的内容与实践开展密切相关,直接影响着公平的实施与效果。在实施新高考新课程改革后,很多中学开始实施选课走班制,学校的整体管理制度影响力将更突显。因此,基于学校教育的微观公平实践,既要重视班级小环境的营造和课堂教学的设计,更应重视学校的办学目标和方向,以及学校整体环境的建设和指引,重视建设基于公平理念、促进教师树立并实践先进教育理念的管理制度,以及为了每个孩子健康成长的学校内部教育教学管理和评价制度。

(二)全面与个性:国家课程与校本课程的关系

国家课程与校本课程的关系,在相当程度上体现为全面发展与个性发展的关系。国家课程体现的是教育的基础性,是为了培养人基本的价值观和科学的思维能力,帮助其掌握普适性的知识体系。校本课程体现的则是教育的选择性和教育自由的最高追求,是为了根据受教育者的个性需求,提供多样化的教育。

教育公平的最终目标不仅是促进受教育者整体发展、全面发展,还要"给予受教育者一定的教育选择权才是更深层次的教育公平"[①]。尊重学生的多样化选择和个性化发展,越来越成为现代化教育的目标。学生多样化选择和个性化发展最大的依赖是丰富多样的课程。因为人的发展并不是整齐划一的,人的成长不像工厂流水线的产品,这就需要"多样化教育"。即面对有不同需求的学生,实施多种方式、多种内容的教育,提供与每个学生相适应的教育,而不是让学生学习完全相同的知识、采用整齐划一的方式;必须根据不同的对象设计出多种可供选择的教学方案,应用不同的教学方法。这就需要在尊重国家课程的基础性、必要性的条件下,根据学校所在区域的资源优势和特点,以及学生掌握知识的程度、发展特点等,制订融合国家课程与校本课程的多样化的教育方案,以个性化的发展促进每个受教育者的整体发展。

(三)最大化与限度:教育公平与教育效率的关系

何谓"优质教育"?很多人认为,高质量的教育特别是整体学业水平较高的学校教育就是优质教育,这种标准只考虑到了学业这一单一因素,只重视阶段性教育结果,既忽略了教育对象,也忽略了教育过程。因此,在以往的教育实践中,很多人将教育公平机会与学校教育质量相对立。一方面,认为照顾学生的公平感受,对弱势学生的补偿是造成学校教育效率(质量)降低的重要原因。另一方面,有学者认

---

① 沈海驯,李丽.义务教育公平与民众的教育选择[J].教育研究,2010(12):3.

为,学校追求效率是造成弱势学生没有得到公平发展机会、受到歧视的主要原因。

我们认为,教育微观公平实践过程要特别关注公平与质量的关系(包含学生成绩)。一方面,没有质量的平等教育不是真正公平的教育,例如,完成义务教育后的学生没有达到基本的能力水平,这样的教育结果是不公平的;另一方面,单纯追求效率的学校教育(在某种程度上被异化为学业成绩、升学率)不是"自由而平等"的教育,而可能是强者优胜弱者淘汰的教育。因此,"有质量的教育公平"和"在公平基础上的教育质量"二者缺一不可,它们正在成为世界各地教育发展的共同趋势,也成为我国教育改革与发展关注的焦点。人们对教育公平与质量关系的认识从最初的相互对立和矛盾,逐渐走向兼顾进而融合。二者的关系呈现以下层次:谈论教育公平时不再单独谈论公平问题,更多是指有质量的公平,更多追求办学质量、学业成绩、师资和办学条件,缩小地区、学校和群体之间的差距和过程以及结果的公平;开始避免绝对的公平,而追求有差异的公平,既重视对弱势群体的补偿和倾斜,也不忽略对精英教育、优质教育和尖端人才的投入,并关注弱势群体补偿的效果;在研究教育质量和制定相关政策时,关注质量中的公平问题,如来自贫困地区和家庭、少数民族地区和家庭学生在优质学校中的比例问题等。[①]

---

① 王璐.均衡与优质:教育公平与质量[M].济南:山东教育出版社,2015:32-33.

第四章 基于微观公平的课堂教学

国外对课堂公平的研究始于20世纪50年代,在近70年的研究历程中,已形成了较为丰富的理论成果,多视角多层面的课堂教学公平研究也在不断地深入,尤其表现为对课堂教学不公平现象的研究日渐完善、对影响课堂教学公平因素的研究渐趋成熟,并提出了一些有关改进课堂公平的理论等。我国对课堂教学公平的研究开始于20纪90年代,研究时间比较晚,但也形成比较系统的研究。

第一节 理论建构:微观公平与课堂教学

一、课堂公平的内涵

对课堂公平的研究必须要回答"何谓课堂公平"这一问题,但出于对公平的不同理解,国内外学术界至今对课堂教学公平并未达到高度的统一认识。徐建慧认为,"课堂公平是指教师在课堂教学过程中能否给家庭背景、智力水平、教养程度不同的学生以平等对待",[①]这一定义体现了平等对待。郭元祥认为,教学中的公平体现在两个方面:一是对待学生个性差异的公平,二是师生关系中的公平,这一定义补充了差异对待。[②]李金钊综合和发展两者,在平等性和差异性基础上提出课堂的发展性公平。发展性公平包括两个方面的要求:一是每个学生要能够实现全面发展,在自己原有基础上得到最大的发展;二是每个学生要能够实现个性化发

---

① 徐建慧.我国教育公平研究文献综述[J].教育前沿(综合版),2008(8).
② 郭元祥.对教育公平问题的理论思考[J].教育研究,2000(3).

展,使学生能够按照适合自己的方式去发展。① 随着对课堂公平研究的深入,课堂公平平等性、差异性和发展性内涵得到更多的认同,冯建军也认为,"课堂公平就是在课堂教学中每个学生享有平等的教育权利和机会,教师平等对待每个学生,根据每个学生的个性特征及其发展水平,施以适合其发展要求的教学,使每个学生能够按照自己的需要,发展成为最好的自己。"②

但笔者认为,课堂公平的内涵受到两个方面的制约:一是公平,课堂仅作为领域,公平是核心词;二是学校教育,课堂是学校教育的下位概念,学校教育的内涵制约了课堂。公平的制约大家比较能够理解,而学校教育的制约却是隐含的,学校教育内涵不转变,课堂的内涵也将不变,况且教师都是在学校的组织教育活动中开展课堂,尤其以学为中心的课堂,更需要全校,甚至区域合理、系统性地改革才能实现,③因此这样的基于学的视角的课堂公平是不能脱离学校这个概念的。

首先,就微观公平的内涵而言,公平实际上是人的一种感受,这意味着这样的感受是很难定量分析的,这会制约我们课堂公平的核心要素的特征,它大抵上是定性的,个人感受的概念。因此,笔者认为这样的公平是教育过程的微观公平,它是指"在尊重和保证每个人平等享有(各种)教育权利和人格尊严的基础上,尊重人的差异性,保证其在教育中得到积极地、充分地发展,并对这种发展予以同等认同"④。这个公平的内涵,至少揭示了这样一些要素,每个人平等、尊重差异、积极的、充分的、同等认同。这些要素反映不同的指向,比如每个人平等,这是全体;尊重差异,这是差异;积极的,这是活力;充分的,这是品质;同等认同,这是均衡。可见这样的公平是面向全体,差异、活力、品质和均衡的公平。

其次,就学校教育而言。课堂是学校教育的最底层和重要场所,是实现教育微观公平的起点,然而现实课堂中却充斥着课程内容、课堂交往、课堂时空分配和课堂评价的正义缺失。⑤ 通常认为,学校教育是由专业人员承担,在专门的机构,进行目的明确、组织严密、系统完善、计划性强的,以课程为中心的影响学生身心发展为直接目的的社会实践活动。从这个定义可以看出,学校教育涉及三个实施主体:教育管理者、行政者,他们承担学校教育的组织工作;教育专家或教育家,他们承担学校教育的

---

① 李金钊.课堂教学中教育公平研究文献综述[J].上海教育科研,2011(8).
② 冯建军.课堂公平的教育学视角[J].教育发展研究,2017(10):63-69.
③ 周志平.多方发力 形成教育合力系统——建瓯市东峰中学的课改启示[J].福建基础教育研究,2019(10):27-31.
④ 郭少榕.论学校教育的微观公平[J].中国教育学刊,2018(10).
⑤ 刘伟龙.课堂正义:涵义、缺失与回归[J].现代中小学教育,2012(08):28-30.

专业性发展；与学生直接接触的教师，他们承担课程的实施。三个实施主体各与学生发生关系，构成了学校教育的一个对象和三个维度，办学对象、办学资源、办学文化和办学实践。作为学校过程的课堂，也同样是由专门人员承担，有课堂对象、有专门机构（如教研组），进行目的明确、组织相对严密、系统完善（有课程标准和教材）、计划性强（有课表）的，以课程为中心的影响学生身心发展为直接目的的社会实践活动。因此，课堂实际上也有四个维度，即课堂对象、课堂资源、课堂文化和课堂实践。

基于公平和学校教育制约下的课堂概念分析，我们基本上可以得到公平和课堂相结合的课堂公平，各四个要素差异、品质、均衡、活力和课堂对象、课堂资源、课堂文化和课堂实践，进行一一比对，若是每个要素与另外四个要素结合，那么就会有多达 16 种要素的组合，但是有些组合的确是不合理的，我们不妨一一排查下，此外，为了理论的简洁性，我们可以强制地约定，每种公平要素，只与一种课堂要素进行对应，并通过这个课堂要素的公平追求，达到课堂公平的实现。这样，课堂对象差异、课堂资源差异、课堂文化差异和课堂实践差异，四种都可以差异化，如课堂对象是差异的，课堂资源是可以给予差异的，课堂实践也是可以因学生的差异而给予差异，等，我们认为，这样的差异，都是基于对象的差异而差异的，因此差异应该是基于对象，突出公平的差异要素应该从抓课堂对象差异入手，才能实现课堂资源、文化和实践的差异。同理，品质，我们也可以认为，课堂的品质最终应该是落实在课堂实践上的品质，虽然也要关注资源的品质和文化品质，但这些品质都是服务实践的品质。而活力是课堂文化的活力，均衡侧重是课堂资源的均衡。如此课堂公平内涵应该包含课堂对象的差异、课堂实践的品质、课堂资源的均衡和课堂文化的活力四个结合。因此，我们可以这样认为，课堂公平是指教师在课堂教学中，既能平等对待每个学生，又能根据每个学生的个性特征及其发展需要进行差异教学，其公平与否主要体现在是否能提供均衡的教学资源、营造课堂活力和实施高品质课堂教学。本文所研究的课堂公平主要是义务教育阶段的课堂教学公平。由于我国义务教育阶段更强调教育的均衡与质量，因此这个阶段的课堂公平教学优先实现意义更重大。

二、基于学的视角的课堂公平核心要素

关于课堂公平的内涵的特征或者说核心要素，国内学者普遍认为，课堂教学公平具有平等性、差异性和发展性。[①] 平等性是指教师在进行教学时应该尊重每

---

① 冯建军.课堂公平的教育学视角[J].教育发展研究,2017,37(10):63-69.

学生的身心发展的差异、人格特点、意志水平,无歧视地对待每个学生。差异性强调应根据学生各自不同的特点、学习水平施之以差异性、针对性的教育,满足学生不同学习习惯、学习方式的特殊要求,最大限度地挖掘他们的学习潜力。发展性强调教师要在尽可能的情况下,使教学过程能够促进每个人在自己原有水平的基础上得到最大的发展,使每个个体的自身价值都能够得到相应的提升。我们也通过对一线教师的一些调查发现:一线教师一般认为"课堂要能关注到全体,既让好生学得好,又让差生听得懂,让他们跳一跳摘得到果子。""每个学生都能参与到学习中来,都能有所收获,都体验到学习的快乐和成就感。""面对学生的差异,使每一个学生,每一节课都能学得充实。""公平课堂就是一视同仁,有爱的课堂,让每位学生都得到发展。"从老师的课堂公平观来看,关键词是"全体""每个""发展""学习快乐""差异",虽然是很朴素地理解课堂公平。但也反映了课堂面向全体的均衡,差异对待的差异,以及带来学习快乐的活力,与专家对课堂公平的抽象归纳是接近的。然而这些归纳是不是完备的?背后的内在逻辑是什么?又是基于怎样的视角来探讨的?这还是没有明确。但反复思考可以知道,这个视角正是学的视角。

但我们认为,虽然公平是个体的感受,但仅仅用学生视角来说,不足以分解如此多个的课堂公平核心要素。基于"学"的视角,是因为学的视角包含四个视角,学生、学习、学科、学境,学生是课堂对象,学科,包括学科相关的教材和学科学具等是课堂内容资源,学境是课堂文化,学习是课堂实践。如果以"教"为中心,课堂对象不是学生,而是听生,不是主动学习者,而是听课者。课堂资源主要是教材,而不是学材,同样课堂文化不是学境,而是教的纪律和组织等等。如此"学"的视角下,下述四个课堂公平核心要素将有什么不一样的呢。

(一)课堂对象的差异与差异正义

正如上述,课堂对象是学生,不是听课者,是学习的主动者,这种主动就有差异。不仅学生之间的默会知识、家庭背景,就是学习风格、学习动机等也有差异。这些差异,在以"教"为中心的课堂中,都是被一视同仁的,难以做到因材施教。实际上,我们已经看到,课堂对象的差异在其具体性方面有很多,但是这些差异中,哪些是关键差异呢?这种差异我们最古老的教育理念就是因材施教。罗尔斯认为:"正义是社会制度的首要价值,正像真理是思想体系的首要价值一样。"[①]因材施教我们认为它是正义,也是因为它已经成为中国人在教育教学中的首要价值,虽然至

---

① 罗尔斯.正义论[M].何怀宏,等,译.中国社会科学出版社,1988:3

今也无人提出这是一种正义理论,但它的确蕴含了正义的内涵。从现代心理学我们知道,人的差异除了容貌还有个性和心智,这些差异大抵可以视为身体的体质差异,个性的性格、兴趣和情感差异,心智的经验和思维差异。这些差异实际上在课堂中是有广泛应用的,哪怕是传统课堂,身高、性别、个性和成绩好坏都成为座位安排的关键,但传统课堂这种安排一般是稳定的,实施者多是班主任。更加公平的课堂,以学生为中心的课堂,自然每个学科的这种安排都应该考虑学生的体质、个性和心智的差异。尤其这类以学为中心的课堂往往建立小组合作和协同学习共同体,以达到学生能更加主动积极学习,此时的小组和学习共同体的组员选择和座位安排,都需要考虑上述差异要素。以体质中的性别为例,教材文化中仍然存在社会性别偏见;教师的态度和行为差异;教师教育观念上的性别差异;教师资源、课程资源等教育资源在男女生群体间分配的不均等。① 因此大的角度上可以制定社会性别公平教育政策;在课堂公平层面,可以实行"双性"教学,②改革课程和教材,增加性别课程。③

(二)课堂资源的均衡与共享正义

马克思主义及其新时代的正义理论属于共享正义,主要是指机会、收入和财富要让人民共享,共享正义主要包括三种,权力均衡、机会均衡、资源均衡。在课堂公平中,我们能关注到课堂中本身也涉及到权利、机会和资源等需要均衡,像教室的位置、教学资源、教室设施或设备、奖励或资助等属于物质资源;学生在课堂中的参与权、发言权、评论权等属于权力;学生在课堂发言的机会、学习交流的机会、与教师互动的机会、利用课堂空间和资源的机会等属于机会均等。共享正义明确指出这类资源都是需要均衡,但均衡并非平均。

(三)课堂文化的活力与关系正义

关系正义概括为三个方面,爱的关系、法权关系和成就关系,它们都有利尊严的实现。的确,课堂教学、教师对待学生的方式、学生职位等都将表现出,一个学生在整个教学班级中的承认地位。通常教师喜欢和讨厌一个学生,对其提问和关注都会更多,这是爱的关系的差异。教师的爱会表现在教师的情绪上。教师情绪也

---

① 赵春娟.性别公平:学校教育的应然选择[J].教学与管理,2010(24):3-5.
② 苏勇.通向教育公平之路:性别教育平等刍议[J].中国特殊教育,2014(12):20-24.
③ 赵春娟.性别公平:学校教育的应然选择[J].教学与管理,2010(24):3-5.

是课堂公平的"促进者"[①]。法权关系,如学生干部职位。成就关系,如给予学生的赏识评价。

(四)课堂实践的品质与素养正义

素养正义来源于能力正义。关于能力正义,马克思主义、陶行知和西方一些学者,如阿马蒂亚·森都有研究。当时能力正义并不像共享正义、关系正义可以分为三个方面。随着社会的发展,人们提出了素养概念,该概念相对能力来说,包含了能力,是人发展性上更好的概括。因而可以进一步从"能力正义"到"素养正义",当前素养正义包括关键能力、必备品格和正确价值观三个方面。

从上面的论述我们可以看出,差异正义、共享正义、关系正义和素养正义,为课堂公平各核心要素提供了正义基础,并进步一路揭示了各个要素的更为细分的支撑。如果我们进一步结合前面的课堂公平的概念,将这些新的细分要素融入其内涵,比如可以这样认为,课堂公平是指教师在课堂教学中,既能平等对待每个学生体质、个性和心智的差异,又能根据每个学生的个性、心智和身体发展需要进行差异对待,并提供均衡的机会、权力和教学资源,营造课堂关系中爱、帮助学生获得成就,维护制度的活力和实施有利于价值、知识和能力发展的高素养课堂的教学。

三、课堂公平核心要素的细化和解读

所得的文献资料来看,目前我国学术界对课堂教学公平问题的研究以理论研究居多,相比之下,实践应用性研究较少。比较有代表性的是郝亚迪、胡惠闵的从课堂提问看学习机会的公平的实证研究,以及李红的关于课堂教学公平观察量表的设计及观察方法,该研究通过对中小学 29 节课的观察分析,提出六个观察维度,设计了课堂教学公平观察量表,以及基于小组合作的课堂教学公平观察方法,为课堂教学公平研究提供了一个可行的实践研究方法,也为了解中小学课堂中教育公平现状提供了实证数据,丰富了课堂教学公平研究方法与内容。[②] 对此,我们不妨建立一个分析框架。(见表 4-1)

[①] 曾文婕."正视"教师情绪——教学公平研究的应有取向[J].中国教育学刊,2009(7):79-81+85.

[②] 李金钊.课堂教学公平观察量表的设计及观察方法[J].上海教育科研,2012(3):66-69.

表 4-1　课堂公平核心要素分析框架

核心要素	细分要素	正义类型
课堂对象的差异	学习基础、个性、心智	差异事实
课堂资源的均衡	机会、权力、资源	共享正义
课堂文化的活力	自由、规则、爱	关系正义
课堂实践的品质	正确价值观、必备品格、关键能力	素养正义

上述的框架，并不足以成为可以操作的要素，必须将之进行细化，并对细化的要素进行解读。（表 4-2）

表 4-2　课堂公平核心要素

课堂核心要素	二级要素	三级要素	解读
课堂对象（课堂对象差异维度）	学习基础	经验	能基于学生的学习经验导入课堂
		问题	能基于学生的学习基础提炼教学问题、明确重难点
	个性	性格	能基于学生的性格引导学生回答问题
		品性	能基于学生的性格给予不同的学生不同的回应方式
	兴趣	好奇	能选择让学生感兴趣的教学素材
		需求	能引发学生的课堂兴趣
教学内容（课堂品质维度）	必备品格	学习适应的品格	培养学生学习适应的必备品格
		人际适应的品格	培养学生课堂学习过程中人际适应的必备品格
		适应环境的品格	培养学生课堂环境适应的必备品格
	关键能力	基础能力	注重学生基本能力培养，如观察力、感知能力、记忆力、注意力、想象力
		学科能力	注重培养学生学科知识和相关能力
		创新能力	注重用启发式等方法培养学生创新能力，如提出问题、合作探究能力、解决问题能力
	正确价值观	社会主义核心价值观	课堂教学注重社会主义核心价值观引领
		学科价值观	注重培养与学科相关的价值观

续表

课堂核心要素	二级要素	三级要素	解读
教学过程（课堂资源均衡维度）	机会	面向全体	提供所有学生发言、表现或表达的机会
		照顾个别	照顾学生差异的个别性机会
	权利	独立学习权利	给予学生充分的自主学习时间；又如表达权、思考权等
		自主表达权	给予学生充分地表达平台，宜设置表达、反馈环节；给予学生学习难度选择的自由（如作业超市，检测的梯度和作业的多样化）
	资源	多样性	充分运用现代教育教学资源丰富课堂；提供丰富的教学资料和工具。
		合理性	合理的学习空间，科学的学生座位安排，教学资源的科学分配和应用
师生关系与生生关系（课堂文化活力维度）	自由	安全	师生互相接纳。学生学习的积极性高，能够得到尊重、理解和接纳
		投入	学生的学习状态具有一定的投入性，不散漫
	规则	有序	课堂整体纪律的规范；课堂上的指令能得到学生积极回应
		灵活	合理、灵活的应对学生对规则的挑战；对某些学生规则的灵活性
	爱	接纳	悦纳，接受学生的不同基础和状态
		分享	师生间充满爱，生生互帮互助，教师关爱到弱势学生

我们二级要素前面已经通过相关的正义理论进行了分析，三级要素，我们避免课堂的复杂性，每个二级要素只建立两个维度的三级要素。比如，课堂文化维度，规则这个二级要素，我们抓住辩证的两个维度，规则要有序，同时又要灵活。同理，爱既要接纳，也要分享。有的二级要素的两个维度并不是辩证的矛盾关系，比如，自由，我们选择了安全和投入两个维度。我们认为，免于恐惧，课堂上感觉到安全，学生才能有心灵的自由，而自由同时又不能散漫，心灵的自由应该带来学习的投入。

四、课堂公平核心要素的实践逻辑框架

上面依旧只是建立了学理上的分析框架，但是我们并没有建立起实践逻辑框架。这里所谓的逻辑框架，就是这些核心要素，在具体的课堂实践中，是怎么样的相互作用，怎样的逻辑建构起来，又能在哪些方面进行应用。由此我们需要从教学

的角度来考察这些要素的内在分布,比如教学目标上如何考虑教师才能让课堂更加公平,教学内容怎样选择,教学组织怎么架构等等。我们尽量让各核心要素的细分要素不重复地分配到各种教学维度中。

一是教学目标。教学目标应该关注课堂实践的品质,以价值观、知识和关键能力,也就是核心素养作为课堂的教学目标。教学目标是课堂教学要素的中心要素,始终浸润在课堂教学的全过程中。

二是教学内容。教学内容应该关注课堂资源的均衡和课堂对象的差异两个维度,主要是资源和心智差异两个要素。

三是教学组织。教学组织方面可以关注课堂对象的体质和个性。这里避免了以心智来构建组织,以免学生发展这种意图背后,心理难以承受,造成微观的不公平。

四是教学方法。教学方法方面可以关注课堂文化中的爱、规则和课堂资源的机会和权力。在教学方法这个维度,我们注重两对相对辩证的要素,旨在强调方法在均衡和活力的作用。实际上均衡和活力本身又是一定程度上的相对,太均衡活力不够,太有活力,均衡也会受影响,这就是教学方法重要性。

五是教学评价。教学评价方面可关注课堂文化中的成就。这里的成就评价摒弃了对品质的评价,因为传统的不够公平的课堂是从品质角度来评价的,这将对学生的价值观、知识和关键能力逐渐造成分层,而不是从站在学的角度对学生的成就的认可来评价。

如此,我们可以得到下面这个实践逻辑框架。(见表 4-3)

表 4-3

教学要素	核心的细分要素
教学目标	价值观、必备品格、关键能力
教学内容	资源、兴趣、学习基础
教学组织	学习基础、个性
教学方法	爱、规则;机会、权力
教学评价	成就

上述的逻辑分析已经能够为教学设计提供有抓手的设计要素,使得教学设计可以知道每个教学要素应该关心哪些要素。但是,我们对这些要素具体的,或者实践上应该是怎样的教学过程并不清楚,或者说,上述要素,在时间上,应该是怎样的流程。由于我们以学为中心,我们的流程可以是从核心素养任务—学生自学—小组议论—全班探学—课堂训练与评价五个方面进行。其中第一个环节是中心环节。其他环节是围绕这个中心环节来实现的。

如此每个环节的侧重点可以见表4-4。

表 4-4

教学环节(流程)	教学要素	核心的细分要素	核心要素
核心素养任务中心环节	教学目标	正确价值观、必备品格、关键能力	品质
学生自学环节	教学内容	资源、兴趣、学习基础	差异与均衡
小组议学环节	教学组织	学习基础、个性	差异
全班探学环节	教学方法	爱、规则；机会、权力	均衡与活力
课堂训练与评价环节	教学评价	成就	活力

上述的框架架设已经能够为教学设计提供有抓手的设计要素，使得教学设计可以知道每个教学要素应该关心哪些要素。但是，我们对这些要素具体的，或者实践上应该是怎样的教学过程并不清楚，或者说，上述要素，在时间上，应该是怎样的流程。实际上，自2017年起，课题组对此进行了实践研究，选择的实践对象正是实践学习共同体的福州教育学院第四附属小学，这样的实践价值也被2018年在福州召开的学习共同体国际大会所重视，并将主题定位"公平与质量"。而我们课题组在此之前就从实践维度构建了学习共同体的公平教学环节。我们的流程是从整体"任务—问题"—个体"自学—静思"—同伴"倾听—对话"—大组"串联—协同"—全班"反刍—跳跃"五个环节进行。其中第一个环节整体"任务—问题"是中心环节，其他环节是围绕这个中心环节来实现的。（如下图4-1）

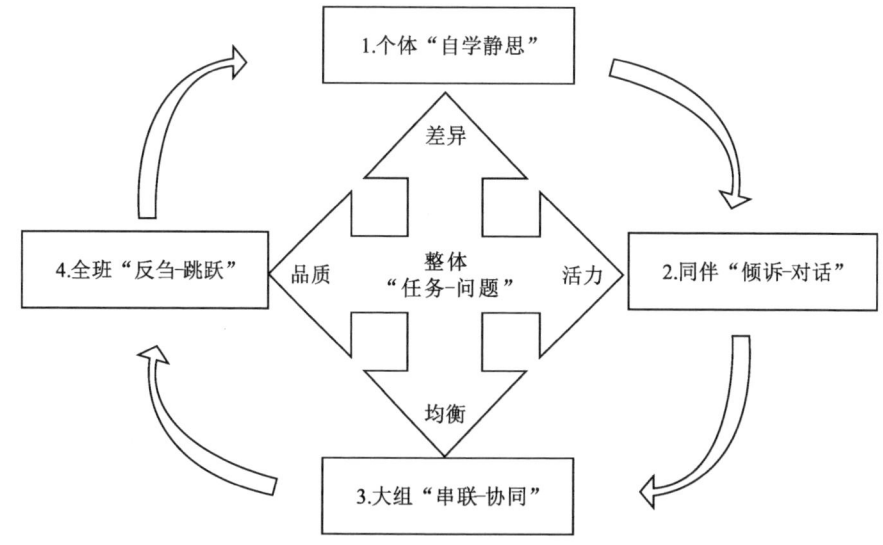

图 4-1 学习共同体模式的课堂公平逻辑实施框架

在上述逻辑实践框架中,学习共同体模式的课堂公平是基于学生的差异原则,锚定任务—问题的教学目标,应用倾听、串联、反刍的教学方法,强调为学而教营造悦纳、安全、信任、分享的课堂文化,追求真实学习、深度学习、协同学习等等。这个模式也充分地体现了差异、均衡、活力、品质四个课堂公平核心要素。如差异方面是基于学生的兴趣、经验和个性教学;活力方面是强调悦纳、安全、接纳的课堂文化;均衡方面是通过组内倾听和组间的串联、全班反刍等塑造在机会、资源和学习权利方面的均衡;品质方面是通过有目标的任务、实践和深度等完成品质维度的实现。

总之,从图4-1可以看出,各环节考虑的公平要素是相对明确的,只要教学者在具体的教师实践中,在不同维度中,能够考虑这些要素,课堂公平的实践并不会太难。

第二节 学情测评分析:构建课堂公平的起点

掌握学习理论认为,如果给予学生充足的时间和有利的条件,每个学生都可以达到较高的目标。[①] 当学生所受的教育与学习模式相符合时,他们的成绩要明显优于那些所受教育不符合其学习模式的学生。然而,传统的班级授课制在同一化、标准化的形式公平下,容易忽视学生个体差异,特别是分居于强弱两头的学生无法发挥个人潜力,不能取得相对于个人最好的学业成绩。因此,课堂教学公平的起点应该是教师对学生以及学生学习需要的了解,以便能设计出多样化的、具有挑战性的差异化任务,促进学生的多维发展。这是教育公平发展到较高阶段的重要任务,也是现阶段教学改革的重点和难点。

学生的个性及成长环境差异导致了日趋分化的学习差异,并越来越成为其学业差异及影响学习成功的重要原因。学情分析就是揭开学习过程面纱、让教学起点更科学、更适合个性需要的重要手段。教师只有在平等和差异补偿原则下,善于应用科学的学情分析,才能有效促进全体学生的差异化优质发展;课题组与有关机构合作,针对实践中存在的很多难点和痛点,设计了针对学生知识经验水平检测和学生学习行为表现观察相结合的科学学情分析量表,以此量表为学情分析的基础,

---

① 吕星宇.教育过程公平——教育活动的内在品性[M].上海:华东师范大学出版社,2013:157.

对实验班级学生个体进行动态跟踪和数据记录,再对测量数据进行分析,从中分析学生整体的学习状态以及知识掌握情况,并将整体的分析结果和数据反馈作为教师进行个性化、针对性教学的依据。

一、学情分析的概念

目前,学术界对于学情分析的定义、内涵和方法有不少研究。李雄、李杨认为学情是指学习者在某一个单位时间内或某一项学习活动中的学习状态,具有客观性、开放性、动态性、可知性、多元性等特点,并将学情分析的内涵概括为对学生的起点水平和生活经验、学习动机和学习兴趣,以及学习风格的分析。① 邵燕楠、黄燕宁从语言学的角度将"学情分析"中的"学情"理解为"学生情况"或者"学生学习情况"的缩略语。② 有学者认为学生学习情况分析方面,最主要的任务就是评测学习起点,即学生的"已知"水平,而"已知"水平又包含了学生的知识经验和学生对知识的吸收能力及加工速度。③ 也有学者指出"四知(已知、未知、能知、想知)""三维目标"及"综合分析"框架是教师开展学情分析的有效模式,有助于教师精准关注学生的差异,增强学生学习的自主性,并能在课堂教学中培养学生的高阶思维。④

对于学情分析方法,一般认为要超越学情分析与教学过程割裂的现状,实现二者的整合,不仅需要建构一个贯穿课前、课中和课后,聚焦学生学习起点、学习状态和学习结果的学情分析行动系统,而且需要借助科学的学情分析方法保障该系统的科学运作。⑤ 陈瑶把学情分析划分为三个阶段:课前学情分析、课中学情分析和课后学情分析,强调对学生的学习起点、学习加工过程和学习的内化结果进行分别的分析。⑥ 学术界主要采用的学情分析方法有类化研究、差异变量分析、经验分析、问卷法和访谈法等⑦。其中,关于差异变量分析法中的变量,有些学者借用心理学的成果,把个体差异变量分成"能力差异、智力差异、兴趣差异、动机差异、气质差异、性格差异、能倾差异、学习风格差异"等;有些学者把影响课堂教学的学生差

---

① 李伟雄,李杨.学情分析的内涵、角度与方法[J].中学政治教学参考:下旬,2011(7):2
② 邵燕楠,黄燕宁.学情分析:教学研究的重要生长点[J].中国教育学刊,2013(2):60-63.
③ 谢晨,胡惠闵.学情分析中"学情"的理解[J].全球教育展望,2015(2):20-27.
④ 刘永丽.针对学生个体差异的分析及应对策略[J].中国信息技术教育,2011(10):21.
⑤ 安桂清.论学情分析与教学过程的整合[J].当代教育科学,2013(22):3.
⑥ 陈瑶.论学情分析的三个阶段[J].当代教育理论与实践,2014(3):6-8.
⑦ 庞玉崑.常见"学情分析"错误与解决方法[J].基础教育论坛,2012(10Z):3.

异变量确定为自我意识、学习态度、学习风格、智力或能力等。[①]

总体而言,关于学情分析,已经引起了一线教师和理论研究者的重视,也有很多实践和理论探索,但还没有完全一致的理论以及得到普遍认可的学情分析方法。以往研究更多基于主观判断的经验分析,基于科学数据评测的实践研究没有得到重视,导致教学中学情分析流于形式;或者以针对单个学生的个别分析为主,难以反映学生总体情况,导致教师在班级授课中对学生的学习情况把握不准,无法进行精准的教学设计,集体备课过程中往往也会出现较大分歧,教学效果难以提升。同时,简单易操作的学生学习观察与评测的方法与工具也比较稀缺。因此,设计科学的学情分析工具、了解每个学生的差异并制定不同的教学方案,对于较大幅度提升教学效果具有重要的现实意义。

二、学情测评分析工具设计

我们参考已有的研究,针对大班级授课制的弊端,探索设计针对某个年级的学情分析量表,目的是将每堂课对应的知识经验分析做成初入门测试,并结合学生的课前、课中和课后学习行为表现进行综合分析,获得班级或者学科的学生总体学习情况,并对单个的学生进行学习行为和轨迹的预测,帮助教师预警问题的出现,以期推动教师根据不同学生的学情制定差异性任务并随时改进。

(一)测评工具设计目标与维度

心理学研究和同期的脑研究都提出个体学习与其准备状态相一致的理论:"任务必须有恰当的难度水平以利于动机的保持:任务太简单容易使人感到厌烦;任务太难则使人感到挫败。"[②]所以,学情分析首先要评测学习起点,即学生的"已知"水平。而"已知"水平又包含了学生的知识经验和学生对知识的吸收能力及加工速度。因此,我们将量表依照这个大的维度为主线而展开。

学情分析的核心工具是观察记录量表,主要包含知识经验和行为表现情况两个方面,分析尽量与上节提出的课堂公平维度一致。知识经验方面通过每次课前和课后的学科测试题测量获得,测试题是与本节和下节知识点紧密相关的内容,并

---

① 唐永芳.高职学生职业基本素养教育有效性研究[J].管理观察,2011(16):153-154.
② 姬忠嘉.基于心本管理的思想——浅谈耶克斯道德森定律在领导管理中的应用[J].企业管理,2014(1):133,135.

依据学校正规的阶段性测试成绩进行矫正;行为表现方面,具体包括学生的学习主动性、对知识的吸收能力及加工速度等方面,我们将难以测量的能力和特质转化为学生的学习动作以及学生在学习过程中展现的专注程度和行为习惯。

以往的学情记录表多采取李克特量表的形式,满分为5分制,打分人员根据学生表现和打分表得分说明进行主观判断,但其在打分人员多的情况下,很难做到主观认识的统一。为了降低教师和助教在打分上的主观偏差,需要在评分指标描述和打分方式上进行改进,提高客观性。因此,我们将学情记录表进行了适用性的改造,将每一个5分制的打分题变成5个是非判断题,将诸如"学生课前准备情况"之类的题目修改为"是否提前预习""课前是否自觉准备好书本""是否翻看笔记"等一系列的动作,教师和助教根据学生的行为进行选择。这样就将学生各种行为表现的评分指标设置成既定的动作描述,以是否执行为标准进行判断性质的打分,避免了主观意识的差异,降低评估的误差。

(二)观察量表的设计

基于课堂公平核心要素,观察量表设计分为主观项和客观项两部分,主观项部分包括学生的性别、年级、科目、教师及填写时间等基础信息;客观项部分包括学生程度、注意力、行为习惯以及课前、课中、课后表现的行为观察记录。

观察量表的重点在于客观项的具体指标设计。根据学校日常工作以及观察需要,经过研究,我们设计了如下指标:

(1)学生程度,以每次课的出入门测试为主,如有期中期末考试成绩,则采用二者成绩的叠加。

(2)注意力,观察指标有三个,即是否说闲话、做小动作,精神是否游离于课堂之外,是否有倦怠不耐烦的情况。

(3)行为习惯,观察指标有请假频率、迟到频率、课间是否活跃、是否做学习计划、是否记录补充笔记、是否整理错题。

(4)课前准备,观察指标包括是否提前预习、在教师来之前是否准备好教材、是否提前准备好笔、笔记本等文具。

(5)听课状态,观察指标包括目光是否集中在黑板和教师身上、是否主动提问或回应教师问题、是否主动记录笔记、是否紧跟教师节奏。

(6)课后巩固,观察指标包括作业是否及时提交、作业质量是否能保证80%以上的正确率、错误问题是否会主动修改、完成作业后是否会进行拓展练习。

具体学情跟踪记录如表4-5所示。

表 4-5　学生学情跟踪记录表

<table>
<tr><td colspan="5" align="center">学生学情跟踪记录表</td></tr>
<tr><td colspan="2">学生姓名</td><td></td><td>学习科目</td><td></td><td>教师姓名</td><td></td></tr>
<tr><td colspan="2">学生性别</td><td></td><td>学生学校</td><td></td><td>填写时间</td><td></td></tr>
</table>

客观项

评估模块	评估项	指标描述	得分
	评分标准	以下对学生的行为描述符合情况为是,选1;不符合为否,选0;	
学生程度	入门测	当堂入门测成绩;	
	出门测	当堂出门测成绩;	
	学校成绩	最近一次学校考试成绩,例:80/100;	
	排名情况	该成绩对应的班级排名,例:5/35;	
课前准备	预习情况	学生课前是否进行了自主预习;	
	教材准备	学生是否在课前拿出该科目的课本;	
	文具准备	学生是否在课前摆好笔袋,笔记本等文具;	
	学习计划	学生是否为自己制定学习计划;	
听课状态	目光集中	学生的目光是否一堂课基本集中在黑板和教师身上;	
	提问反馈	学生是否积极响应教师的提问;	
	记录笔记	学生是否会在教师未提醒的情况下主动记笔记;	
	紧跟节奏	学生是否整堂课都能跟上教师的授课进度和节奏;	
注意力	自律情况	学生是否会在课堂上说闲话、做小动作;	
	发呆走神	学生是否会不自觉的游离课堂,不知道讲到哪里了;	
	偏离主题	学生是否会用偏离课程的内容接教师的话茬;	
课后巩固	作业情况	学生是否按时提交作业;	
	作业质量	学生的作业正确率是否在80%以上;	
	修改情况	学生是否会自觉修改错题;	
	拓展学习	在完成作业的前提下,学生是否会自主做额外的延伸学习;	

续表

行为习惯	请假情况	学生本堂课是否请假；	
	迟到情况	学生本堂课是否迟到；	
	课间活动	学生在课前课间是否与同学打闹；	
	主动提问	学生在课前或课间是否向教师提出学科问题；	
	笔记习惯	学生课后会不会主动补充未完成的笔记；	
	错题习惯	学生是否会定期整理错题集；	
学生描述	本节课突出印象		

三、学情测评与分析应用：山西某校的实践案例①

学情观察量表必须用于课堂观察，在课堂跟踪观察学生个体表现，才能记录数据并进行科学分析。课题组相关成员在山西某校，从个体观察到基于个体的整体学情分析、基于学科的学情分析两个维度进行实践研究，并在每次观察分析后都将学情分析结果应用于差异教学设计，因此，这一跟踪研究是动态的学情分析，也反映了相关教学改进的效果。

（一）基于个体观察的整体学情测量与分析

1.基于个体观察的整体学情分析

基于个体观察的整体学情分析，即对随机抽出的一批学生进行单个的跟踪记录和对比分析，以此反映整个年级的学习情况，或者某位教师所带学生的总体情况。

本研究在山西某所学校的七年级学生中，随机抽取了39名学生作为观察对象，约占年级总人数的1/10，作为整个七年级的学生样本进行跟踪观察。这些学生均来自不同班级，授课教师也不尽相同。观察记录采用绘制学生在不同的课周对应的行为表现和成绩表现的总体分布图的方式，反应该周内学生对于知识点的掌握情况，以及行为表现情况。连续多周不同象限的人数就表示整个年级学生在对应课周的知识掌握情况以及对应的行为表现；而同一学生连续多周的位置移动情况则反映了该学生的成长进步情况，以及学生在矩阵中的移动情况。

在对观察测量表汇总后，课题组对每次观察结果进行分析，并尝试使用直观的

---

① 本案例来自课题组成员史孟玲的研究，并得到朴新教育科技集团研发中心的帮助。

二维矩阵进行结果呈现。二维矩阵的维度设计,以学习行为表现为横轴,成绩表现为纵轴。学习表现主要由课前、课中和课后三个部分构成,涵盖了学生的预习、听课、复习、作业等各个环节。根据对七年级39名学生进行了连续十周的观察的分布图,课题组对总体走势和结果进行了分析。通过对这39名学习记录的积累数据拟合,获得了如图4-2所示的二维坐标的分布图。

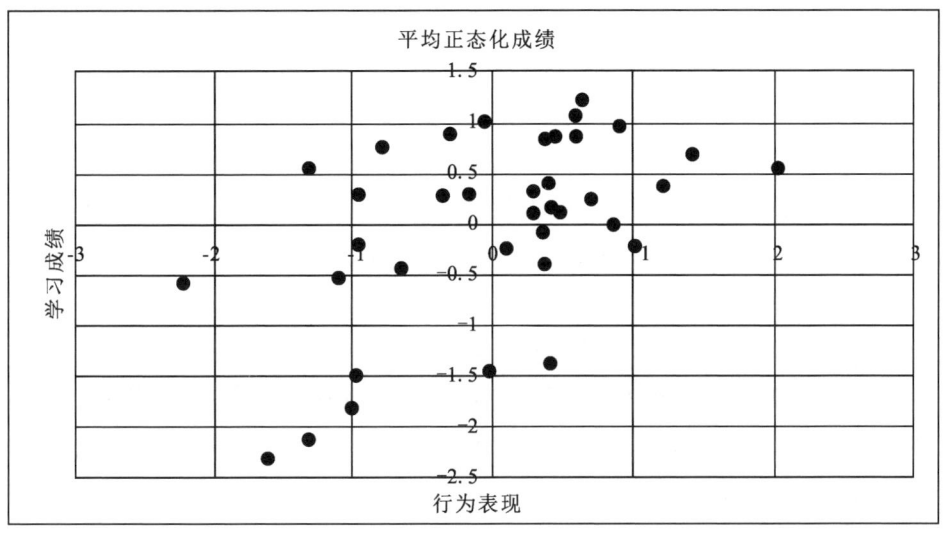

图4-2　七年级学生第四周在二维坐标中的分布情况(第4周成绩-表现分布图)

图4-2解析:第一象限:学习成绩和行为表现都较为优秀的学生;第二象限:学习成绩优秀,但行为表现有待提升的学生;第三象限:学习成绩和行为表现都不过关的学生;第四象限:行为表现良好但学习成绩不过关的学生,即做了很多无用功的学生。

在入学第一周,学生的成绩和行为表现出现两极分化,而且处于中间水平以下的学生占多数。39名学生中,有20名在第三象限,第一象限12人,第二象限2人,第四象限5人。由此可见,七年级新入学的学生不管在学习成绩上还是学习行为习惯和表现上都处于较差的情况。因此也给教师们发出一个信号,七年级新入学学生的学习成绩和学习行为习惯需要花功夫帮助学生们提升。

到了第四周,处于第一象限的学生上升到15人,相比第一周增加了3人;第二象限为7人,相比第一周增加了5人;第三象限为9人,相比第一周减少了11人,第四象限为6人,相比第一周增加了1人。这就反映了开学之初的一个月,学生总体成绩提升情况较为明显,而行为表现情况略有提升,但仍然有很大的进步空间。后续每一周的情况都可以根据人数分布的变化进行整个年级总体的学情分析。

学生在二维坐标上的对应位置代表了学生在本周课程学习中学习成绩和表现的综合情况,每个象限人数的多少以及在不同周次中出现的人数变化,也反映了对应周次学生总体的知识点掌握情况以及学生们在课前、课中、课后表现出来的学习行为表现情况。

若学生的对应分布点集中在三四象限,那么对学生来说,相应课程内容属于难懂的知识点,需要教师延长课时,进行这部分内容的教学。对于第四象限的学生要尤为关注,表现和成绩呈正相关是学生比较能接受的事实,行为表现好但成绩不太好可能的原因主要是方法不对路,要从第四象限到提升第一象限,需要教师的关注和指导。

若学生在二维坐标图上的对应分布点集中在一二象限,则需要重点关注第二象限学生,没有认真努力积极学习的情况下成绩的提升,偶然因素居多,教师需要警惕并在其学习行为表现上提醒学生,同时可增加对这部分学生的练习和测试,反复巩固和扎实学生的知识增长。

2.针对学习轨迹变化的教学改进建议

根据单个学生的连续跟踪记录,我们可以描绘个体学习轨迹(如图 4-3),并对学生学习轨迹移动路径进行分析。第一象限到第二象限:行为表现松懈,一般会出现知识漏洞并带来成绩的下滑。反之,学习状态逐步提升,知识点掌握程度相对牢固。第三象限到第二象限:行为表现并没有改善,成绩的提升具有偶然性。反之亦然。第三象限到第四象限:用心程度提高了,成绩不见提升,如果是长期处于这个状态,则可能是学习方法出了问题。反之,由于长期成绩难以提升,学习的劲头也逐渐减弱,处于危险阶段。第一象限到第四象限:行为表现不减分,成绩出现波动,可能性较大的近期学习的知识点理解出了问题。

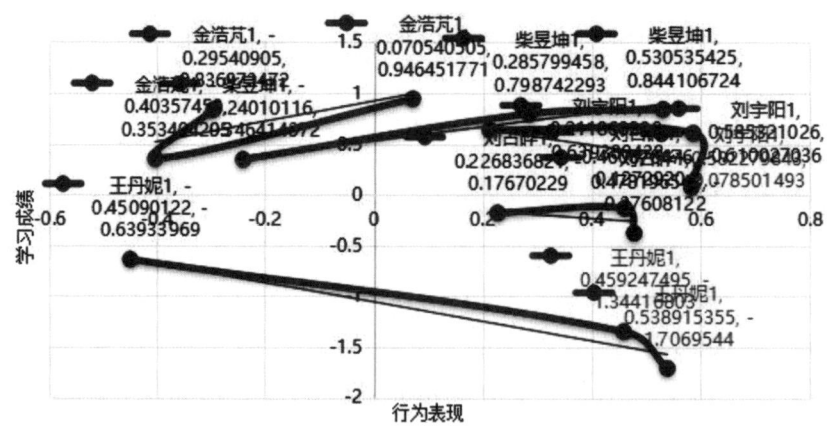

图 4-3 学习轨迹图

教师根据测评到的学情进行分析,有针对性对教学做出必要的调整,设计差异化任务,这是基于共同发展理念在教育过程实施差异对待的核心。针对第三象限到第一象限的学生:学习表现由被动到主动,随之而来的是成绩由低到高的提升。这个过程是最为理想,但也最容易出现波动的轨迹。教师应时刻关注学生对新知识的吸收、掌握情况,定期进行巩固练习和测试,并及时给予其学习方法上的指导和调整,保证学生能够扎实地提升能力。针对第一象限到第二象限学生:这部分孩子往往都是靠聪明劲儿,学习投入不够,虽然目前的成绩表现不错,但知识上有漏洞,长此以往容易造成成绩下滑。而从第二象限移动到第一象限意味着学生已经意识到行为表现的问题,并且做出了相应的调整和改变,这时期在成绩上可能没有特别明显的提升,但教师一定要及时给予肯定和鼓励,坚定改进的信心;还应注意,这类学生由于努力程度不够而成绩却一直不错,往往都比较自信,只有抓住细节才能让他意识到问题。针对第一象限到第四象限的学生:这种移动趋势一般是偶然的一次,表现为成绩波动,原因可能是学生对某部分知识点掌握不牢固,教师应及时给予知识上的指导和帮助。

对于整个年级的学情分析,我们可以在每个班随机抽取学生作为观察样本,根据他们在二维坐标上的分布情况来判断年级总体情况。如果需要做班级的学情分析,对于人数较多的班级,可以每周重点关注几位同学,对学生进行分拨观察记录。对于单个学生的学情分析,则最少需要连续四周以上的跟踪记录,才能对其学习轨迹进行分析和预测。详细地记录工作也可交由学生自己完成,根据自己的实际表现,在学情分析量表中选择是否完成该动作,并由教师做最后的确认。记录内容也可从课堂表现延伸到课后表现,从而获得该学生全面的学情数据记录,以此绘制出该学员个人的学习轨迹图,不仅如此,我们还可以将该学员的学习轨迹和全班学生的平均值甚至优秀学生的平均值进行对比分析,为学生做有针对性的学习预测。

3.改进教学策略应特别注意的问题

从第一象限到第二象限的同学学习不够扎实,学习习惯不好,不够勤奋踏实,短时间学习任务可以应付,甚至完成得很优秀,但遇到更难或者细碎的问题容易出现不认真对待现象。

从第二到第三象限的学生,学习状态不佳,最容易造成知识漏洞,出现成绩下滑的现象。

从第三到第四象限的学生,努力得不到认可容易丧失持续学习的动力,进而学习行为表现会由主动逐渐变为被动,这些同学会在一段时间后再次回到第三象限,并且难以再次激励其奋斗的信心。

(二)基于学科的学情分析应用

本研究同时也基于学科进行了学情观察和分析,选择的是山西某校六年级调研数据,共回收学情记录表共 219 份,其中数学学科 153 份、英语学科 16 份、语文学科 50 份。

我们对回收的数据进行了梳理,并从把握学生总体学情的角度出发进行整体的统计分析。分析方法是将学情记录表的二级指标项进行得分累计,合并为一级指标项的最终得分,分别为课前准备、听课状态、注意力、课后巩固、行为习惯五项。其中,注意力一项按照反向计分的原则进行统计,因此,图标所呈现的每一项得分越高,则说明该项目学生表现越好。所得结果通过图文组合方式呈现,如图 4-4 所示。

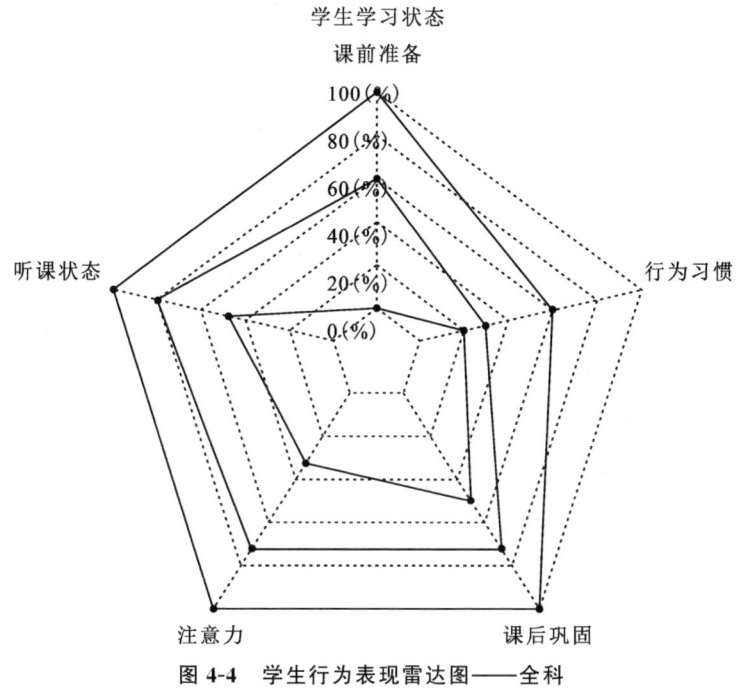

图 4-4　学生行为表现雷达图——全科

图 4-4 是根据 219 份学情记录表做的三科综合表现图。其中,最外圈雷达图线代表得是全体学生的最高分,为 Z 同学的语文学科学习表现;最里面雷达图线是全体学生的最低分,为 S 同学数学学科的学习表现记录分数;中间雷达图线是全体学生的平均表现。根据上图,我们可以直观的看出六年级学生,总体上表现最好的方面是课中的听课状态,表现最差的是行为习惯,课前准备得分低于课后巩固注意力和课后巩固情况。

回收的219份学情记录数据中,英语学科总数只有16份,达不到数据统计需要最低数量,因此只对数学和语文两个学科进行了分析。进一步分学科统计发现:

1.数学学科与全科的表现没有明显差异

图4-5中最外圈雷达图线是H同学数学课的表现,最里面雷达图线是S同学数学课的表现,中间雷达图线为数学学科全体学生的平均值。由雷达图反映的数学学科总体表现可以看出,数学学科与全科的平均表现类似,得分最高的为听课状态,得分最低的为行为习惯,课前准备得分比全科的均值更低,课后巩固得分比全科均值略高。

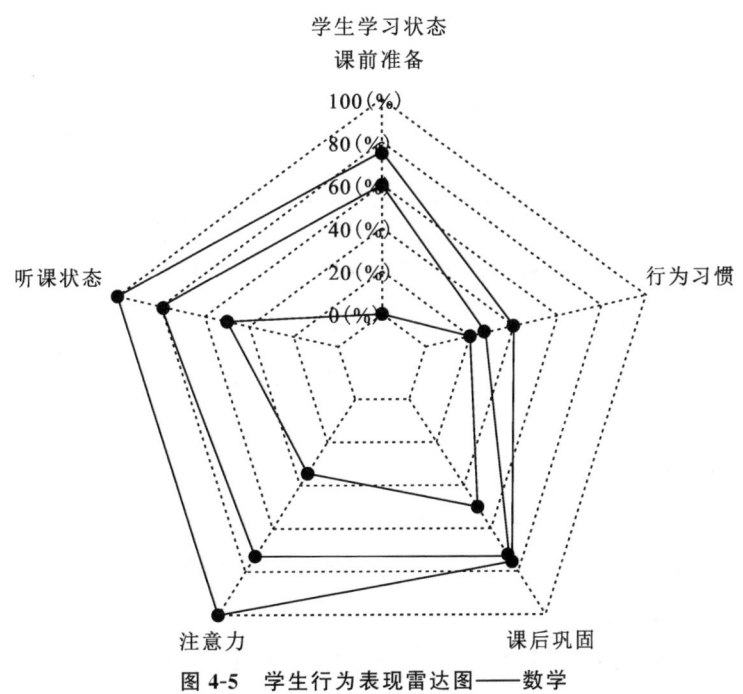

图4-5 学生行为表现雷达图——数学

2.语文学科总体上看高于数学学科和全科均值

图4-6中最外圈雷达图线是Z同学语文课的表现,最里面雷达图线是G同学语文课的表现,中间雷达图线为语文学科全体学生的平均值。由雷达图反映的语文学科总体表现可以看出,语文学科与全科的平均表现有所不同,得分最高的为听课状态和课后巩固两项,虽然得分最低的也是行为习惯一项,但总体上看高于数学学科和全科均值,课前准备和课后巩固的得分也均比全科均值略高。

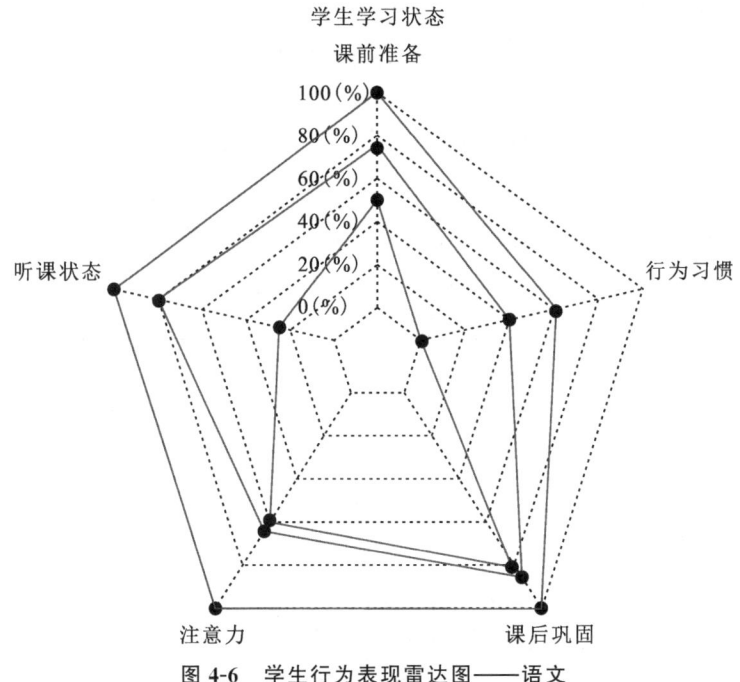

图 4-6 学生行为表现雷达图——语文

3.影响学科成绩的关键因素存在学科差异

根据统计学概念,相关性超过 0.75 可以算作是两个因素的强相关。通过对数学和语文两个学科的相关性分析可看出,数学学科的听课状态、课前准备与学习成绩相关性较大,语文学科的听课状态与学习成绩是强相关,而课后巩固与学习成绩的相关性也较大。

根据影响两个学科成绩的因素,我们也可以粗略地理解为:数学是偏预习型学科,语文则是更像是复习型学科。

而从语文、数学两个学科综合来看,影响学习成绩的因素可以排个优先级,依次为课堂表现、课后巩固、课前准备、行为习惯。

注意力选项与学习成绩的相关性未能通过最终的数据检测,原因可能有两个:①数据不足;②教师在填写该项时对 0 和 1 分别代表的意义理解有偏差。因此,后续除了扩充数据量之外,还要注重学情跟踪记录表的填写指导。

四、以学情分析促进课堂公平

霍华德·加德纳的多元智能理论认为:"我们之所以这么不同,很大程度上是因为我们有不同的智力联合体。"[①]本研究正是基于每个个体都有不同的特点和特长,学业成绩的差异原因也各不相同的理念,通过观察量表等测评工具的设计、基于实践应用的学情分析、基于学情分析的差异学习任务设计与教学策略改进,有效促进了教师关注学习过程,反思研究学生特点、学科特点与学业的关系,在很大程度上实现了课堂公平,挖掘了学生的潜力,发挥了非智力因素的作用,在实验期间促进了学生学业的跳跃式发展。因此,我可以得出以下结论:

第一,课堂公平的实现,在很大程度上必须以科学的学情分析为基础。由经验型的学情分析转向研究型的学情分析,必须有科学的评测工具。学情分析作为备课内容的重要环节,不能只靠经验分析,学生的观察可以根据量表来记录;简便易行的科学测评工具可以应用于整体班级,也可以应用于个人的测评,既可以进行整体性的测量,也可以重点关注几位同学。同时,学生的学习状态是动态的,学情分析也不能一劳永逸,基于数据测量的学情分析可以进行动态的学情分析。定期进行学情跟踪测量,通过学生行为表现和成绩表现在二维坐标中落点的移动轨迹,分析判断学生短期和长期的学习问题,时刻关注学生的成长变化。在持续多次对学生的知识掌握情况以及日常学习行为表现进行观察测量的基础上,可以获得整体化的学情分析结果,从而帮助我们改进教学方法,特别是针对班级在特定学科上出现的集中问题进行课程内容和教学。

第二,学习动力、学习兴趣以及自信心等与成绩表现出高相关度的非智力因素可以通过学习行为矫正,并在促进学生突破发展天花板方面发挥重要作用。例如,如果教师所带班级普遍表现出学习动力和学习兴趣不足,则在日常教学中就必须在激发学习兴趣方面多下功夫,留出专门的时间做学习激励,帮助学生建立较强的学习动力和兴趣。可以对学生的成绩表现进行预测;通过学习行为和学习成绩的正相关关系,判断学生出现的成绩波动属于必然现象还是偶然现象,有助于教师及时采取措施,为学生做学习状态预警,帮助学生稳步提升。

第三,学情分析有助于教师在学生的最近发展区进行教学,并实现个性化教学,促进学生的平等差异发展。学生在独立解决问题时的实际发展水平和在成人指导下解决问题时的潜在发展水平之间存在差距,教师可以在了解学情的基础上设计差异性的任务(可以适当"超前"于儿童目前的能力水平)。对于教师而言,通过学情分析,不仅可以精确把握学情变化,及时调整课程内容的难度和进度,同时也可基于学情分析结果反映出来的学生问题,做集中的教学策略调整,对于影响学

---

① 陈宗炫."多元智能"理论对学校管理的启示[J].中小学校长,2004(4):34-35.

习的关键因素,做针对性的提升方案。

第四,学情分析还应该考虑学科特性,不同学科的课堂可以有不同的观察指标。也就是说,教师在不同的学科课堂应该关注的学习行为表现不同,既应根据学科特点设计不同层次学生的教学任务,也应根据学习内容的特点区别对待学生。

第五,学情分析是为了差异教学,而差异教学的目的是面对全体学生的有效教学。尽管实行个性化教学是教学改革的趋势,但教育公平的意蕴还在于学生感受到被平等对待,而被差异对待容易让学生产生不公平的感受,进而影响自信心、成就感,等等。因此,教师应该注意采取多样化的教学策略,既避免差异对待被学生觉察,又能够实现全体有效教学,这才是科学学情分析应该达到的目标。

第三节 范式与案例:课堂公平的实践

现代意义上的课堂诞生于夸美纽斯和赫尔巴特之后,人类自有教育便有课堂,包含所有教学交往的自然情形。课堂范式是不同课堂教学模式的质的分类。金建生指出,"课堂范式经历了以东方的孔子、西方的苏格拉底、西塞罗、昆体良为代表的自然课堂范式,以赫尔巴特教育原理指导下的主知课堂范式,以杜威的实用主义教育哲学关照下的经验课堂范式,以科技理性为时代背景的主考课堂范式。虽然,每次转型,课堂的外在形式变化很小,但课堂的本质从价值观到课堂原理都实现了质的转换。课堂范式走过了由自然开放到封闭控制再到民主开放又到理性控制的转换之路"①。我们则认为,课堂范式经历了以东方的孔子、西方的苏格拉底、西塞罗、昆体良为代表的因材施教的课堂范式,以赫尔巴特教育原理指导下的教为中心课堂范式,以杜威的实用主义教育哲学关照下的学为中心的课堂范式和正在经历以科技理性为时代背景的生活(情境)中心课堂范式。本节从课堂范式入手,探讨当下以教为中心、以学为中心和以生活(情境)为中心的三种课堂范式的公平。

一、微观公平视域下三种教学范式的课堂公平要素特征

可以大胆地猜测,过去的四种课堂教学范式,是逐步地实现了课堂公平的某些

---

① 金建生.课堂范式的历史嬗变及现实重建[J].教育研究与实验,2005(4):34-38.

要素,比如因材施教的课堂范式,这是最早能针对"差异"这个公平要素进行落实的课堂范式,但其中的均衡、优质和活力就不是其擅长的。以教为中心的课堂范式,借助班级制课堂,让教育逐渐普及,均衡这个公平要素逐渐得到落实。而以学生为中心的课堂范式,因为抓住了学生的能动性和主动性,也就使得教学的优质有了保障。最后以生活(情境)为中心的课堂范式,因为让知识真正地与生活或情境紧密结合,使得知识活了,才是真正的活力要素的落实。

下面,我们将探讨当下以教为中心、以学为中心和以生活(情境)为中心的三种课堂范式的公平(见表 4-6)。

表 4-6 微观公平视域下三种教学范式的课堂公平要素特征

课堂范式	以教为中心 接受性教学模式	以学为中心		以生活(情境)为中心 教学做合一教学模式
		部落共同体教学模式	学习共同体模式	
最擅长公平的维度	课堂效率(是品质的一种,教师喜欢赶进度,这种模式可以保证进度。)	均衡(被炫耀带来整个教学成绩的突飞猛进,学生整体素养提升)	品质(被炫耀真正培养学生的学习力)	活力(被炫耀真正培养学生的生活力和素养)
最弱势的公平维度	均衡(对优秀教师而言,被炫耀教学成绩也相当不错,学生基础扎实)、活力(被攻击满堂灌,学生没有真正参与到学习中)	差异(被攻击竞争性,导致弱势学生缺少展示自我的机会)	活力(被攻击过于安静,学生不够有活力)	品质(被攻击无法适应应试教育的成绩要求)
实现不同维度的操作策略	差异:提问 活力:组织活动 均衡:当场重难点过关 品质:测试和拓展练习	差异:课前预习与测试 活力:小组合作 均衡:当场重难点过关 品质:竞争测试、拓展学习	差异:倾听 活力:小组协同学习 均衡:组间串联 品质:问题反刍、伸展跳跃、学习力的获得	差异:学生经验 活力:做中学 均衡:小先生制 品质:生活力、素养

首先,从课堂范式这个维度,我们选择了四种模式,第一种是接受性教学模式,以教为中心,现在有一些名师,因为借助自身的丰富性,尤其文科的名师,常常会固守这种模式。他们的课堂也很好地吸引了学生,课堂活力不错,教学成绩也不错,课堂有一定的品质和均衡,这仅仅适用于那些名师,普通教师采用这种模式就很危险,会形成课堂分层,好中差分化,差生不想再听课,思想逃离课堂,自然课堂活力不够,品质无法保证,但唯一的课堂效率品质得到保证,这也是很多教师不愿意放弃这种课堂的原因。

第二种是小组合作模式的教学范式,也是以学为中心,比如,厦门五中的部落共同体。这种模式是将学生组成不同的小组,通过小组文化、组间竞争、小组评价等激活小组合作学习,让优生更优,差生得到帮助,促进了每个学生的发展。这种模式若是实施不当,也会造成微观上不公平,就是组间竞争,导致优秀学生抢分,弱势学生滥竽充数的现象。有的用弱势学生课堂答对赋值高积分作为化解方法,鼓励小组给弱势学生答题机会,有的则没有。

第三种是以倾听为学的中心的学习共同体模式,这类的小组组建的共同体,强调学生内在的学习动力来求助和分享,构建安全的交流环境,课堂是静悄悄的,大家都是在思考。弱学力的学生得到心理的照顾。这种模式认为培养了学生的真正学习力,实现每个学生的学习权,努力实现在一个公共的空间中让每个人实现更加卓越的自我。

第四种是以生活(情境)为中心的"教学做合一"教学模式,它们也有小组合作,这种模式以"做"为中心,项目式学习、综合实践课堂都是属于这类模式,这类模式有利于课堂的深度,解决品质和活力,若是小组分组和组内分工做得恰当,可减少滥竽充数的学生,均衡也能得到保证。

二、不同课堂范式与教学公平

由于当下比较流行的是"学"为中心的课堂和正在探索的生活(情境)中心的"做"为中心的课堂,这两类课堂是未来的主流和趋势,故而这部分不再探讨传统以"教"为中心的课堂。

(一)"学习共同体"的微观公平(福州教育学院附属第四小学)

1."学习共同体"的内涵

微观公平的精神内核是"怎样保障每一个儿童的学习权利"。面对发展水平参差不齐的学生,如何提供优质教育,照顾到所有学生,实现每个学生的学习权?日本著名教育学者佐藤学教授,基于"公共性""民主主义"和"卓越性"原理,建构学习共同体新型学校,努力实现在一个公共的空间中让每个人实现更加卓越的自我。他强调让所有人都投入到"冲刺与挑战的学习"之中,从而激发所有学生的探求欲,通过协同学习,帮助学生自我建构和完善知识体系,让每个学生尽可能获得最大程度的自我提升。而其中如何转化后进生,让他们在"学习共同体"的构建中不断进步提升、超越自我是实现微观公平的一个关键性问题。

"共同体(community)"作为一个社会学概念,已经有一百多年的历史。最早借用"共同体"是教育家杜威。他提出,"在共同、共同体和沟通之间,不仅字面上有联系,人们因为有共同的东西而生活在一个共同体内。而沟通乃是他们达到占有共同的东西的方法。为了形成一个共同体或社会,他们必须共同具备的是目的、信仰、期望、知识——共同的了解。"美国学者史密斯(Smith,B.L.1993)认为,学习共同体的本质是重组学校课程、学生学习时间和空间。许多不同的课程重建形式都在探索中,但所有的学习共同体形式都刻意整合课程或课程作业,以便为学生和教师提供更多的协调,更多合作和互动的机会。

杜威把学校视为"学习共同体"的经验,认为学生学习经验,不仅是主体与环境交互作用,而且是同客体对话、同他人对话、同自身对话的沟通的重叠性交互作用。由此提出,在这样的学校里,各种各样的人通过"沟通"形成共享的文化,形成民主主义的基础。从而完成学校教育不但为民主社会构建未来的基石,也成为当下微观民主社会生动的形态和宏观民主社会的有机组成部分。此外,在社会建构主义理论下,这是学习共同体的理论诉求之一,是企图克服其他学习组织方式中无法实现知识的社会性建构问题,并为符合知识社会本质的学习方式寻找到了一个社会空间。建构主义认为,知识的意义并不存在于教科书之中,而是通过学习者的工具性思维以及同他者沟通才得以建构的。日本著名教育学者佐藤学教授,是一位重要的"学习共同体"学校变革理论的倡导者。1997年,佐藤学基于"公共性""民主主义"和"卓越性"原理,创建一个"21世纪的学校"实验学校——茅崎市滨之乡小学,从以下几方面构建新型学校:第一,将21世纪的学校建构筑为一个"学习共同体"。学校是孩子们相互学习、共同成长的地方,是教师作为专家在一起相互学习的场所,是家长和市民参与教育实践并相互联系、相互学习的场所。第二,为构筑"学习共同体"学校,所有教师都要相互开放课堂,通过对教学案例研究,构筑相互学习的同事关系(collegiality)。第三,为在教室里构筑相互学习的关系、在教职员办公室构筑教师作为专家相互学习的同事关系,就要先构筑"相互倾听"的关系以及由此关系中产生的"对话关系"。第四,"学习共同体"学校依靠家长和市民对学校教育活动的参与和关切。

2."学习共同体"的实践做法

(1)从多维度促进课堂深度转型

其一,以教学空间的改变建构平等交流、协同发展的师生、生生关系。教学中的基本关系除了教与学的关系外,还有学与学的关系。学校以改变课堂学生座位编排方式为切入点,变革课桌椅的排列和教室的布局,一改传统秧田式座位编排为

U型编排，教师可以在U型座位中间自由走动，与学生等距离互动，学生则可与左右同伴相互聆听对话，有效增强了学生交往互动的频度、长度和深度，使交往互动更深入、更细致。同时，要求交往互动"静悄悄进行"。实质（文化）上的变革包含尊重的文化、倾听的文化、分享的文化和帮助的文化。

其二，以教学时间的弹性设置让学习回归学科本质。教学内容的选择，直接关系到教学的目标和成效，以及教学策略的选择和优化。学校根据教材内容和学科特点重新编排学习内容，在遵守国家课程标准前提下，实行大、小课制度，让教材（文本）活起来，让知识拓展、延伸、统整；给予学生充分的个人思考和协作交流时间，让师生、生生在思维碰撞中建构学科思维和学科能力，引导学生探索学科本质问题。

(2) 建构了"学习共同体"本土课堂的形态

第一，以倾听为核心的"倾听—对话"学习方法。学习是自外而内的吸收信息和自内而外的交流信息的活动。课堂上，学生吸收信息的途径主要靠用耳倾听和用眼观察，而倾听则是核心。"学习共同体"倡导的倾听则有多层含义：首先，教师要善于倾听学生，要用耳、眼、心全身心去倾听，听出学生的困惑，听出学生内心的需求，听出组内学生、组间群体的差异，等等，保障每一位学生的安心学习、内化式学习；其次，学生要专注倾听同伴。学习过程学生要从旁观者转为活跃的参与者，同伴间要主动积极地相互认真倾听，在倾听中互相尊重同伴意见，互相补充或纠正同伴意见，提出自己不同意见和疑问，并敢于向同伴求助或乐于对同伴帮助，从而实现共同发展及"和谐共生""和而不同"。最后，学生要认真倾听教师，要在教师对共有课题启迪、指导、串联和对跳跃课题伸展等活动中认真倾听教师，从中受到启发，及时与教师对话沟通，及时纠正思路，形成系统知识经验，进行最近发展区思考，从而提高学习能力。

第二，建构"个人自主学习—同伴倾听交流—大组对话串联—回归伸展跳跃"学习共同体协同学习范式。"学习共同体"不仅关注教学的效果（成果、结果），更关注学生解决问题、获得认知的学习过程，关注学生的协同学习。学生自主学习指学生自学教科书文本，整体感知理解，产生学习问题，为后继的同伴倾听互动交流奠定"对话沟通"基础。同伴倾听互动指学生与共同体小组同伴（低年级为2人小组、中高年级为4人小组）对自学的共有课题交流感知思考或产生的学习问题时，要专注聆听对方表达的感知与思考内容，理解同伴的想法或观点，或大胆向同伴提出自己的困惑，主动请求同伴的帮助，或热情帮助对方"解惑"，从而在互相倾听或学习中达成初步共识，为大组交流串联的集约性学习奠定基础。

大组对话串联指学生小组对共有课题交流讨论形成认知之后,在大组交流对话,师生随机共同进行横向叠加串联或纵向递进串联,使学生对以文本核心内容为依托的共有课题形成系统认知性共识,并对疑难进行探讨辨析,从中发展思维能力,为后继跳跃的发展性即卓越性学习奠定基础。

回归伸展跳跃指在对话串联之后,教师引导学生回归并对照文本再次自学并从中提出新的具有挑战性、拓展性或跳跃性问题,进而启迪学生在"最近发展区"中交流互动,进行发展性即卓越性学习,促进不同学生在更高水平上获得不同的个性化发展。

3."学习共同体"的微观公平特征

2018年11月,在福州召开了第六届学习共同体国际会议,会议以"质量与公平:学校学习共同体的构建"为主题。大会专家余文森教授系统地阐述了佐藤学学习共同体思想中的公平正义特征,指出学习共同体三大价值主张——民主性、公共性和卓越性,与公平、质量关系紧密。而本研究发现,公共性与共享正义,民主性与关系正义,卓越性与素养正义有着一一对应的相同价值追求。基于此,选择此次会议参观单位福州教育学院附属第四小学(以下简称"四附小")的学习共同体课堂教学为例探讨课堂公平及其现实转化。

(1)共享正义与公共性:学习共同体课堂公平均衡维度的现实转化

学习共同体公共性价值是指,"学校是各种各样的人共同学习的公共空间;是为了实现所有儿童的学习权"。[①] 因此与共享正义最为接近。学习共同体特别强调"实现所有儿童的学习权"。学习共同体课堂在学习机会、学习权利和学习资源的均衡共享是"实现所有儿童的学习权"的做法。

一是学习机会。保障儿童在课堂上的学习机会,给予儿童充分的学习时间,通过对座位的调整,以空间换时间,组成学习共同体,达到多线程同步学习,增加学习机会。进入四附小学习共同体的课堂,我们最直观的感受是座位发生变化,低年级全班的座位,从讲台向前看是倒"U"字,学生两人组成学习共同体,课堂静悄悄,学生们投入在学习中,时而独立思考,时而交头接耳交流想法。给予课堂充分的学习自由、学习时间,教师讲得很少。

二是学习权利。学习共同体核心追求是"保障所有儿童的学习权"。佐藤学将这种学习权建立在对真实学习的追求上。课堂上学生是否在真实学习?这是学习

---

① 〔日〕佐藤学.学校的挑战——创建学习共同体[M].钟启泉,译.上海:华东师范大学出版社,2010:3.

共同体实施者最关心的问题,为了搞清楚这个问题,四附小学习共同体课堂的听课,不再是评价教师的"教",而是观察学生的"学",听课者坐到学生中间,以"蚂蚁之眼"选择一个或多个进行观察,试图搞清楚或者搜寻一个学生是否在学习,又如何不在学习的证据,据此为授课者提供改进教学的建议。正是这样的不懈努力,学习共同体的课堂对学生学习权利的保障有了切实的落实。相比传统课堂,教师授课,学生是否真学习了,是课上学会的,还是课后,是自学还是教师教的,很多时候并不清楚。

三是学习资源。学习共同体的学习和合作学习不一样,并非多人合作完成一个任务,而是每个人都必须完成同一个任务,同伴之间"互助、互帮、互学、互暖",以其达到"交流碰撞""商量讨论""和谐共学""相互分享""补充评价"①。因此,此多人的同伴协同构成的是为完成学习任务提供的社会性学习。四附小的学习共同体中是"强中""强弱""中弱"搭配,正是这种社会性学习,不同于传统课堂,让学生不仅仅可以与书本对话,与教师对话和与自己对话,还能有充分的时间与同伴对话,可以说与同伴对话是相比传统课堂多出来的学习资源,它使得学习的秘密在强弱学生中得到均衡。

(2)关系正义与民主性:学习共同体课堂公平活力维度的现实转化

学习共同体的民主性价值,是指"在这种学校里,学生、教师、校长、家长,每一个人都是'主角';每一个人的学习权和尊严都应受到尊重;各种各样的思考方式与生活方式都应受到尊重"②学习共同体让一群个性化的人组织成共同体,互相之间的尊重是关系的开始,也是关系正义的起点。由于这种尊重关系,当我们走进学习共同体的课堂,静悄悄的,学生关系融洽,充满活力,这是我们真实的感受。而若问及为何如此,我们听得最多得是四附小学习模式的实施者说,要给予孩子"安全感"——"每一个学生都能放心地打开自己的心扉"③。安全感是学习共同体转化关系正义的核心。

首先,师生间的爱。学习共同体的爱从倾听开始,在四附小,有许多本土实践,其中就发明了不同声音,1号、2号和3号声音。不同的声音,让不同的人听见,1号声音,自己听到,2号声音同伴听到,3号声音全班听到。因此,虽然学习共同体中有许多的内部交流,但是整个教室依旧是静悄悄的。正是通过倾听,师生的相互

---

① 林莘.学习共同体,让协同学习变得不一样[J].新教师,2015(1).
② 孟繁华.让"学习共同体"成为知识获得新路径[J].人民教育,2014(16).
③ 张小琴.设置挑战性问题,提升学生数学学习力[J].福建基础教育研究,2019(3):3.

尊重体现,相比小组合作学习,嘈杂的交流声,学生并不需要通过放大自己的声音来让同伴去认同和承认自己的想法,相反恰恰是同伴通过倾听、侧耳,通过主动来获得同伴的想法,就体现了尊重。为了让学生能尽量表达自己的想法,教师和学生面对全班发言的学生,总是给予足够的倾听、接受和理解。

其次,纪律的法权。在四附小学习共同体课堂中,公开课并不容易出现纪律问题,但是常态课就容易出现纪律问题,尤其低年级的学生。如此,学习共同体的纪律问题,纪律所表现出来的法权的刚性,以及由此是否带来的不安全感问题也曾是实施者纠结的地方。学习共同体的优秀执教者在处理纪律问题时,特别强调了纪律的法权。他们认为,在学习共同体中,学生之间是串联着的,一者对纪律的忽视,将影响同伴的学习权利和学习资源。如果教师放任纪律,那必然是对学生的学习权利和学习资源的不公正。因此,纪律的底线,让所有学生以某种声音交流,什么情况下如何交流,学习时如何保持桌面的必要学习工具,学生的小动作等,都是四附小优秀执教者在常态课中要不断、反复做的。但优秀执教者会始终让学生明白——教师关注每一个学生,不允许每一个学生的掉队——这是纪律法权所表达的深刻承认。

最后,制度的成就。四附小学习共同体的倡导者们似乎并不认同应该有课堂上的制度成就。相比小组合作采用小组评价的方式,每周、每月公布小组学习的积分,获得一定积分,小组可以换取相应的奖励,以此激发每个小组对于学习任务的兴趣和竞争欲,这是一种制度上的成就承认。但学习共同体似乎并不突出谁更优秀,对于学习任务似乎更具开放性,而非封闭性的,从而更强调每个人的想法和价值,它更追求"提升每个成员个体学习能力",而"不以得到教师肯定性评价为目的"。① 但是仍旧有些四附小学习共同体的施教者持其他看法,会在课堂上对于优秀的学生或小组进行口头上的赞赏。

(3)素养正义与卓越性:学习共同体课堂公平质量维度的现实转化

卓越性是学习共同体质量追求。学习共同体的卓越性,"并非谁比谁更优越,而是无论何等的困难的条件下都能尽所能追求最高境界。"②学习共同体的课堂对于卓越性的追求,常常是从挑战性问题入手的,通过对挑战性问题的解决,而达到深度学习的目的,提供课堂质量。

---

① 孟繁华.让"学习共同体"成为知识获得新路径[J].人民教育,2014(16).
② 〔日〕佐藤学.学校的挑战——创建学习共同体[M].钟启泉,译.上海:华东师范大学出版社,2010:3.

第一,知识。学习共同体课堂的知识获得并非死记文本上的明确定义,而是"对话与碰撞、反思与建构,逐步生成更为高级且具有个性化特点的心智模式"[①]获取。知识就存在对话与碰撞、反思与建构之中。四附小学习共同体特别注意"串联"。"串联"的目的是使得各种对话能够发生有机联系。学生与自己的对话,与他人的对话,与学科的对话,这些对话中,知识得到理解和深化。学习共同体的知识并非个体的独自建构,这是学习共同体知识的深刻性的一面。如一年级的《小毛虫》一课,四附小执教者会让学生反复多次地读文本,其次才是学生之间的对话,反复让学生读出了句与句之间,段落与段落之间的连接。对于一年级的学生,教师需要让学生反复与文本对话,才能将句子与句子,段与段之间进行串联,这样才会有学生发现小毛虫前面的"九牛二虎之力",与后面"翩然而起"的反差写法。

第二,能力。除了各学科的具体的相关的学科能力,学习共同体还特别注重围绕学生的学习力培养,如强调学生的倾听能力、提问能力、协同能力、串联能力、反刍能力、创造能力等。四附小学习共同体常常通过挑战性问题设置,"伸展跳跃",达到卓越性的质量追求,如从挑战性问题的趣味性、复杂性和层次性入手,构建学习力的动力、能力和毅力。[②]

第三,价值观。学习共同体课堂并不直接灌输某种价值观,各种价值观也允许在课堂中得到充分地呈现。在《武松打虎》一课中,四附小执教者提出挑战性问题:"如果武松没有走进酒家,他还会去打虎吗?"学生初读课文、再读课文将武松的所处的环境、性格、故事情境等进行文本追寻,对这样一个难以明显获得答案的挑战性问题,每个学生都可以根据文本提供的证据,表达自己的观点。每一次的读课文,教师都通过统计器将学生关于是否武松会打虎呈现出来,有的坚持,有的放弃,最后观点得到一定的集中。在每一次反复读课文,反复表达的观点中,在这种接受别人的观点和调整自己的观点中,学生感受到不同人对于不同的证据,表达的价值观是不同的。

(二)"部落共同体"课堂与教学公平(厦门第五中学)[③]

1.部落共同体的内涵

部落共同体是厦门五中借鉴了当前国际上"学习共同体"学校改革的有利元

---

① 孟繁华.让"学习共同体"成为知识获得新路径[J].人民教育,2014(16):1.
② 张小琴.设置挑战性问题,提升学生数学学习力[J].福建基础教育研究,2019(3):3.
③ 本案例由厦门第五中学提供。

素,结合学校几年来的办学特色实践,而提出的带有"厦门五中情感"的本土化新名词。学校提出的部落共同体要高于原始的部落,已扬弃了传统的自然形成的、原始时代的community与人为的society的概念,超越同时又吸纳了community与society两者的含义,是学校以班级化教学后,带有共同情感、彼此理解和亲密关系而组成的"现代部落"。厦门五中将这个"现代部落"与学习共同体相结合重构了部落共同体,也就是在学习共同体的基本架构之上冠以"部落"。这种部落共同体不仅有学习共同体的基本属性和内涵,又带有更多的情感属性。

2.部落共同体实践的历程

由厦门第五中学提出的部落共同体的发展大致经历了以下几个阶段:

第一阶段　学习(参观)、凝聚共识和动员、试点阶段

2008年前,厦门五中处于艰难生存阶段,2009年寒假召开了教育改革研讨会,校领导、中层领导、教研组长和年段长参加会议。学习先进经验,结合实际,形成改革共识:初一、初二年段的语文、数学、英语、政治、物理等科目先行先试"教学案",初三各科适时、适当渗透。研讨会确定了改革的目标和改革的思路。先后派出两批教师前往常州北环中学和南京东庐中学考察学习,取得宝贵经验,与蔡塘学校多次联手,开展教学案与学习小组相结合的路子。2010年1月25日学校召开全校教师改革动员会,要求寒假利用假期学习先进改革经验。2010年2月,开学时,致家长的信和家长会动员,谋求家长的认同。

第二阶段　找到抓手,开展文化建设阶段

2010年9月开始,各年级语数英理化政史地生学科全面实行"教学案"改革。各年级、各班级在德育处(大德育)指导下,大张旗鼓地开展年段文化建设和班级文化建设。2011年12月申报"初中生自主管理框架下的自主学习自我发展实践研究"。学校颁布《关于建立和管理班级学习小组的措施意见(试行)》。

第三阶段　学习昌乐二中学习小组经验

2012年,学校先后派出四批教师共计25人前去昌乐二中参观学习;2013年9月28日还特邀昌乐二中田本强教师到校开设《小组建设、参与意识及评价奖励机制》讲座;2013年9月申报"搭建班级文化建设和'教学案'改革的桥梁——初中学习小组建设和管理的实践研究"。

第四阶段　总结和反思,形成部落共同体的系统做法

随着实践的深入,如何将学习小组的做法进一步提炼,形成本校的特色,厦门五中找到自己的核心概念——部落共同体。虽然这个概念在外人看来是同一个意思用了两个词,部落本身就是一种血缘为纽带的共同体,后面再跟一个共同体,似乎没有必要。但学校认为部落是一种精神和情感的表达,部落共同体表示这是在构建厦门五中的精神、情感的家园。

学校规划的部落共同体包括了以下几个层级:

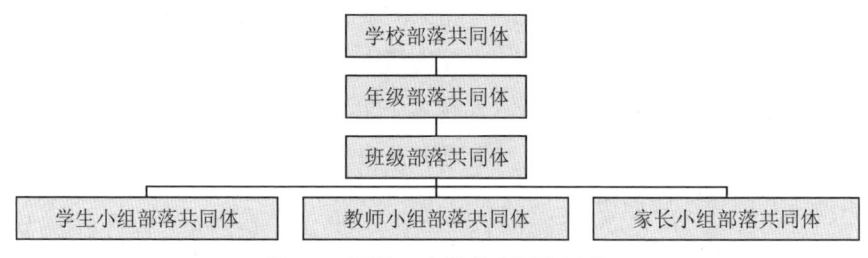

图 4-7　厦门五中部落共同体层级

学生以组内异质、组间同质建构 4~6 人为单元的学生小组"部落",在小组内形成愿景、规则等文化建设内容;教师主要以学科为单元同样形成与学生小组相配合的愿景、规则等文化建设内容;2~3 个学生部落的家长组成家长小组部落共同体,形成与学生小组相对应的愿景、规则等文化建设内容。

3.部落共同体的微观公平实践

(1)基于差异的班级文化建设

"人人有事做,事事有人做",让每一个人在班级中找到自己的位置,这是部落共同体改革之初首先做的。通过建设好行政小组。各个班级并没有完全是统一的做法,总体上是遵循了差异原则。主要做法可以概括如下:

整个班级有班长和值日班长,班长负责协调,值日班长负责执行一日的班长任务。但每天值日班长要在课前 5 分钟介绍一天准备怎么干,一天结束要与班长、昨日的值日班长、明日值日班长分析今日之得失,为明日值日班长干好明天的工作做准备,也为今日之工作做个反省和总结。

建立行政小组,负责常规管理,包含卫生、作业收发等,有的设立四个大组,每个大组有大组长和值日长。

建立班级文化,通过对班徽、班歌、班训、班名、班规、班级口号、班级愿景等的讨论、交流、投票、暂定、修改及确立过程中,在每个学期的班歌比赛排演过程中,在每一次班级体验锻炼竞赛中,在每年集体收集报纸搭建纸桥纸桌的科技节中,形成了特有的班级凝聚力,班级打造成家庭式亲情雏形。

与此同时配合班级生日会,小组建设与"一帮一"、送别会等,把班级的爱撒播出去。好的班级文化一定要教师参与,所以这些活动,班主任要尽量参与,邀请科任教师也参与。更为成功的班级文化是家校建设,在班级文化之下,建立学习小组,按学习小组,家长也结成合作小组,周末可以到不同家庭之中进行活动,促进了亲子沟通。

(2)部落共同体的小组合作促进了均衡

部落共同体,也就是部落共同体合作小组,在厦门五中实施以来,提高了学生的平均成绩,促进了学生的整体成长,让差生得到帮助和提升,没有滑坡,可以说做到了促进均衡。

一般部落共同体小组成员为4~5人,共12个小组左右,合作小组确立后,让各小组根据自己的成员情况,为自己的小组设计组名、组徽、口号,制定组规、推学科组长,形成文化认同并产生无形的文化约束。

合作小组还需要以常规合作为基础,各小组要在常规合作中评比,常规评比由值日班长负责,值日班长由各小组轮值,每天都有一个小组负责一天的常规检查、情况记录和评比。

活动是合作小组运行的重要载体,多数的活动都是以小组为单位开展的,有小组轮流主持主题班会,班级特色班会、作业、一站到底、学习雷锋好榜样、道德讲坛等等,也由小组轮流出黑板报,从这些活动中,学生学会了团结、合作,小组形成了凝聚力。

合作学习方面的评比主要包括课堂和考试。课堂得分和考试均分之和就是该小组每周的学习评比得分。在课堂方面,主要以教师的加分和扣分为主。优生回答问题加的分值少,中等生居中,差生加分多,这么做鼓励了差生积极发言、回答问题。为了在一个环节中争取更多的分数,小组都愿意让差生多回答。

优秀合作学习小组的奖励,第二个月的前几天将上个月的常规和学习累计积分汇总,召开月份总结暨表彰会,邀请家长或者段长作为颁奖嘉宾。给月份综合奖前三名小组颁发个人奖状和奖学金。流程是颁奖嘉宾颁发综合奖前三名小组个人奖状和奖学金,前三名小组上台发言,月份总结和反思、感谢;没得奖的小组发言,没得奖的小组反思自己的不足,认识到缺点,明确下个月的目标和方向,最后嘉宾致辞,表达收获、赞美和鼓励。

合作小组可以让学生稳定自己的水平,组间在常规和学习方面都进行评比,能让一些容易掉队的学生保持好习惯,跟上学习节奏,提高平均成绩。为了让小组不退步,在竞争中获胜,他们需要克服困难,激发学习动力,挑战更上一层楼,可以说,学习小组让班级的精神面貌,竞争力变好,班风、学风、校风和教风才真正有呈现。

(3)教学案保障了教学的优质

教学案自2010年在厦门五中试行改革以来,各教研组先后参与其中,教学案改革力求以学生为学习主体,改变以往课堂上教师讲、学生听的局面,采用教学案可以全面让学生动起来,让课堂活起来,并且有利于培养学生的自学能力,让学生学会学习,提高课堂效率。

教学案改变了学生的学习态度,融合教师的教案、学生的预习和笔记等板块,很大程度上突出了教材的精准度,使用教学案教学,可以有针对性突出重难点,减少不必要的时间浪费。

教学案让学生的预习要求一目了然,教学流程让学生能认真跟随教学参与课堂学习,重视基础知识的积累和课外知识的延展,都保障了课堂的优质效率,作业部分和笔记部分,以及提供评价和检测的部分,都使得教学案成了学习的流程反馈。

将学习小组用于落实教学案和管理教学案,能达到意想不到的效果。主要做法如下:

一是批改、检查教学案。批改课前预习、课堂学习和校本作业,检查教学案完成、订正和缺损等情况,各部落共同体学科组长检查各组成员;部落长检查学科组长;科代表检查部落长。科代表向科任教师汇报情况。二是开展课堂探究。在教师的指导下,根据教学案的提示需要、进行小组部落合作、探究学习。三是互帮互学。无论是平时的学习,还是复习考试,每个小组部落共同体成员都要互相帮助,有了教学案就有了帮助的依据,尤其要帮助小组部落中成绩比较差的同学,达到共同进步。帮辅要做到定对象、定时间、定措施、定目标,共同进步。四是共同发展。在教学案载体下,各小组部落长有责任和义务带领全组同学制订切实可行的发展目标,相互监督,相互鼓励,完成教学案里面的作业和任务,荣辱与共,共同进步,共同发展,为了达成效果,一般采用捆绑评价,集体奖励,共同进步。

部落共同体不仅仅因为采用了教学案提升了学生的成绩,还因为落实了共同体和教学案,达到了对社会主义核心价值观的教育、中小学生发展核心素养搭建了一个新平台(见图4-8)。《中国学生发展的核心素养》中的一级指标有文化基础、自主发展、社会参与,后两个指标是传统学校教育模式比较不够重视的两个方面,也是学校教育中比较难以有效实施的两个方面,其所对应的二级指标中的人文底蕴、科学精神、学会学习、健康生活、责任担当、实践创新也是以往教育教学中的难点和薄弱点,通常不少学校都是通过开展系列主题教育活动以期实现教育目标,但教育成效有限。这些素养和价值观有了部落共同体这个教育单元,依赖文化建设和丰富多彩的活动,容易得到体现和实现。

(4)评价激发了课堂和学校的活力

有了不同层面的部落共同体,我们构建最合适的部落文化,开展最有利的德

| 部落争霸 | 学会学习 | 社会适应 | 社会责任 |
| 学会管理 | 责任担当 | 健康成长 | |

图 4-8　部落共同体落实了核心素养（图片来自厦门五中张永金讲座 PPT）

育、教学活动，创建最有利于发展学生核心素养的教育新生态。

在推进部落共同体建设的过程中，学校秉承整体架构，多层次推进的策略，调动各层面的力量，让教师、家长和学生人人成为参与者、设计者。

一是制订部落共同体规则和评价量表。学校吸纳了原先学习小组管理规则和评价量表的有利元素，制订了部落共同体管理规则和评价量表。具体包括：

①关于建立和管理班级小组部落共同体的措施意见（试行）；

②关于厦门五中部落共同体建设和管理措施意见（试行）；

③厦门五中各年级部落共同体文化建设核心内容（试行）；

④厦门五中家长部落共同体建设意见（试行）；

⑤厦门五中教研组部落共同体文化建设指导意见（试行）。

有了这些管理规则，学校的部落共同体建设变得有据可依，更为规范，执行也更为有效。每学期，我们利用这些评价量表，对班级、年段、教研组部落建设情况进行评估，给达标的发达标奖牌，将优秀的评定为优秀班级、年段和教研组。下面是厦门五中小组部落课堂评价（如表 4-7）。

表 4-7　厦门五中小组部落课堂评价

小组部落名称	课前准备（10分）	课堂纪律（10分）	课堂发言（1～3分/次/人）（10分）	其他（5分）	累计得分

说明：①各班在黑板的适当位置画出课堂评价表。

②课前准备。基本分 10 分,一人次没做好课前准备(含没带课本)扣 1 分;迟到扣 1 分。
③课堂纪律。基本分 10 分,一人次被教师点名批评扣 1 分;表扬加 1 分。
④课堂发言。根据发言人不同和发言的质量不一样,一人次发言加 1~3 分。总分不超过 10 分。
⑤其他内容包括:课桌椅整齐、地面干净等,由科任教师灵活掌握,总分不超过 5 分。
⑥科任教师在每节课都要作出评价。累计得分,由值日班长计入班级日评价表。
⑦体育课或其他不以小组为单位活动的课,不记课堂发言分外,其他记分原则与别的学科一样。

二是出台评先评优政策。学校根据部落共同体的量化要求,每年的评先评优都单列出推进部落共同体建设先进集体和先进个人。例如,2018 年评出推进部落共同体优秀个人 5 人、年段 2 个、班级 4 个;2019 年评出优秀个人 5 人、年级 2 个、班级 4 个。奖励措施的设立,激励了一批教师积极投身推进学校部落共同体建设。另外,学校还制订了教研组文化建设评估量表,每年对教研组文化建设情况进行奖励,肯定了各教研组在常规工作、业务创先和特色活动方面取得的成绩。

三是打造长期有效的评价平台。学校出资与悦讯公司合作,建成了"互联网＋教师成长记录系统 v1.0"和"互联网＋学生综合素质评价系统 v1.0",还打算进一步把班级、年段和教研组部落共同体达标和评优量表建成网络平台,做到长期有效地对各班级、年段和教研组部落共同体建设和活动做出及时的评价和表奖。

(三)"教学做合一"课堂与教学公平(连城隔川中学)①

1."教学做合一"理念下的"六动"课堂内涵

基于人民教育家陶行知先生的"教学做合一"理念,探索农村初中小规模学校优质办学,形成了理念上有"魂"(教学做合一),路径有"形"(以"做事"为本)的农村初中课堂教学研究机制,探索了"六动"课堂模式,发展师生的学习力,提高农村初中的教学质量;提升农村教师的科研水平,教师"在劳力上劳心",创作一批有指导意义的优质"做案"。构建了一套基于课堂过程和学科特色的学生评价体系,培养学生形成良好的做事习惯,提升综合素养,促进能力的发展与迁移,在综合实践活动及学科竞赛中取得优良成绩。

"教学做合一"的"做"含有下列三种特征:行动、思想、新价值之产生。教师以课堂教学为主阵地,以校本教研为载体,实施以"做事"为本的行动研究。以教师"在劳力上劳心"的"六精"评价标准为准则,创设"六动"情境;以"做事"为中心的

---

① 本处相关表格和主要观点来自课题实验校连城隔川中学黄玲妹主持的"基于'教学做合一'的农村初中'六动'课堂行动研究"的成果报告。

"做案"设计为抓手,优化"六动"的方式。以学生"在劳力上劳心"的"脑动、手动、嘴动、眼动、耳动、脚动"的"六动"做事方法为核心,培养学生的协调性和灵活性,激发行动力,培养思维力,发展学习力,让课堂充满活力,大幅度提高学生的学业水平,让学生享有公平而有质量的教育。

2."六动"课堂的实践做法

通过理念指导、专家引领、教师课堂实践、专家现场指导的集中性课堂教学研讨活动,教师结合日常的课堂教学实践静心感悟,反思课堂得失,与同伴探讨,向专家请教,寻求更好的解决方法,并及时总结物化。经过专家与教师的共同努力,项目组探索了基于"教学做合一"的"六动"课堂策略。

首先,拟定《教师做事的"六精"评价标准》,这是构建"六动"课堂的关键。我们"做"一件事,便要"在劳力上劳心",思考如何可以把这件事做得好?如何运用书本?如何运用别人的经验?如何改造用得着的一切工具?有没有比这个更好的方法……才使这件事做得好。教师要设身处地,努力使学生明白;既然要努力使学生明白,自己便自然而然地格外明白了。还要想到这事和别事的关系,这事和别事的互相影响。要让学生从被动到主动,教师是构建"六动"课堂的关键。结合课堂实践,反思课堂中学生的行动和发展情况,我们制定教师做事的"六精"评价标准,即精准设置教学目标、精确分析教材学情、精心设计教学环节、精讲课堂教学内容、精心引领"在劳力上劳心"、精选有效习题作业。具体评价要素如表4-8所示。

表4-8 连城县隔川中学"教学做合一""六精"课堂评价表

评价类别	评价项目	评价要素	分值	得分
一、精准设置教学目标	目标设置	目标定位准确,叙述明确、具体,渗透德育教育和学生人格培养	10	
	目标分层	目标分层,每一节课学生都得到最优发展		
二、精确分析教材学情	分析教材	能把握单元教材、单课教材的具体目标及内容结构	10	
	熟悉学情	了解不同层次的学生特点,以学定教,顺学而导		
三、精心设计教学环节	环节设计	环节完整,衔接紧密,每个环节学生都有事做	10	
	时间分配	保证学生有足够的参与活动、自主学习的时间		
四、精讲课堂教学内容	内容选择	教学容量适度,重难点把握准确	10	
	呈现方式	能有效地整合三维目标,突出能力培养		

(续表)

评价类别	评价项目	评价要素	分值	得分
五、精心引领在劳力上劳心	教的方法	教的方法根据学的方法而定,方式多样化	50	
	学的方法	学的方法根据做的方法,体现自主学习、探究学习、合作学习		
	落实在"做"	课堂气氛和谐,学生思维活跃,多种感官参与学习过程,在愉快的"做事"中获得新知		
	在劳力上劳心	每一个环节都体现"在劳力上劳心",即在动手上动脑。教师动脑,设身处地让学生明白		
	观察评价	善于关注和体察学生课堂表现,注重课堂生成。评价语言准确得体,催生活力		
六、精选有效习题作业	当堂检测	精编、精选课堂练习,当堂利用口头、书面、实践操作等形式检测达标情况	10	
	及时反馈	能及时反馈课堂训练结果,教学目标达成度高。		
综合得分			评定等级	
简要评语				

评课人:_____

其次,首创《以"做事"为中心的"做案"设计》,这是构建"六动"课堂的抓手。学生从被动到主动,再到能动、会动,还需规划其行动的步骤、组合"六动"的方式,力求在有限的时间内,达到最佳的效果。传统教学中教案以"教师"为主体,"学案"以为主体,"教学做合一"以"做"为中心,教和学没有明显的界限,都落实到"做"上。"做事"一词既指一系列的行为动作的过程,也指解决问题、掌握知识、掌握技能的行为动作的目标。为此,我们设计了以"做事"为中心的"做案",以此为抓手,优化学生"六动"的方式。"做案"的项目包括做的目标、做的重点、做的难点、做的方法、做的工具、做的准备、做的过程、做后反思。做的过程具体包括做的环节、教师做事、学生做事、"六动"方式及意图。经过修改完善,产生一批有指导意义的优质"做案"。以"做事"为中心的"做案"设计模版如表4-9所示。

表4-9 连城县隔川中学"六动"课堂"做案"设计

学科		课题	
做的目标			
做的重点			
做的难点			

（续表）

学科		课题		
做的方法			做的准备	
做的过程				
做的环节	教师做事	学生做事		"六动"方式及意图
做后反思				

然后，设计《学生做事的"六动"导图》，这是构建"六动"课堂的核心。课堂改革的核心是改变学生的学习方式。受陶行知先生"六大"解放思想中的启发，特别是根据"做"的特征"行动、思想、产生新价值"，设计者着眼于课堂这一特定的场域，设计"学生做事的'六动'导图"，如图4-9所示：

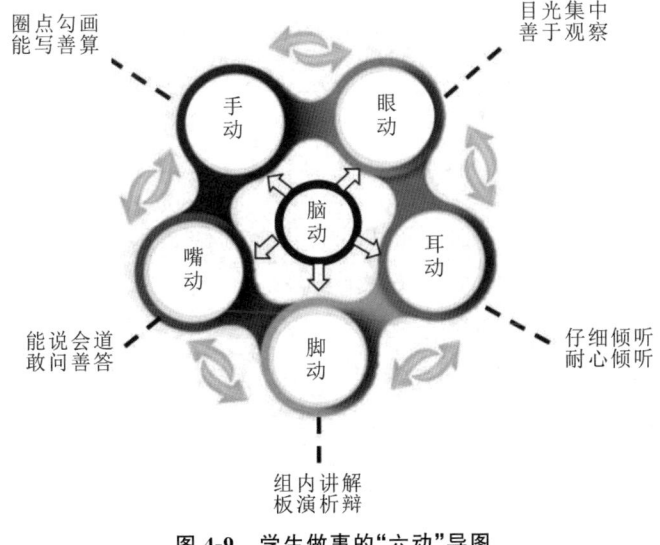

图4-9 学生做事的"六动"导图

"六动"是学生"脑动、手动、嘴动、眼动、耳动、脚动"的行动简称。其中"脑动"的要求是肯想、敢想、善想、乐想,这是"六动"导图的核心。任何行动只有经过大脑的思考和指挥,边实践、边思考,做到既做即想,才能轻重得宜,以明对象变化的道理。手动是要肯干、敢干、善干,圈点勾画,能写善算;嘴动是要能说、会说、敢说、善说、敢问、善答;眼动是注意力集中、认真观察、善于观察;耳动是仔细倾听、耐心倾听。脚动是从座位起立、参与课堂,也可离开座位,在小组合作学习参与讨论交流、讲解等,也可上台板书、表演等,扩大行动的领域,享有空间资源。这六种行动不是孤立的,是相互融合、更新迭代的。既可顺承连接着动,也可优化联合着动,视具体的学习任务和情境,选择最优的方式,以求达到最佳的效果。

连着动最常见的是耳动与嘴动、手动的顺承,如听清教师或同学的问题、指示后马上作出回答或者作出反应。组合动,如嘴动与手动,记笔记时学生边说边写,增强记忆;演讲的时候边朗读边比划手势;开展小组合作学习时,小先生要到各组的领地为组员边讲解边指示等。眼动与耳动的组合,学生边看边听等。"六动"培养学生的协调性和灵活性,良好的行动力促进学生思维能力的发展,帮助学生发展学习力,让课堂充满活力,变得灵动。

3."六动"课堂的微观公平实践

一是强化课堂过程评价,激发课堂活力。根据"六动"课堂的特点,设计了基于学科和学情的学生课堂"做事"登记表。如表 4-10 所示。

表 4-10 连城县隔川中学学生课堂"做事"登记表

姓名		班级		组长评	□优 □良 □有待加强
学科	做事项目				自评
语文	□阅读(朗读、默读等) □思考 □书写(做笔记、做练习) □讨论 □交流 □板演 □倾听 □表演 □其他				_____项
数学	□阅读 □思考 □书写(做笔记、做练习) □讨论 □交流 □板演 □倾听 □其他				_____项
英语	□阅读(朗读、默读等) □思考 □书写(做笔记、做练习) □讨论 □交流 □板演 □倾听 □表演 □其他				_____项
物理					
化学					
生物					

(续表)

姓名		班级		组长评	□优 □良 □有待加强
政治					
历史					
地理					

每堂课下课前，教师对课堂上积极主动的同学予以肯定，进行模糊评价，学生自行勾画课堂做事登记表对应学科的选项，做出精准评价。当天课程结束，由组长统计组员的课堂做事情况，进行定性评价。以学生课堂做事登记表为导向，强化过程性评价，提醒学生课堂要多动、会动、巧动，激发学生的主动意识，锻炼学生的心理素质，培养学生良好的做事习惯，如专心上课的习惯（笔记）、认真观察的习惯、积极思考的习惯、善于质疑问难的习惯、合作交流的习惯、大胆表达的习惯，提高学生的认知、合作、创新等关键能力。

二是创新学科素质评价，促进均衡发展。为每个学科设计符合学科特点的《学科综合素质评价表》，在学期结束时实施多元评价，如针对语文学科，把阅读、听话、说话、写作当作基本项，把读书写文活动，如摘抄、演讲、征文、阅读之星、书香少年等评选作为加分项进行综合素质评价，促进学生个性的健康发展。针对理化生学科，围绕学习态度、基础知识、学习能力、实验技能、合作交流能力进行评价。学期结束对学生的道德品质和公民素养、学习能力、交流合作、创新能力等关键能力进行综合评价，促进学生综合素质的提高。

三是综合能力迁移发展，促进优质发展。"六动"课堂旨在培养学生良好学习力，提高学业水平。行动力、思维力、创新力在课堂内外得到迁移发展。学生乐学好思，呈现自信、活泼、积极、主动的良好精神风貌。学生积极参加综合实践活动、科技创新大赛、学科竞赛等。特别是设计者结合当地非物质文化遗产"连城拳""连城青狮"开展家乡传统文化研究，其中"连城青狮技艺研究"科学实践活动，获龙岩市第十一届科技创新大赛科技实践活动二等奖。"连城拳校园展神韵"获得福建省校园"微拍"大赛初中组三等奖。学生们积极参加不同的学科竞赛活动，在征文比赛、数学竞赛、英语口语比赛、化学知识竞赛、历史调查报告比赛、时政小论文竞赛、书法竞赛中都取得优异的成绩。

项目组成员所任教班级在全县进行的统一测试中，平均分、及格率、优秀率均比研究前有了比较大的提高。其中谢仁畅、黄玲妹、吴育华、江浩、黄荣华、陈秀嫒、陈永坤等教师所在班级的平均分均居全县前茅。近三年,共有24人次获连城县中小学教学质量考评奖,学校连续三年获连城县中小学教学质量考评奖单位。2017、2018、2019三个学年,分别获龙岩市五率评比农村组一等奖、三等奖、二等奖。教师在"六动"课堂行动研究过程中,开展教学设计、片段教学、同课异构、微课录制、一师一优课等教学技能比赛活动,不断优化"做案"设计,在不同级别的案例评选中获奖。及时撰写教学反思,改进"联动"方式,有效提高课堂效率,提高农村初中教学质量。项目组成员选取"小而实"的问题进行课题研究。共承担两项省级课题、三项县级课题,解决"六动"课堂中许多关键问题,提升科研水平。及时总结、提炼,近年来开设的县级以上公开课30余节,开设的县级以上专题讲座共计20余次。撰写教育教学论文,在CN刊物发表10余篇,在省、市、县级交流汇编10余篇。项目负责人以"龙岩市第二届黄玲妹名师工作室"以依托,到连城县四堡中学、连南中学、连城三中开展送教活动,辐射全县的初中语文教学。以"福建省行知送教团"为依托,分别到上杭四中、德化八中、晋江尚志中学、邵武第二实验小学、上杭县第二实验小学开展公益送教活动。为建瓯县的初中学科骨干教师开设专题讲座。在泉州北峰中学为丰泽区科研基地校的教师开设公开课,在闽江学院附中为2019年综合实践活动初中"壮腰"工程培训班成员开设综合实践活动公开课,参加龙岩市教育科学研究院组织的《龙岩市中小学生研学课程指导用书》的开发和编写、审核工作,担任龙岩市中小学综合实践活动优质课评选的评委。项目共同负责人谢仁畅参加了福建省教育厅主办福建省教育学院承办福建省2019"名师"送培送教活动。成员江浩、吴育华、黄金明参加连城县骨干教师工作室的送教送培活动,在本县起辐射引领作用。

第五章　基于微观公平的校本课程研究

学校是否具备满足学生个体发展需要的课程,是影响教育过程公平的重要因素,学校课程发展质量是判断教育过程质量的重要尺度。课程是教育的载体,课程承载着国家的教育目的,学校办学理念也要通过课程体现在学生身上。课程公平作为基础教育公平的重要内容,被认为是教育公平的核心。① 2001 年,我国颁布了新一轮《基础教育课程改革纲要(试行)》,明确了"实行国家、地方、学校三级课程管理,增强课程对地方、学校以及学生的适应性。"三级课程体系的提出正是人们对传统"学科知识本位课程"的反思,若忽视地域差异及学生个体发展的不均衡,让所有的学校都用同一张课程表绝不是真正的公平。在不同学校建立基于"学生发展本位"的课程,强调地域、教师和学生的差异性,使学校真正成为课程管理的主体,是实现学生个体优质发展的重要举措。

我国现有的学校课程研究重心在如何推进地方校本课程的开发上,通过总结,推动现有校本课程开发的主要对策有以下几点:第一,政府层面,加强地方校本课程的开发和推广,如设立专项开发基金、建立区域间优质校本课程的共享平台、鼓励地区课程的开发合作、完善地方校本课程的管理和审批制度等。② 第二,学校层面,培养教师校本课程开发意识,加强本校课程开发的专业技术培训,提升学校课程开发的综合能力。③

2021 年 7 月,中共中央办公厅、国务院办公厅印发《关于进一步减轻义务教育阶段学生作业负担和校外培训负担的意见》,"双减"成为教育新议题。文件提出要"提升学校课后服务水平",要做到"在校内满足学生多样化学习需求""增强课后服务的吸引力""充分利用社会资源""对学习有困难的学生进行补习辅导与答疑,为学有余

---

① 熊和平.论课程公平及课程改革[J].教育导刊,2007(1):8-10.
② 周勇.校本课程的校际差异与区域基础教育公平[J].教育研究,2011(5):72-74.
③ 万伟.校本课程开发:影响教育过程公平的新因素——以江苏省为例[J].教育理论与实践,2013(32):42-44.

力的学生拓展学习空间,开展丰富多彩的科普、文体、艺术、劳动、阅读、兴趣小组及社团活动"。由此可见,课后服务关乎民生,"双减"要求课后服务的功能不仅局限于托育看管,还需兼顾中小学育人的提质增效,注重对学生的差异化支持。学生在校时间被延长,打破了原有时间和空间的壁垒,在一定程度上将"课外学习"变为在校的"课后学习",课后服务成为校本课程开发与实施的新平台。在课后服务全覆盖的背景下,需要从均衡、优质、活力等维度对校本课程的开发与实施提出了更高要求。

第一节 理论建构:微观公平与校本课程

从我国校本课程发展的整体趋势来看,大部分学校早期处于"效率优先的重点发展"的阶段,很多学校侧重先发展自己的优势项目,如剪纸、足球等,浮现出一大批特色校;后来逐渐转向"公平导向的均衡发展",为了满足庞大学生群体的需求,学校开设了丰富的校本课程,不过这些课程的开设多以资源配置为主导,缺乏系统性;现阶段,更多学校在努力构建"有效率的公平"双价值取向的新课程体系,希望能从学校这一微观层面为更多学生提供优质的个性化课程。将校本课程作为国家统一课程的补充,与中国古老教育典籍《学记》的藏息相辅原则不谋而合:"大学之教也,时教必有正业,退息必有居学。不学操缦,不能安弦;不学博依,不能安诗;不学杂服,不能安礼;不兴其艺,不能乐学。故君子之于学也,藏焉,脩焉,息焉,游焉。"《学记》主张学生在学习过程中要善于处理好正课学习与业余爱好之间的关系,使正课学习有主攻方向,业余爱好广泛多样,而且使业余爱好有助于正课的学习,体现了朴素的课内外结合、劳逸结合、知行结合的教育思想。

一、校本课程与微观公平的内在关联

(一)从社会学视角看,二者具有共同的存在前提

英国教育哲学家伯恩斯坦指出一个社会如何选择、分类、分配、传递和评价它公认的教育知识,既反映了社会权力的分配,又反映了社会控制的原则。[①] 社会学的视角超越了独立的个体,从社会结构、社会关系等方面来观察、解释校本课程的

---

① 王冬凌,等.现代课程论[M].大连:辽宁师范大学出版社,1998:45.

开发与实施。从这一层面来看,校本课程在内容选择、人员分配、知识传递、质量评价等各方面与教育公平密切相关。学校通过开发校本课程让整体的课程结构更完整、更多元,教师、学生、家长、社会人士都可以作为课程开发的主体,为不同的个体提供更适合的课程内容,让学生获得选择课程的权利,为个体的发展提供更多的可能性和更广阔的空间,并由个体、局部的发展带动整体、全面的教育质量提升。校本课程的开发与实施体现了教育公平的共享正义,促进了教育权利公平、教育机会公平的落实。

(二)从教育学视角看,二者具有共生的价值追求

教育微观公平的理想蓝图是让每一个受教育者都获得最大限度地发展。在班级授课制中,有很长的一个时期,人们将学生"整体化""平均化",用平均分、升学率来衡量教育教学质量。然而对于受教育的个体来说,他们的发展诉求、学习体验由于资源、意识、理念等方面的限制,往往被忽视。随着教育不断发展,对个体差异性的广泛关注使得教育工作者对学生主体性有了新的觉醒,人们重新审视将学生"平均化""整体化"的惯性认知。

在教育微观公平理念的关照下,我们承认每个独立个体的意义和价值,化解整体,还原个体,校本课程的开发与实施也以此为目标。校本课程在开发时结合所处地区及学校的情况,根据不同学生的发展诉求,将其发展前景视为着陆点,设计多元、个性化的校本课程。"尊重差异、均衡发展"是教育微观公平与课本课程开发、实施共同的价值追求。从这个层面上来看,教育微观公平是校本课程开发与实施的动力,也是教育工作者前行的灯塔。

(三)从伦理学视角看,二者具有共通的道德属性

校本课程因其开发与实施的灵活性和自主性,使校本课程比国家颁发的统一课程更具有伦理属性。伦理行为即道德和利益的关系问题,是关涉人己利害关系的行为。学校应该选择哪种类型的课程?学生可以获得哪种性质的知识?该如何分配校本课程资源?教师以何种方式完成课程教学?学校以什么作为校本课程评价的标准?这些问题无一不在描述教育公平在校本课程开发与实施中的道德属性。

换言之,一所学校的校本课程制度是否能反应教育公平的道德属性,对其完成质量影响巨大。如果校本课程结构单一,为了培养赛事选手或只选取某一项目作为学校的特色,在短期内可以实现学校师资、经费的效益最大化,但对于更多学生来说,课程与学生个体的发展方向不匹配,他们的潜能无法被更好地激发,此时个体的教育权利和机会就得不到公平地对待。

二、校本课程中应然与实然的断层

古德莱德是美国当代著名教育家,他的五级纵向课程观将课程划分为理想的课程、正式的课程、领悟的课程、运作的课程与经验的课程。[①] TIMSS(Trends in International Mathematics and Science Study)是由国际教育成就评价协会发起的国际数学和科学趋势研究项目,TIMSS 提出了三层课程模型:第一层为预设课程(Intended Curriculum),即社会期望学生学习的内容;第二层为实施课程(Implemented Curriculum),即实际的课堂中教什么,怎么教等的问题;第三层为获得课程(Attained Curriculum),即学生最终学会了什么。[②]

遵循课程分层的逻辑脉络,梳理校本课程开发三个层级的完整链条。第一层,预设的课程。其一是学校的校本课程愿景、课程结构。课程愿景是一所学校开发课程时的目标,课程结构是在整体规划上对课程愿景最有力地支撑;其二是教师开发的校本课程。教师遵循学校的课程愿景,在学校的课程结构中选取自己感兴趣、擅长的部分进行课程开发,比较理想的应包含提交课程大纲、完成自编课本、设计评价方案等内容。第二层,实施的课程也包含两个方面。首先,学校需要制定相关制度。校本课程与上级颁布的课程最大不同在于学校的自主性,师资如何引进,学生如何分配,质量如何保障等都需要校方制定相关制度,确保课程有效、顺利地实施。其次,教师在课堂当中如何实施也是至关重要的。教师对学校课程愿景的理解,教师对学生差异性的关注情况,都对教育公平的落实起到巨大的影响。第三层,获得的课程。学生对所选课程的学业成就是衡量课程质量的重要指标,但其它成就在校本课程的评价体系中应特别重视,例如,不惧怕困难、坚持不懈的必备品格和交际能力、思维能力、解决问题的能力等关键能力的养成和获得。

学校课程实施的价值是促进个体的学习与发展。[③] 这一价值观与教育微观公平是重合的。我们将促进学生个体发展的校本课程作为应然课程,以此为参照,建立预设课程、实施课程、获得课程与起点公平、过程公平、结果公平的一一对应关系(如图 5-1 所示),并从均衡、活力、品质三个维度发现实然课程从目标制定、内容选择、人员分配、课堂实施、评价监督等诸多方面都与应然课程出现了断层。

---

① Goodlad J. I. The Scope of Curriculum Field. In:Goodlad J I et al.Curriculum Inquiry: The Study of Curriculum Practice [M]. New Youk:McGraw-Hill,1979. 58—64.
② Mullis,Ina V. S.,et al.. TIMSS 2011 assessment framework [EB/OL]. [2013-9-25] http://timssandpirls. bc. edu/ timss2011/frameworks. html.
③ 崔允漷.学校课程实施过程质量评估[M].上海:华东师范大学出版社,2017:3.

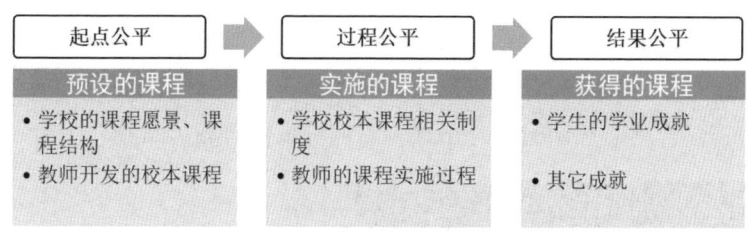

图 5-1 基于微观公平的校本课程开发链

(一)均衡维度——结构性缺失

很多学校在开设校本课程时受到各方面因素的影响,在结构上普遍存在整体构架缺失的情况。学校、教师对于校本课程的愿景缺乏共识,对于校本课程整体规划不足。其一,横向结构失衡。不少学校选择了某一门课程作为特色进行打造,在经费、师资、空间、时间等多方面倾斜,造成了课程内容单一的情况。其二,纵向结构失衡。有些学校有一定的课程开发意识,开设了不少课程,多而杂是普遍问题。课程容易出现内容的平行铺排,内部逻辑性和序列性不足,对于提升学生能力和素养的支撑不足。双向失衡是导致校本课程资源分配不公平的重要因素。

(二)活力维度——生本性、制度性缺失

一是价值取向偏颇导致个体发展受限。当学校以获得奖项、特长展示为校本课程开发与实施的价值取向时,必然出现生本性缺失的问题。优质资源会更偏向特长学生,在课堂上教师会对质优生有更多倾斜。换言之,以"效率优先的整体发展"为指导思想的校本课程,在课程设置上对不同群体需求的贴合度不强,学校整体的发展在学习者个体之上,学生作为独立个体的发展愿望和方向被完全忽视,在校本课程体系中发展空间必然受限。

二是制度不完善导致课程的人员分配不合理。学校在校本课程的管理上有一定自主权,但在校本课程管理制度的实行中还存在诸多问题,涉及公平层面主要表现为权力获得、使用能力和使用方法等。[①] 例如,在选课制度上的公平问题。校本课程往往会有大量的选修课,具体课程的参与学生该如何分配是一个重要的课题。以下是 S 小学校本课程预报名人数统计图(如图 5-2 所示),左侧数轴为每个课程班根据课程特点和师资配备预设的最大班生数(20—35 人不等),右侧数轴为实际报名人数。例如乐高拼装课程预设班生数为 20 人,实际报名人数为 95 人;生活科

---

① 殷玉新,郝亚迪.论课程公平及实现路径[J].教育导刊,2016(6):32.

学课程预设班生数为35人,实际报名人数仅5人,无法开班;篮球课程报名人数严重过剩,超出预设的122人;国际象棋班却剩余学位18个。从图表中我们可以看到科学类、体育类、美术类、音乐类都出现了预设班生数与实际报名人数的不匹配,一套相对完善、合理的选课制度对于课程资源分配的有很大帮助。

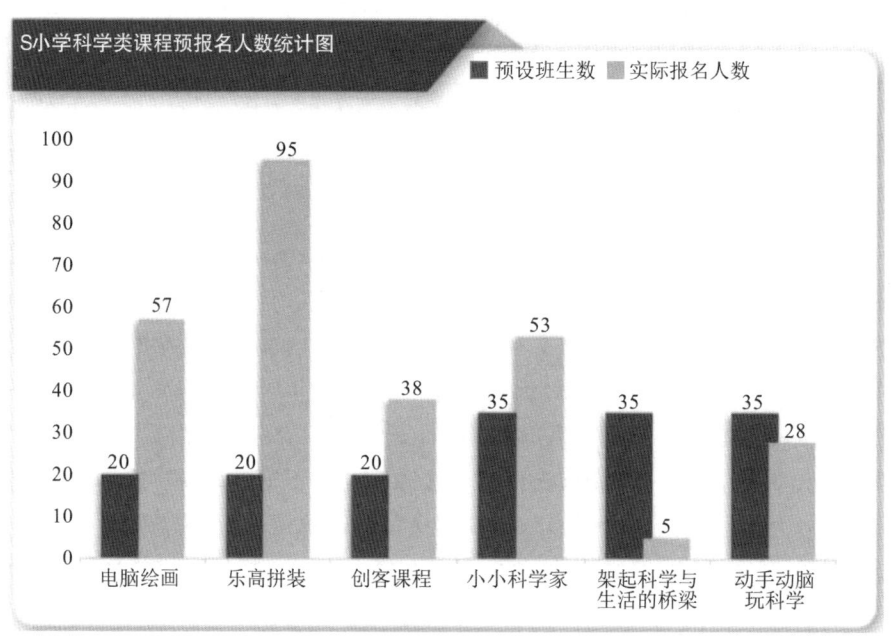

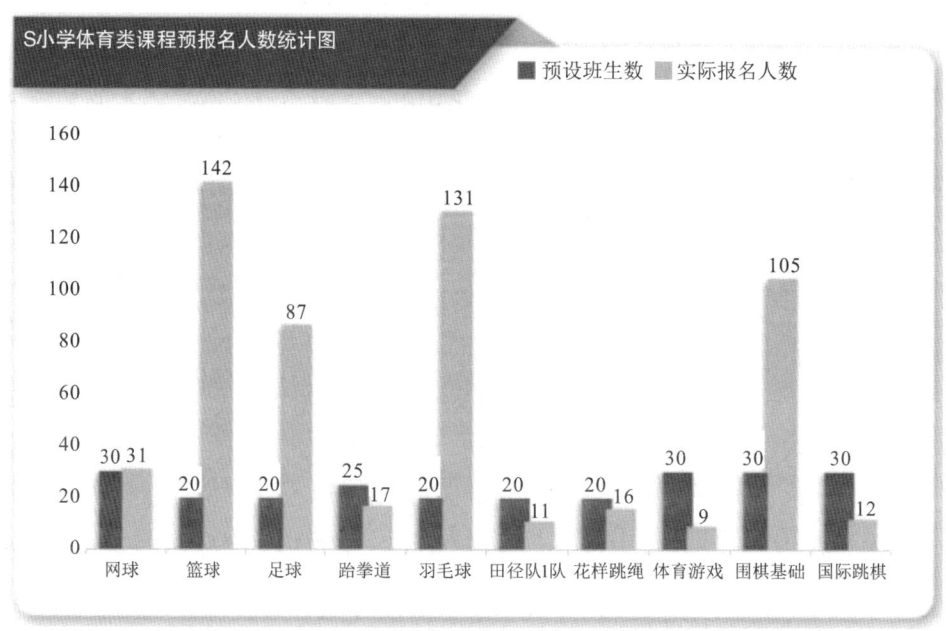

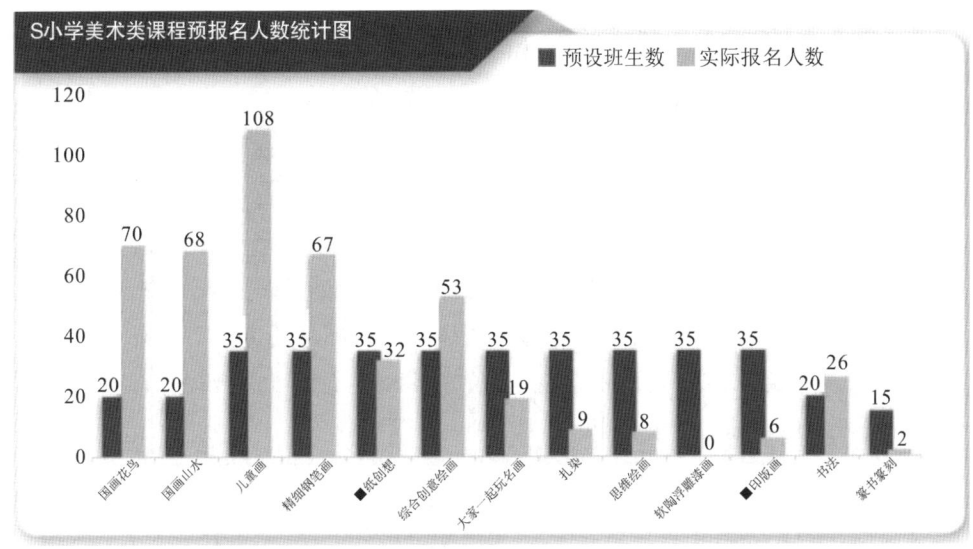

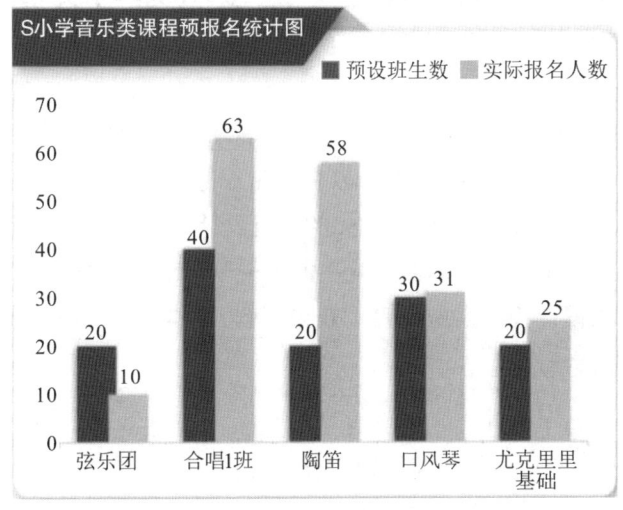

图 5-2　S 小学校本课程预报名人数统计图

三是教师对教育公平认知不到位导致课程实施过程的生本性缺失。首先,教师对于校本课程为了促进学生个体发展的价值认识普遍不够到位。教师是如何看待校本课程的教学目标,如何看待不同学习类型的学生,如何看待探究性学习的意义等,影响校本课程实施的每一个环节。其次,教师是否具备足够水平的教学能力、策略、机智,应对不同学习个体在校本课程实施过程中呈现出的差异化特点。当教师意识和能力不到位时,难以支撑学生个体充分的学习和发展;学校监管机制不到位时,教师在课程实施时落实教育公平的稳定度会变弱。

(三)品质维度——评价性缺失

课程评价的好坏,直接影响公平的品质维度。课程评价在校本课程开发中起着导向与质量监控的重要作用,以往对学生校本课程"获得课程"的评价上存在两种弊端,其一,无评价的放任式管理。因为校本课程不是上级规定的统一课程,学校只开发和实施,无评价方案,易出现校本课程开发随意、实施低质的现象。其二,单向度的评价机制。单一化的评价手段体现了应试化的精英教育理念,缺乏多元化、层次化的人才观与相应的校本课程评价体系。教师单向度的评价降低了学生的公平体验感。所以从评价的价值观、评价工具和评价手段的合理性都直接影响校本课程开发与实施的结果公平。

第二节 校本课程公平维度构建与实施路径

教育公平是一个动态发展的过程,人们对教育公平的研究与实践遵循着两条思路:一是教育公平思想的演进;二是教育质量思想的演进。[①] 我国校本课程也呈现这样的态势,总体上经历了"效率优先的重点发展"转向兼顾"公平导向的均衡发展"的发展历程。当下,如何实现"有效率的公平"双价值取向合拢的新型校本课程呢?我们遵循"预设课程—实施课程—获得课程"的课程开发完整链,尝试构建校本课程的公平考察维度。

一、相关研究

公平问题是政治哲学、社会学、伦理学等学科一直研究的重要问题。罗尔斯将正义放在制度的框架之下,其"分配正义"提出了平等原则、差别原则和补偿原则。[②] 诺齐克认为"个人是目的,而不仅仅是手段,没有他们的同意,他们不能被牺牲或被用来达到其他的目的。"他提出的"持有正义",强调个人是神圣不可侵犯的,

---

① 王海英.质量公平:当下教育公平研究与实践的新追求[J].湖南师范大学教育科学学报,2013(11):32.

② 约翰·罗尔斯.正义论[M].何怀宏,等,译.北京:中国社会科学出版社,1988:303-304.

反对罗尔斯的分配正义背离人的主体性和自主性。①查尔斯·泰勒的"承认正义"则强调了对人的尊严和情感的关注与认可。②在教育的实践层面包含了这三种从不同维度区分的正义类型。

杨小微认为分配正义与持有正义在确定教育资源与教育机会的分配原则中具有指导作用,承认正义在分析师生关系与生生关系时具有重要的意义。他从学校内部公平问题切入,以指数的方式探究教育公平的实际状况,其分析框架由"人际对待"和"活动领域"两个维度构成,前者包含平等对待、差别对待、公平体验和反向指数,后者包括管理与领导、课程与教学、班级与活动。③熊和平认为教育公平的核心是课程公平,衡量课程是否公平的主要维度有求知功能的假定、求知内容的安排、求知方式的选择、求知条件的提供与求知结果的评价等。④黄忠敬、孙晓雪强调学校内部公平的重点在公平对待与个性尊重,目标是实现学校教育的差异化发展,提出从学校结构、班级组织、师生关系、教师素质、学习的自主性以及课程选择性与多样性方面分析公平。⑤吕立杰、马云鹏以认为基于教育公平的课程发展质量考察维度应以符合教育目标、执行课程方案与标准、尊重学生差异、教育过程满意为取向,并以学校课程、教师课程、学生经验课程、课程发展影响因素等作为考察维度,重点关注执行课程方案及标准、课程发展水平、使用者满意度、使用者代价、保障措施等方面的课程发展要素。⑥

二、分析框架

在已有研究的基础上,我们遵循校本课程开发的完整链条"预设课程——实施课程——获得课程",以个体的学习与发展作为结果,将教育公平放在课程开发的整体框架中进行研究,从共享正义、关系正义、素养正义出发,对课程的预设、实施、获得及公平体验展开研究。

学生获得的课程是预设的课程、实施的课程,以及公正体验交互作用的结果,

---

① 诺奇克.无政府、国家和乌托邦[M].姚大志,译.北京:中国社会科学出版社,2008:37.
② 霍耐特.承认与正义——多元正义理论纲要[J].学海,2009(3).
③ 杨小微,李学良.关注学校内部公平的指数研究[J].教育科学研究,2006(11):5-10.
④ 熊和平.论课程公平及课程改革[J].教育导刊,2007(01):8-10.
⑤ 黄忠敬,孙晓雪.深入学校内部的教育公平追求[J].中国教育学刊,2019(9):16-20.
⑥ 吕立杰,马云鹏.基于教育公平的基础教育课程发展质量考察维度构建[J].中国教育学刊,2016(08):99-106.

体现为课程公平事实通过学生公平体验影响获得课程的过程。因此,本文将预设课程、实施课程作为自变量,将获得课程作为因变量,将公正体验作为中介变量,探究预设课程与实施课程通过公正体验对获得课程产生的影响。(如图 5-3 所示)

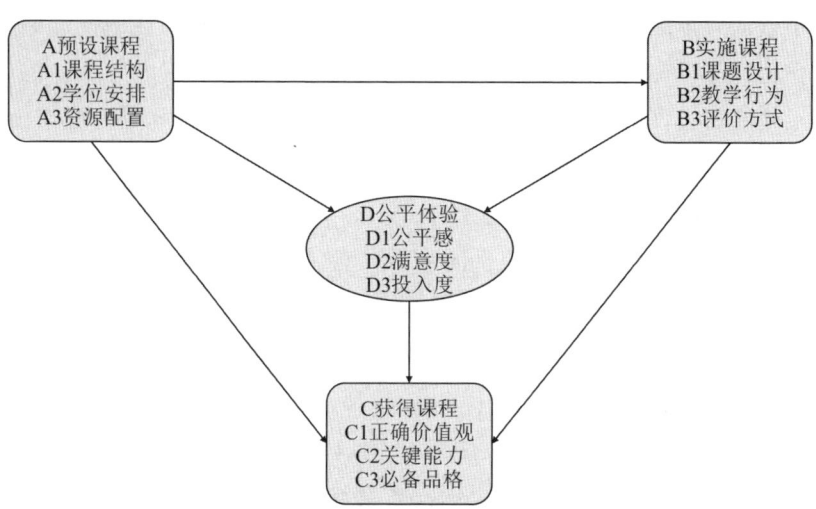

图 5-3　基于微观公平的校本课程路径模型图

本文将校本课程开发的过程与教育公平理论相结合,形成了基于微观公平的校本课程理论框架。该理论框架包含四个一级指标:预设课程、实施课程、获得课程、公平体验。其中,预设课程和实施课程基于共享正义,指向均衡,预设课程包含课程结构、学位安排、资源配置三个二级指标;实施课程包含课题设计、教学行为、评价方式三个二级指标。获得课程基于素养正义,指向优质,包括正确价值观养成、关键能力获得、必备品格养成三个二级指标。公平体验基于关系正义,指向活力,包括公平感、满意度、投入度三个二级指标。

三、校本课程的公平实施路径

根据以上分析框架,从预设课程的逻辑起点、实施课程的基本特征和获得课程的评价标准三个核心问题入手,寻找校本课程的公平实施路径,以达到促进个体的学习与发展的校本课程共同愿景。

(一)均衡:将教育公平共享正义作为预设课程的逻辑起点

教师的教学行为是教学思想的外化,行为转变的第一步是教师通过学习,真正理解教育公平理论及其理念。学校管理者及教师首先需要明确当下教育公平已提升到了基础教育改革的战略高度。学校可以借助会议、教研等方式,通过专家引领、共读相关书籍、教师共同体分享等群体学习,促进个体的公平认知,帮助教师在自己原有价值观的基础上,对"教育公平"做出肯定性评价。当然教育理念转化为教学行为绝不是简单的方法和策略的学习,而是唤醒教师内心对公平理念教育价值观的认同:以学生为本体,将教育公平理念理解为最大限度实现基于个体差异的教育选择权、给予每个学生充分发展的机会、让每个学生都获得适合的幸福生活;并认同平等对待相同、差别对待不同、补偿对待弱势为公平理念的实施三原则。①

"有效率的公平"双价值取向合拢的新型校本课程,需要具备如下两个特点,其一,应面向全体学生,让每个个体都尽可能平等地获得课程利益;其二,课程资源的配置要尽可能满足不同学生的多种诉求,需要兼顾普遍需求和个体差异、促进全面发展和多元特长培养。所以,在校本课程开发阶段的最大挑战,是来自有限的课程资源与学生个体发展之间的矛盾。学校需要建构更合理的校本课程体系,横向拓展课程内容,纵向深化能力体系,为不同类型的学生提供更多的课程资源,实现更高的课程价值。

(二)活力:将促进教育公平的关系正义作为实施课程的基本特征

1. 调整教师角色定位

在具体学科的教学中,有较为明确的知识性目标,教师往往扮演讲解者、示范者、控制者的角色,导致师生课堂角色定位的不平等。在校本课程实施的过程中,教师受到固有自我认知的影响,与学生主体性之间存在矛盾仍然存在。教师的自我角色定位会通过身体姿态、课堂语言等外显出来。例如:教师对课题有所预设,但学生可能会出现理解偏差或不同兴趣点,此时教师会尽快将学生拉回原有的设计中,按照自己的节奏推进课堂;当课堂出现分歧时,教师是现场最权威的裁决者。急于给出答案的教师无法从元认知层面激发学生思考。

其一,调整心态。教师首先要明确一切的教学行为都是为了促进学生的发展,真诚倾听学生发言,发现他们的兴趣和困难,不过分执着于预设。在校本课程实施的过程中,要建立以学习为中心的课堂,变以教师为核心的单项交际形式为师生、生生的双向交际形式,为每个学生创建更民主的课堂交流氛围、更平等的课堂交流机会。

---

① 郭少榕.论学校教育的微观公平[J].中国教育学刊,2018(10).

其二，改变体态。当教师将自己的位置放低，更平等地看待学生时，肢体语言也会发生微妙的变化。教师在真诚倾听学生发言时，身体会不自觉地前倾，甚至会蹲在学生身边倾听他们的发言；教师注视学生的眼神不再居高临下，而是平视。儿童是非常敏锐的，他们会从教师柔软的身体语言中充分感受到尊重和平等，在课堂上获得的平等体验对于孩子人格的塑造和学业的提升都有很正面的影响。

其三，转变话语习惯。控制教师话语量很容易操作。知识传授型的课堂以讲授法为主，教师为了最大化地传递知识需要不停地讲。在校本课程实施的过程总，教师要尽量给学生表达和思考留出更充分的时间。教师减少对内容的正误评判，增加对思维和学习品质的评价，将评判正误的权利交给学生，也有助于提升学生的思维能力。

2. 调整课堂组织方式

(1) 灵活摆放课桌

我国教室的座位摆放以秧田式为主，教师会考虑身高、性别等因素安排座位，为了兼顾公平绝大部分教师会采用横向定期调换的方式，这在一定意义上实现了无优待、无歧视的相对公平。然而，教室是一个相对封闭的场域，在传统的讲授式教学中教师即"场源"，"场源"的远近与学生受到影响的力度和强度正相关，坐在后排或边缘的学生存在天然的劣势。

校本课程更具综合性、实践性，可以根据不同课型灵活摆放班级桌椅，可以是U型、扇形、马蹄形等。灵活的摆放方式可以让教师快速移动到任何一个学生身边，进行近距离的交流，也增进了生生交流的机会。物理空间的改变促进了师生对等、生生平等的心理关系的建立，更好体现了生本性特征。

(2) 合理规划叫答方式

在以往的研究中发现每个教师在提问对象、提问区域上都存在不均衡的现象。有些教师在班级座位倒三角区域提问会比较密集，或者因为行走路线的习惯造成答区域的不均衡。很多教师在提问时更倾向于质优生和弱势生，处于中间水平的孩子更容易被忽略。教师的提问策略单一，例如偏向采用一问一答式的提问策略会加重不均衡现象。提问区域、对象的不均衡不一定是教师主观意愿造成的，但却是在课堂中客观存在的。

在校本课程实施时，由于选修的关系，班生数往往比正常教学班要少。所以，教师可以更好地优化自己的提问区域和提问次序，以提升公平度。轮转叫答区域，合理规划课堂行走路线，安排好叫答次序。为了缓解弱势学生的压力，可以采用"三先策略"，即先发言、先告知、先讨论。因为弱势学生的答案一般会相对浅层和单一,如果到后面发言很可能无话可说,所以尽量由弱势学生启动发言;他们更容易紧张,提前告知有利于做好心理准备;如果问题仍然存在难度,教师会提前鼓励全体学生进行同桌讨论,用最不伤自尊心的方式让弱势学生在同伴身上获得帮助,为发言做好准备。对于学习力较好的学生的发言次序可以靠后一些,即培养了倾听能力,更给他们留出分析、思考的空间。

3. 设计挑战性课题

学习共同体倡导者佐藤学认为体现学科本质的挑战性问题可以让"真正的学习"发生。挑战性问题主要解决真实情景的复杂问题,解决问题的路径和方法不确定,只运用搜索、整理这样的低阶思维是难以解决的,学生依靠个人力量也很难快速、高质地解决问题,需要通过同伴协作,在相互碰撞中尝试不同的方法寻找最佳的解决路径。

在校本课程实施的过程中,教师应当多设计基于解决问题的挑战性问题。项目化因其多样性、层次性、整合性的特点,是很好的选择。在探究环节,学生的问题识别及分析能力、信息搜集能力、探究能力会得到发展,在项目实践环节其方案设计能力、创新能力、动手操作能力、团队合作能力必然得到提升,而在呈现评估阶段则训练了表达能力、反思能力、数据分析和解读能力。所以,在项目学习中往往学生们完成了学习任务,便可全面提升其解决实际问题的综合能力。在项目学习的推动下,学生独立学习能力和内在学习动力融合为"完整的学习力",在实践中培养学生解决实际问题的能力。

(三)优质:将教育公平的素养正义作为获得课程的评判标准

校本课程的评估与上级规定的学科课程有很大的不同,对于学生获得课程的评判标准也需要更素养化、更多元、更多样化。

第一,评价目标素养化。校本课程要以学生核心素养为目标进行开发,将素养目标结构化与课程内容相联系进行评价,确保素养目标能在课程开发中贯彻。

第二,评价结构多元。将形成性评价与结果性评价相结合,将标准参照评价与本体参照评价相结合,融合纸笔测验和口头考核,知识掌握和情感态度评价,自我评价、同伴评价和教师评价等多种方式进行评价。

第三,评价表现形式多样。根据课题设计更多元的表现形式,如围绕一个主题的综合性学习允许以研究报告、手工制作、设计方案等多种形式提交学习成果。

第四,评价手段多样。保留传统测试同时运用现代技术手段,采用电子表单等形式进行测试,方便教师进行统计分析,准确掌握个体学情。

第五，评价后续方案多样。评价不是为了将学生分为三六九等，而是为了让学生和教师发现自己存在的问题。根据不同学情，为学生推荐后续学习方案。多样化评价为不同学力、不同特长、不同学习品质的孩子提供更合理的方式，更能体现"个体精准公平"的精神。

第三节　基于微观公平的校本课程案例

一、基于微观公平的校本课程重构实践（福州教院四附小的校本课程案例）

自2001年实行国家、地方和学校三级课程管理体系以来，基层学校积极探索，进展巨大，但仍存在较大的改进空间。以福州教育学院附属第四小学（以下简称四附小）为例，自2012年建校后就十分重视校本课程的开发与实施，到2015年已开发校本课程近80门，分为如下四个区块：走向国际——"融"课程，继承传统——"龙"课程，爱我家乡——"榕"课程，竞技特长——"荣"课程。三年的校本课程开发实践让四附小得到了诸多肯定，同时学校也意识到自身弊端。其一，结构性缺失。原课程以内容组元的方式布局，开设的课程多、杂、散乱，内部关联性不足，各课程之间呈现出平面铺排、纵深不足的现象。其二，生本性缺失。原课程是以"打造学校特色"为出发点，以"促进教师专业成长"为抓手，让教师根据自身特长或意愿开设课程，在课程设置上对学生的主观能动性和个体差异性的关注度不够高。其三，监管性缺失。原课程的成果重在参加各级竞赛及汇报演出，明显偏向于学习成绩好或某一方面有特长的孩子，对于教师教学、学生自我建构等缺乏过程性评价，对于课程质量的监管力度不足。[①]

这些弊端的根源在于以学校视角建立的课程架构，其主要目的是学校特色、优生培养及竞赛获奖。换言之，四附小原课程体系以"效率优先的重点发展"为指导思想，导致整体课程对学生个体差异性关照不足；对于传统意义上的普通学生重视

---

① 肖林元.校本课程的建设性缺失与矫正对策——以南京地区校本课程建设为例[J].课程.教材.教法,2015(3):95-99.

不足,没有给予更优质、更具选择性、更有针对性的课程资源,而这一部分学生恰恰是最大的群体;对于传统意义上的质优生,也没能为其提供更具发展空间、更具自主性、更具挑战性的课程资源。因此,四附小课程重构的关键是从"效率优先的重点发展"转向兼顾"公平导向的均衡发展",进而形成"有效率的公平"双价值取向合拢的新课程体系。

公平的本质是合理性。需要明确的是教育公平不能简单等同于教育平等,其不单指机会和权利的一致性,更重要的是对利益关系调整和资源配置合理性的价值判断。① 教育公平按照不同阶段可分为以资源配置为标志的"起点公平"、以平等对待为特征的"过程公平"、以实现每个个体最大发展为目标的"结果公平"。四附小在经历了2012—2015前三年的校本课程初期开发阶段,进入了2016—2019后三年的校本课程重构阶段。文章将以四附小校本课程重构阶段的实践经验为例,讨论基于学校微观公平视角,依照教育公平三阶段重构已有的校本课程体系,为不同层次、多元差异的学生提供更合理、更优质、更公平的课程资源配置及实施方案。

(一)均衡:预设课程的构架重组

"有效率的公平"的校本课程体系需要具备如下两个特点,其一,应面向全体学生,每个个体都可以平等地获得课程利益;其二,课程资源的配置要尽可能满足不同学生的多种诉求,需要兼顾普遍需求和个体差异、促进全面发展和多元特长培养。具备以上特点的校本课程架构体现了起点公平,更是实现教育公平的基石,也是本轮重构的核心。

四附小校本课程的重构阶段经历了三次课程模型调整。(如图5-4)原校本课程模型为饼状结构,以内容组元的方式进行了四个区块的划分,"龙"课程为传统文化系列,包含围棋、国学等课程;"榕"课程为地方文化系列,包含福州话、闽剧等课程;"融"课程偏向文化融合,包含外语、科技、国际象棋、拉丁舞等课程;"荣"课程以特长生培养为目的,提供优质的教师资源和资金支持,培养竞赛或演出型的学生。显而易见,该阶段课程资源分配的最主要原则是"效率优先的重点发展",虽然课程设置兼顾丰富性,但大量优势资源集中在个别课程上,部分赛事成绩不错,可面向全体学生的核心素养提升存在很大问题。

---

① 龙安邦.基础教育课程改革中的效率与公平[D].重庆:西南大学教育科学学院,2013:183-186.

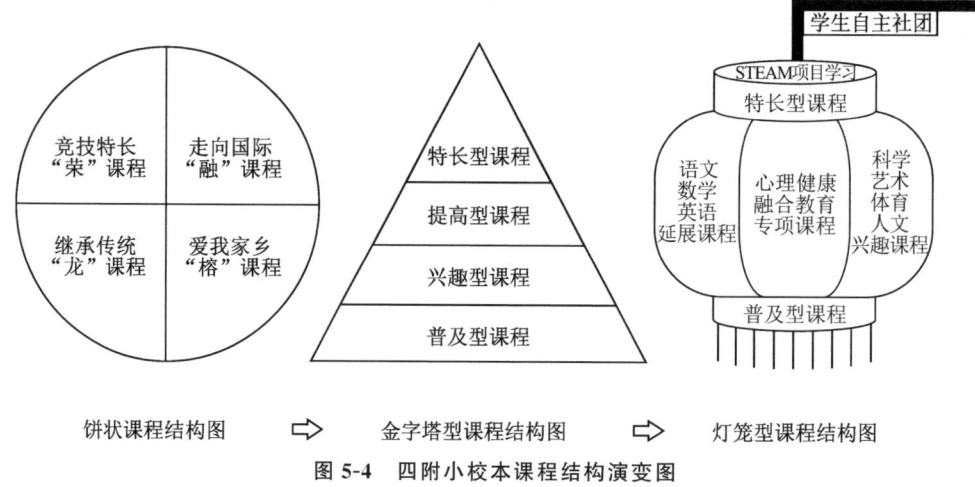

图 5-4 四附小校本课程结构演变图

重构阶段的第一步是课程设置理念逐步转向兼顾"公平导向的均衡发展"。学校投入大量人力、物力研发普及型课程,将德育、美育的小学生必备知识和技能编成"同行三部曲"系列德育读本和"诗香三部曲"系列诵读本。由美术老师用彩铅手绘的《与礼同行》礼仪读本,将生活中的 50 条小礼仪编成细则,如"入座时,注意坐姿端正,不要前倾后仰,不要双手抱胸。""进门时,如果后面有人,请为他扶住门。"每一条细则对应的都是十分微小的事,提出的要求非常具体,可操作性很强,图文并茂,通俗易懂。同系列的《与爱同行》《安全伴我行》读本,采用陶土制作人物、场景模型,教给孩子爱自己、爱家人、爱同伴的方式。学校还编订了"四叶诗香"系列之《唯美童诗》《古诗连环画》《英语诗歌大家唱》也深受学生及家长的喜爱。这些必修型课本起到了夯实课程底座的作用,为学生素养的普遍提升提供了有力保障。此模型中的选修课则包括兴趣、提高、特长三种课程,但金字塔尖的特长型课程,仍限制了大部分学生发展的热情和空间。

重构阶段的第二步是通过横向拓展和纵向深化,建构"有效率的公平"双价值取向合拢的新课程体系。课程模型呈现两头夯实稳固、中心多元充实、延展有效可持续的灯笼型结构。

1. 横向拓宽,多元课程形成"丰满充实的灯体"

其一,进一步提升兴趣类课程质量。组建由外聘专家、学校业务骨干组成的课程发展委员会,依照申报审批、编写课本、授课、成果展示四个步骤实施校本课程。要求所有参与课程开发的教师都要向课程发展委员会提交一份《选修型校本课程纲要》,包括课程名称、适用年级,课程背景、课程目标、课程内容及课时安排、评价方案、成果展示等七个方面。委员会根据新课程框架进行审核,确保课程开发有的放矢,有据可依,避免无计划、随意地开设课程,本着"边实践、边研究、边修正"的思想,不断提升课程质量。

其二,延展语数英周边课程。语数英学科常常给学生枯燥无趣的压力感。在第二阶段的课程重组中各教研组结合本学科特点研发了系列学科拓展趣味小课程,《畅游动漫城——视听文学探秘》《数字华容道》《"福尔摩斯探案集(奥数)》《英语洛克故事城堡》《On the way——旅行的美好时光》等50门学科拓展课程在固定时间以学段、班级为单位滚动授课,对于提升学生的学习兴趣和学科素养起到很好的作用。

其三,增设面对特殊群体的专项课程。四附小平均每个年级有3—5个自闭症、智力低下的特殊儿童,是省内开展融合教育最早效果最好的公立小学之一。学校聘请专业人士在早上集中为这些孩子授课,下午让他们回到各自年龄段对应的普通班级学习,帮助他们掌握生存能力的同时融入正常团体生活。在选修课时段还专门针对抑郁、躁动、注意力不集中的孩子,携手福州大学心理系开设了专项课程,为这些孩子提供适合、优质的课程资源。

2. 纵向深化,梯度课程形成"扎实稳固的两端"

原有的普及型必修课程作为整个课程体系的坚实底座,调整原来的金字塔尖顶式结构,改变顶层为特长生服务的单一模式,引入当下教育界普遍认可的基于项目的STEAM学习,内容涵盖科学、技术、工程、艺术和数学。这些学科在课程模型"灯体"的部分以独立学科的形态存在,在"灯顶"的部分更关注其整合的意义和价值。在学习活动中,学生以项目和问题解决为目标,以团队合作的方式,应用所学的学科知识进行跨学科的、积极主动的、解决实际问题的学习。这些课程具备多元、挑战的特点,需要不同技能和特点的学生共同努力才能完成任务,面对这样的课程,传统意义上的"质优生"优势往往不再那么突显,而那些被认为"一般"的孩子更有可能呈现出"不一般"的状态。

四附小项目学习小组的学生构成有短期和长期两种方式。长期项目以某一领域为切入点,制定若干个围绕同一主题的螺旋上升式的小项目,借助梯次课程逐步提升学生素养。例如"PBL创客班"学生的前期任务是制作挤牙膏器、吸尘器、照片灯等小项目,学习相关软件及硬件的使用(如3D打印、Arduino主板、传感器等),了解工程设计过程和科学探究方法。第二阶段会设计更具挑战性的项目,如灭火机器人、声波悬浮装置、学校吉祥物噪音提示器等,强调物理、化学、计算机、数学等学科知识的综合运用。第三阶段要解决实际情境中的综合问题,例如学校停车优化方案模型等。短期项目如"恐龙世界探秘""污水处理系统""再生纸制作与利用"则是以某一主题为切入点招募感兴趣的人员展开活动。"野外生存""自然科学"等项目采用长短期课程交织的方式推进,如野外取火、搭建临时避难所、辨别方向等基础课程以短期滚动、人员流动的方式开设,进阶项目则由固定团队组成,进阶项目的学生是短期项目学生的外援,适时为"新手"完成任务提供帮助。

3. 课外辐射,自主社团形成"灵活性、延展性极强的灯柄"

学校每周在课后留出一个小时的时间让全校学生开展自主社团活动,社团由学生自主申报、自主招募、自主选择指导老师、自主组织活动、自主选择汇报方式。上百个社团的活动主题呈现出儿童视角的多样性:手工制作相关的"洋娃娃的美妆""无敌纸拼装",历史题材相关的"穿越三国时代""你好,始皇帝",音乐相关的"非洲鼓总动员""SL炫舞团",益智类的"色块的还原""福尔摩斯连环锁"等。社团活动需要社团成员共同经历创造、设计、建构、发现、合作、解决问题的过程,因被动学习向主动学习的转变使学生呈现出强烈的求知欲和极强的课后延展性。

新课程的灯笼模型体现了教育公平的三个维度:有教无类——对所有的儿童同等对待;因材施教——对不同的儿童差异对待;各得其所——对有特殊教育需求的儿童特别对待。相对前两个课程模型,新课程架构为每个个体的良好发展提供了更大可能,更好地落实了"有效率的公平"。

(二)活力:实施课程的机制调整

优秀的课程架构是教育公平的起点和基石,良好的管理机制是教育公平的保障,需立足教育过程的活力公平,指向教育结果品质公平。校本课程的三个主体为教师、学生、课程,四附小管理机制的调整从校本课程的三要素——教师、学生、课程入手,在这三个维度的资源配置上遵循"有限度的公平"原则来保障更广泛个体的"有效率的公平"。

1. 创新师资引进机制。随着校本课程的推进,校内资源不足的短板表现为教师人数不足、专业水平欠缺等问题。四附小充分发挥紧靠大学城的地缘优势,与福建师范大学名师班、福州大学心理系、闽江学院外语系、福建农林大学团委等七所高校结成研训共同体,将学校作为高校实践基地。此类课程由高校教师提供专业知识指导,四附小教师提供授课能力指导,高校学生志愿小组授课的方式进行。"虫虫集中营""阳光少年心理拓展""会呼吸的湿水彩""种植乐园""英语一对一"等20门课程都有高校的专业背景,实现了高校练兵、小学获益的双赢局面。学校还聘请有资质、专业素养高的专业教练和机构教师,邀请有特长的家长携手开发校本课程。在学校资源有限的情况下整合校外优势资源,可以更好地实现学生个体的"有效率的公平"。

2. 采用三轮选课机制。学生对校本课程开发与实施的参与权和决定权体现在选课机制上。新的选课机制分三轮进行。第一轮是前期意愿调查,在学年初向每个学生下发课程意愿调查表,学生填写自己想要开设的课程,魔术、街舞、烘焙等课程便因此得以开设。第二轮改变原选课系统按年段、班级限额分配的方式,以预报名的方式采集数据,对于需求量较大的课程,在学校资源允许的情况下适当增设班级。例如2016年跆拳道课程原定开设2个班,每班25人为上限。实际报名人数达98人,学校便增设第二时段,满足所有预报人员的需求。另外,若课程报名人数不足8人默认关停,将资源留给学生有更高需求的课程。校方进行整体测算后调整具体课程,再开展第三轮报名:网络抢报,先到先得。在有限的公共资源中,课程的调整和关停体现资源配置的"有限度的公平"原则,对不受欢迎课程的"限制"有利于实现更多个体的"有效率的公平"。

(三)品质:获得课程的评价新法

原校本课程体系采用的是粗放式评价,对学生的学业情况凭教师主观印象打分,随意性较大;而传统意义的一刀切式纸笔测试显然也不适合校本课程。四附小在课程重构阶段形成了学生和教师作为评价和被评价双主体,质性评价与定量评价双结合,过程性评价与结果性评价双重点的评价机制。将评价嵌入到教学设计、教学实施的全过程(如图5-5所示),形成连续性评估系统。第一步,在校本课程开发时必须确立课程的能力目标,同时明确评估标准;第二步,进行课程整体设计,在设计中包含具体评估操作的设计;第三步,在教学实施的过程中充分收集评估证据,并通过评估分析,不断调整教学的内容和方法。

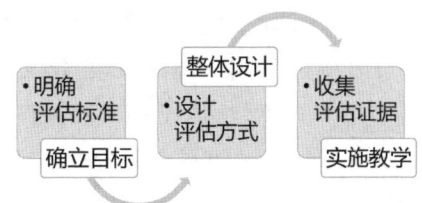

图5-5 嵌入式评价执行流程图

对教师的评价以学生问卷及成果展示两个区块进行,学生问卷指向过程性评价,旨在鼓励教师尊重每个学生,切实提升学生素养;成果展示指向结果性评价,鼓励教师帮助学生更多元地呈现学习的过程、更好地展现自我。对学生的评价采用学生自评、小组互评、教师评价等方式,评价内容包含六个一级指标:学习兴趣、学习效果、认知能力、操作能力、团队合作能力、信息表达能力。在一级指标下又分为若干个二级指标,如团队合作的二级指标为合作意识、精神和技能;操作能力的二级指标为设计、完成度和结果分析;信息表达能力的二级指标为言语、文字、实践的表达等。[①] 通过精细化评价帮助学生更好地了解自己在学习过程中自身能为的变化,逐步从服从权威评价转向学会自我调控。

新评价机制对教师教的过程和结果、对学生学的过程和结果都起到更好地导向和监控作用,对教师、学生两个主体的"有限度的公平"有利于校本课程高质量地实施,为实现每一个个体的"有效率的公平"提供良好的内部和外部环境。

二、曾营小学差异教育课程构建

20世纪90年代以来,关注学生个性化、差异性发展的差异教育作为一个重要的教育改革理念已经越来越为教育理论研究者和教育实践工作者所重视,差异教学在教学实践中也已经形成了强大的教育改革潮流。曾营小学以差异教育为指归,构建了差异教学课程,旨在促进全体学生全面发展基础上的个性化发展,培养全面发展的人、主体性和个性充分发展的人。

为了更好地了解曾营小学的课程建构,需要先厘清差异教育学校行动背后的课程理论。在内涵上,差异教育的课程设置坚持教育公平理念,课程结构指向人的有效发展。在特点上,差异教育的课程观具有学校差异性、主体差异性、活动差异性的特点。在实施原则上,学校差异形成了国家课程校本化,主体差异形成学校课程多样化,兴趣差异形成课程的多元化。基于差异教育课程观的理论指导,曾营小学形成了校本的、多样的、多元的课程。具体的课程体系构建过程如下:

2017年,曾营小学自教改项目"基于学生核心素养发展的差异教育改革与实践"启动以来,围绕差异教育办学理念,整体架构学校课程,全面系统推进"至善课程"建设。"至善"指达到最完美的境界;"至善课程"指为每位学生提供有挑战性的、吸引人人参与的差异化课程,帮助每个学生获得成功的体验。曾营小学从人的发展出发,尊重学生的差异,以生为本建立富有特色的三阶梯"至善课程"体系:一

---

① 肖林元.校本课程的建设性缺失与矫正对策——以南京地区校本课程建设为例[J].课程.教材.教法,2015(3).

是基础课程,即根据课程标准,注重国家课程的多元化开发,构建国家课程校本化实施的"微课程";二是拓展课程,即根据曾营小学学生发展四大核心素养目标"健康生活、乐学善学、责任担当、实践创新",开发基于学校差异教育特色的校本课程;三是活动课程,即基于学生不同的天赋、兴趣、爱好,提供给学生不同的选择机会和发展空间的社团课程、研究课程、节日课程、家长课程、生活课程等。这一差异教育课程的构建,彰显了"兼容并蓄"理念,即在课程领域、课程主题、课程内容上,对学校课程的各元素进行必要的、科学合理的统筹,使学校课程形成一个经济集约的结构框架。(如图 5-6 所示)

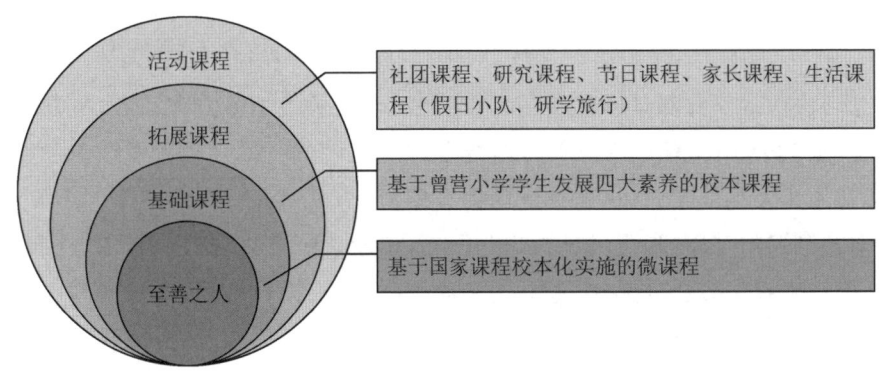

图 5-6　曾营小学"至善课程"结构图[①]

在基础课程上,曾营小学依托国家课程标准,做好国家课程校本化创造与实施,主要做法是注重国家课程的多元化开发,融入差异教育理念,发挥校本化资源,开发包含微课、标准化检测与解析的"微课程",打造"翻转课堂"等差异教学新模式。微课内容丰富且富有特色,如语文学科运用汉字学高效识字的微课等。微课制作时将教材内容融汇校本资源进行改编、创新,使之符合学生的认知特点和需求。微课内容形象生动,学习时间较为自由,符合不同层次学生的学习需求,有的学生在课堂上没办法及时掌握的,可通过微课反复学习,直到理解掌握。微课很好地实现国家课程与现代教学技术的高度整合,实现线上教学与线下教学的完美融合。

在拓展课程上,曾营小学教改项目组的老师们查找分析关于学生发展核心素养的文献资料,结合学校的发展历史、教育理念、办学特色、育人目标,提出了曾营小学学生发展"四大核心素养",其具体内容为:健康生活——身心健康、人文情怀、

[①] 叶秀萍.差异教育促进最优发展[M].厦门:厦门大学出版社,2021:110.

审美情趣；乐学善学——信息意识、批判质疑、合作探究；责任担当——自我管理、社会责任、国家认同；实践创新——劳动意识、问题解决、技术运用。基于曾营小学学生发展四大核心素养的目标，学校在对学生的需求进行科学的评估，并充分考虑当地社区和学校课程资源的基础上，以学校和教师为主体，开发了基于学校差异教育特色的校本课程，跨学科整合的"小课题研究""我爱传统文化"课程，学科内整合的"我爱汉字文化""主题式阅读整合"的课程。

活动课程是相对于系统的学科知识而言，侧重于学生的直接经验的课程。基于杜威"做中学"的理论，曾营小学开发了包含社团课程、研究课程、节日课程、家长课程、生活课程的活动课程。社团活动宗旨是锻炼"三自"能力，即自我管理、自我教育、自主发展能力，培养学生兴趣、特长；研究课程旨在通过STEAM、创客等研究性学习方法的研究和具体案例的操作实践，转变学生学习方式，让学生在主动、积极的学习环境中，激发好奇心和创造力，培养学生自主意识、责任意识、生存意识、发展意识及创新意识，培养一定的探究能力；节日课程旨在了解不同节日的由来及各地的风俗习惯、相关文化知识，并亲身体验传统节日的浓厚氛围，从而树立国家意识，增强民族自豪感，自觉弘扬民族文化，传承民族精神；家长课程中，家长们以自身所熟悉的专业，为孩子们介绍、传授相关知识，使家长们更深入地了解班级和学校，更好地推动班级、学校的发展；生活课程包括假日小队活动和研学旅行，充分让孩子们贴近生活。

福州教育学院附属第四小学历时三年的校本课程重构实践遵循预设课程、实施课程、获得课程的校本课程开发流程，紧扣校本课程公平考察维度分析框架的课程结构、学位安排、资源配置、评价方式四个二级指标，从均衡、活力、品质三个层面实现校本课程开发与实施的"有效率的公平"。曾营小学的差异教育则从"促进个体学习与发展"的校本课程愿景出发，从课程结构、课题设计、教学行为三个二级指标入手，改善学生的公平体验。当然，教育公平受诸多因素制约，还需要在实践中不断提升每个学生的个体公平体验。

第六章　基于微观公平的学校文化

微观公平视野下的学校文化包括物质文化、精神文化、制度文化和行为文化四个维度。不同的教育教学空间（物质文化）会产生不同的教育教学效果，学校育人方式改革不仅仅是课程、文化的改革，也是学校整体文化的改革。因此，学校文化和制度在校园空间中成为构建教育场域的首要因素。

学校教育微观公平在校园内的落实，建构体现和保障公平的学校文化和制度是关键路径。首先，是显性的资源配置、学校环境布置和校园文化建设等资源、制度的建设；其次，是校内的人际关系文化构建，包括师生日常交往的生活教育实践。学校管理制度是学校立足于某种特定的价值取向和教育目的而制定的一整套旨在维持学校管理良序的制度和规范体系。[①] 以高质量的公平为目标的学校管理改进将公平视为学校制度建设的基本原则与重要基础，将有质量视为学校发展的核心要素与重要目标，促进更多的师生体验学校教育生活过程的幸福，提升他们过幸福、完整的教育生活的权利、能力和机会。

在21世纪的今天，学校作为社会合作体系的重要组成部分，应该认识自身作为实现教育公平的主要场域的重要性，从生活在校园中的人（学生和教师）的角度出发，以"为了一切孩子""为了孩子的一切""一切为了孩子"为目标，建构具体可操作的公平制度，包括学校内部管理制度、教师考核与激励机制、学生评价制度和校园整体文化环境等，促进公平为导向的教育政策、制度、资源等在学校教育微观过程的落实。

---

① 赵秀文."控制"还是"解放"——探问学校管理制度的根本价值诉求[J].当代教育科学，2011(4):4.

第一节　理论建构:微观公平与学校文化和制度

一、三大正义视角下基于人发展的微观公平与学校文化和制度

教育微观公平关注的是在学校生活中,每个人是否有公平获得感及公平发展的实质成效。因此,学校制度和文化建设应基于差异,从教育微观公平的三大视角即共享正义、素养正义、关系正义三大视角进行建构。

(一)基于共享正义的平等文化与制度建设

我们认为,共享正义是教育微观公平的基础价值。因此,学校制度建设的基本原则就是保障全体师生能够在教育生活中获得每个人应有的基本条件,在现有的条件下,基于每个人平等发展的理念进行教学资源的分配和使用。比如,与教师发展紧密相关的资源分配制度可以从教师绩效考核制度、教师职务晋升,以及教师培训机会等多个方面去考察其公平性。基于儿童发展视角的分配制度至少可以从班级内的学习机会(比如,获得提问或回答问题的机会或实验器材、体育器材使用的机会)、个性化资源(如个别辅导)获取机会、班级管理或服务他人的机会(如班干部)、学校的荣誉获得机会等方面去制定相关的规则、尺度。同时,班级管理制度涉及教学空间分配和管理。比如,班级人数与教室座位编排等就与共享正义密切相关。实证研究显示,座位越靠近教室前方和中央的学生越经常与教师互动,能够更积极地完成教师布置的作业,学业成就也较好;班级人数增加,教学空间拥挤,学生个体获得的教学资源相应减少,处于边远座位的学生更难获得教师的关注和指导,就有可能造成这部分学生的心理落差和学业退步,甚至产生攻击行为。当前一些学校开展部落共同体建设,推行小组文化,通过组间公平竞争确定小组在班级的座位,激活了班级的活力。

(二)基于素养正义的激励文化与机制建设

素养正义是教育微观公平的核心价值。人的差异是客观存在的,素养差异往往是人的发展结果差异的主要影响因素。教育微观公平,就是要通过制定适合学

校自身特点的激励制度,激发学校全体师生能力发展。同时,基于最近发展区理论,构建合作发展、协同发展的文化,推动个人有限的发展到群体最好的发展。在素养正义的落实方面,一些学校开展小组合作,让生生互助发挥到极致,极大地抑制了弱势学生或边缘学生学业滑坡,不仅提高了学校学生的平均成绩,还增强了优势学生的管理、领导和帮扶能力。

(三)基于关系正义的活力文化与制度构建

关系正义,有时也被称为承认正义,是教育微观公平的最终价值。学生最终要成为社会人,而学校也是一个小社会,其中,承认与被承认彰显了一个人在社会(学校)中的地位与价值,也深刻地影响了个人积极情感的发展。心理健康、乐观向上、乐于助人、和谐相处等,是积极情感的表征,而积极情感是核心素养发展的重要组成部分。因此,基于教育微观公平的学校制度和文化,也必须是能够促进关系正义的活力制度与文化。通常学校通过多元评价,设置不同的评价标准,让弱势学生也能看到自己的亮点,看到自己成长的过程和进步的空间。多元评价、赏识教育、增值评价等都有利于促进学校活力,这些评价文化如果都得到落实,就可以实现关系正义。

二、现实情境中的学校文化与制度

学校制度文化的直接感知者是教师和学生。在现实中,学生和教师对学校生活的理解与感受如何?他们最关心的问题是什么?他们最焦虑的事情与学校制度文化有没有关系?关系度多大?2017年,我们通过网络对教师进行了问卷调查。本次问卷调查主要以教师为问卷对象,问卷设计涉及影响教育过程的四个关键维度:学校制度公平、教师班级管理公平、教师教学过程公平、家校合作公平。我们认为,在这四个方面,教师最能感受与实施公平。

本次调查问卷主要是通过在线平台进行发放、回收。总浏览量为2576次,完成1517份,平均答题用时6分32秒,完成率约为59%。回答问卷的有普通教师、班主任、学校中层领导和校长。学历层次以本科生居多,占72.25%;其次是大专,占22.74%;研究生占2.70%;高中或中专占2.31%。调查对象来自全国各地,东部、西部、中部,还有少数是来自港澳台地区。他们来自不同类别的学校,有大城市的,也有小城市的,还有城镇及其农村地区的。综上所述,调查对象覆盖面较广,代表性较强,具有一定的参考价值。

调查结果分析如下：

(一)关于学校文化与管理制度公平

1.整体满意度与校园文化满意度

教师对学校管理制度的认知,不仅体现了教师在公平上对学校管理的认识,也影响着教师在学校中的归属感和工作积极性。调查结果如图6-1所示：

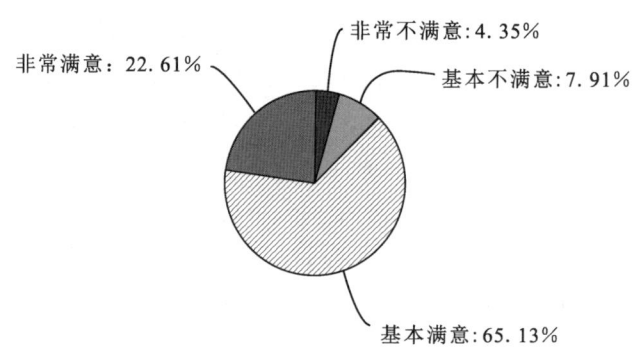

图6-1 教师对学校管理制度及实施的整体满意度

数据显示,教师对学校管理制度呈满意状态,这意味着教师已经适应了现有的管理制度,也可以从另一个侧面反映教师对现有工作的认同。

每个班级都有自己的文化,但这包含在大的学校文化范围之内,因此,教师对学校校园文化的满意度,实际上决定了其在班级建设中的基本行为与态度,如图6-2所示。调查结果显示,对于校园文化,大多数教师表示满意,这一结果说明教师对所在学校的校园文化基本认可。

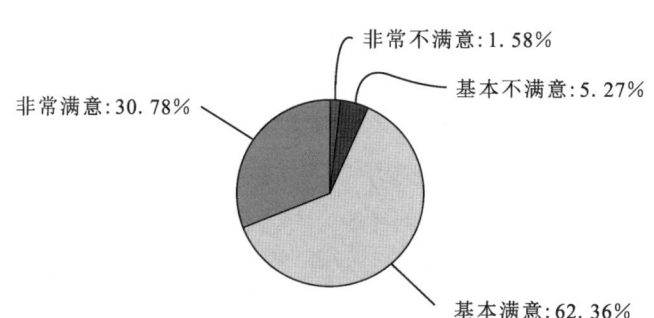

图6-2 校园文化满意度调查

2.在学校人际关系方面

学校人际关决定着教师所处工作环境和谐与否,这是影响教师工作积极性及学校运行的重要因素。

由图 6-3 的数据显示,多数学校领导与教师、教师之间的关系处于基本平等之上的水平,占 85.16%,说明多数教师认为现有学校的人际关系是基本平等的。

您认为学校领导与教师、教师之间的关系是否平等?
答题人数 1517

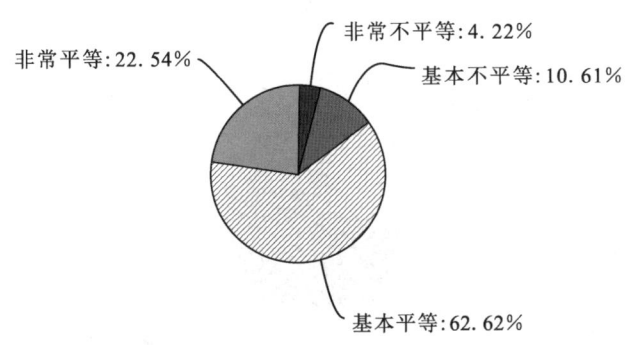

图 6-3　学校上下级关系、同事关系满意度

3.学校考评制度

学校考评制度是学校建设的重要内容,考评制度是否合理、客观与公正,严重影响着教师工作积极性,它也是学校教师公平感的重要指标。

图 6-4 的调查数据显示,教师对学校考评制度公平的感知处于正向范围,但是,由于考评制度所涉内容较多,教师所表达的也只能是一种总体感知。

您学校的教师绩效考核制度和实施是否公平?
答题人数 1517

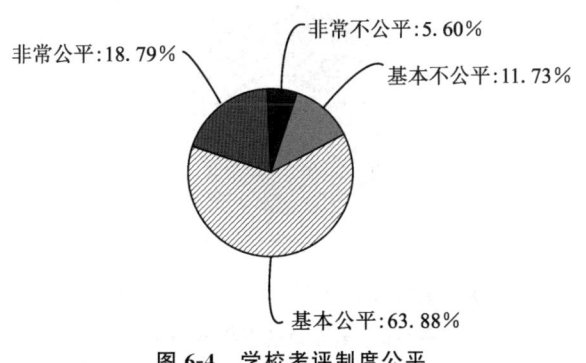

图 6-4　学校考评制度公平

4.职务晋升

职务晋升制度决定着教师对未来发展的认知与感受。这一制度的公平与否,影响教师对未来的希望。

数据显示(如图 6-5),大部分教师对学校职务晋升制度基本满意。现有的职务晋升都有基本的规定,符合条件的就上。但是,由于职称、职务的数量有限,有的教师即使符合条件也不一定能上。因此,数据中会出现一些表示不满意的答案。

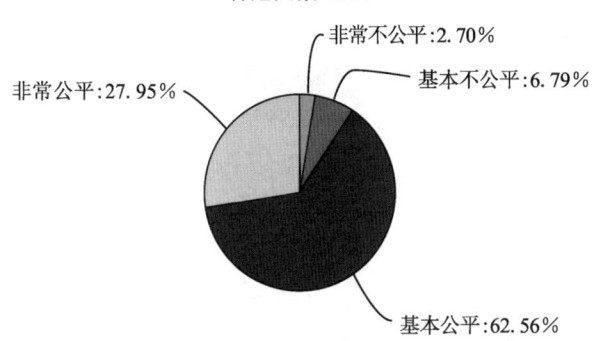

图 6-5 职务晋升制度公平

5.学习与培训机会

在学校微观公平中,教师的继续教育是教师发展的重要方面,学校是否能为教师提供相应的学习与培训机会,决定着教师对学校的态度和行为(如图 6-6)。

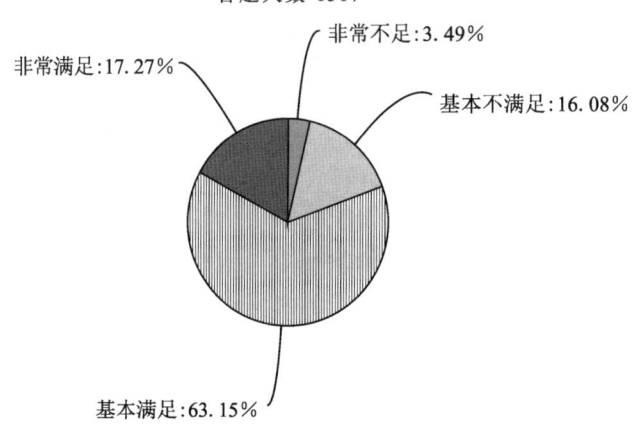

图 6-6 学习和培训机会公平

以上，我们对学校管理制度中的公平进行了分析。就调查结果来看，这一维度基本都较为正向，即教师对学校管理制度基本持有正面的判断，出现这一结果，可以说离不开国家多年来对教育的治理及学校在自身改革中的努力。但由于学校管理制度的复杂性和所涉因素的多样性，也有少数教师对学校管理制度持负面判断，这也是正常的现象。

（二）关于教师班级管理中的公平

班级管理是班主任按照一定的要求和原则，采取适当的方法构建良好的班集体，为实现共同的目标不断地进行调整和协调的综合性活动，是班主任对所带班级学生的思想、品德、学习、生活、劳动、课外活动等项工作的管理教育活动[①]。

班级管理是教师日常重要的工作，班级建设中，教师班级管理理念、行为、态度等，都受教师持有的公平观念的影响。对此，我们将教师班级管理中的公平划分为校园文化满意度、班级运行机制、学生关系中的公平，并进行了调查。

1.班集体运行机制的公平

学校的教学是以每一个班集体为单位，班集体是学校教学的核心。而教师在整个班集体的运行中又处于一个中心的位置。在班级整个制度运行中，教师扮演的角色就是一个摆渡人，整个班集体大体发展方向都由教师所掌控。因此，一个班集体的运行机制是否得当，直接涉及学校的微观公平问题。

班级的运行都涉及学校教育微观公平的问题，包括从分班开始，班干部的任命及班上学生座位的编排。从进学校那一刻就会涉及分班问题，大多数学校都是按成绩分班，通常会分为快班、慢班。而分班之后就会涉及教学资源分配均衡的问题，间接影响整个教育的微观公平。而班干部的任命也会考虑各个学生的能力问题，教师难免会有了解不全的情况，就会在实际的任命中产生偏差。在班上学生座位的编排上，影响因素有成绩、视力、身高，等等，教师是否合理考虑各方面的因素综合排位就是微观公平实现的重要指标。

在本次的调查问卷中（如图6-7），在分班是否公平的问题上，教师认为学校分班基本公平的占62.03%，非常公平的占30.32%，非常不公平的占1.78，基本不公平的占5.87%。说明在大多数学校，教师对于分班制度的认识基本是肯定的，但是也有部分教师认为还有不公平现象存在，说明这个问题是不可忽视的。

[①] 白铭欣.班级管理理论[M].天津：天津教育出版社,2000:256-257.

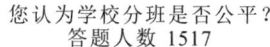
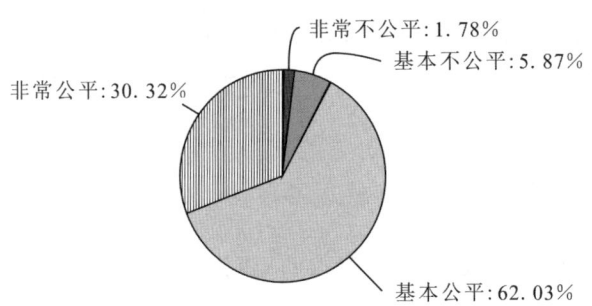

图 6-7　学校分班公平满意度调查

在班干部任命的问题上,本次调查问卷显示认为基本公平的教师占 58.54%,非常公平的占 39.82%,认为基本不公平的占 1.52%,非常不公的占 0.13%(如图 6-8)。整个数据显示,在班干部任命的问题上,教师自认为基本做到了公平。

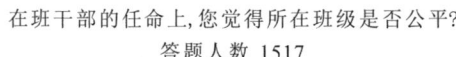
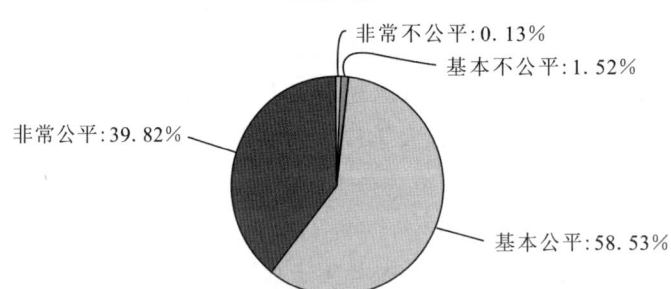

图 6-8　班干部任命的公平满意度调查

在班级座位编排的公平程度调查中(如图 6-9),教师认为基本公平占 46.14%,非常公平占 46.47%,基本不公平占 6.92%,非常不公平占 0.46%。其调查结果表明教师自我认为在座位编排中是公平的,但是也意识到了还是有一些因素没有考虑周全,导致一部分不公平现象存在。

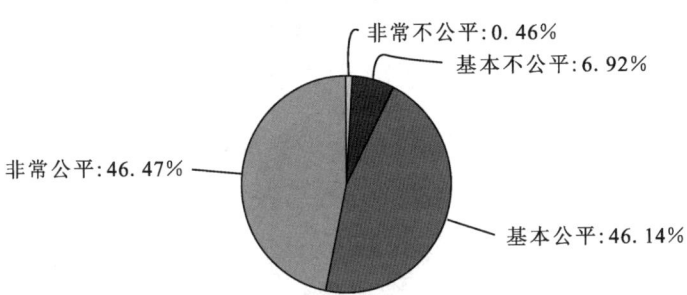

图 6-9　学生座位编排公平程度调查

2.学生关系公平

学生关系公平是教师对自己班级的基本认识与评价,这一评价,决定教师对班级的管理理念与方式。

调查结果如图 6-10 所示,教师对自己所教班级的评价基本是正面的。此外,学生关系还表现在教师对学生个别差异的对待上。

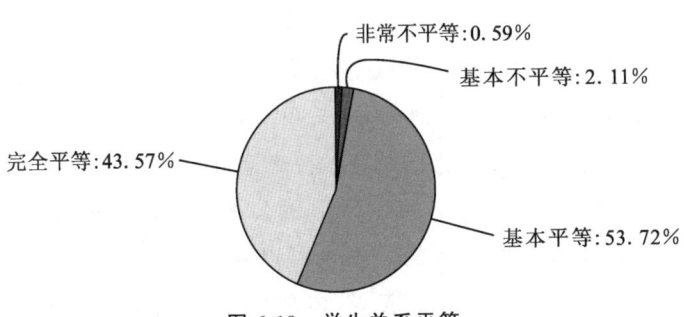

图 6-10　学生关系平等

图 6-11 的结果显示,绝大多数教师都认为学校和班级活动能照顾到每一个学生,基本能考量学校教育中的因材施教和照顾学生的个别差异。

您认为现有的学校和班队活动是否顾及到所有孩子、是否每个孩子参与机会平等？

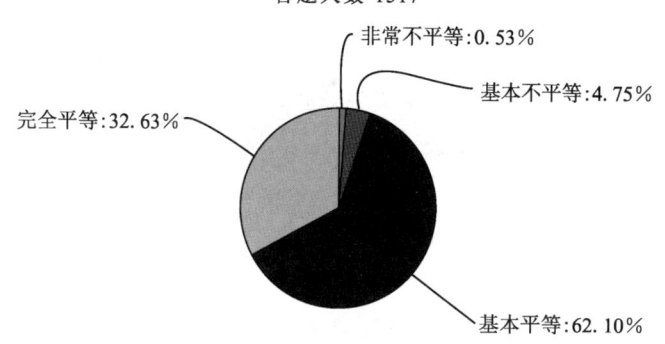

图6-11 学生参与机会平等

班级管理是教师的重要活动方面,其对班级管理的理念、行为都具有重要的价值与意义。

总之,就调查结果看,在整个学校文化建设、学校人际关系方面、学校考评制度、职务晋升、学习与培训机会等核心制度方面,以及在教师班级管理的分班、班干部任命、座位安排、学生参与机会、师生关系等维度的调查基本得到了较为正向的结果,出现这一结果,离不开国家多年来对教育治理以及学校在自身改革中的努力。但对学生来说,有7%以下的不平等现象,这意味着一个50人左右的班级,对学校、班级文化和制度方面,有1~3人会感觉不满意、不公平,这些学生可能是班级的边缘学生;而对教师来说,通常有6%~20%的人感觉不公平,尤其是学习培训和职务晋升的事情上,以100人的师资学校来论,通常有6~20人感觉不公平。因此,两边对比考虑,可以看出,学生感受到的公平度要比教师高。再者,通过有60%左右的基本满意和基本平等的数据也可以看出,大部分师生并没有感觉学校在微观公平上有令人非常满意的表现,体现在60%感受不到学校有较大的活力。鉴于这样的结果,应该建立对弱势群体的补偿机制,关注他们对公平的诉求,促进学校教育过程中微观领域的均衡,对学校60%左右的教师开展活力维度的文化激活。

第二节　公平的学校管理制度建构路径

让所有的学生都能在学校中接受适合的教育,培养其未来发展的能力,使之获得全面发展,是现代学校教育的办学方向。"为了一切孩子的发展"的办学方向落实到每所学校,还要根据学校特点具体表述,并体现在学校的校训、校风、教风、学风建构上面,才能引领各项管理制度的细化与实践落实。

一、"为了一切孩子":构建公平性的学校管理制度的办学目标

(一)学生需要什么样的校园文化与管理制度

只有立足学生的需求、能够得到学生认可的学校文化,才能够达成微观公平目标。F省省会城市的一所一级达标高中对学生在校园生活中的需求开展了抽样问卷调查①。参加调查的学生包括高中三个年段的部分学生,有318人。调查指标借鉴努斯鲍姆构造的包含10项核心能力的问卷,即生命、健康的身体、身体的完整性、理智、想象力及思考、情感、实践理性、友好关系、与其他物种共存、嬉戏、控制个人环境十个方面的调查。在这所全市最好的高中之一,学生最关心的问题与其他高中学校学生一致——他们最焦虑和最期待的选项都是与个人学习发展息息相关的各种因素。同时,与个人发展相关的其他问题也成为这些高中生的理性选择项,其中,许多问题与学校制度和文化关系密切。

对学生关于"在生活中最让我感到焦虑的事情是?"问题的调查结果如表6-1所示。这其中包括学业进步需求、生涯发展需求、学校生活需求、环境适应需求、人际关系需求。高中生焦虑的事情排前三的是:学业成绩疲软、自我控制能力不足以及生涯规划迷茫,排在第九位的是"规则尺度过严"(13.84%),并列第十位的是"校园活动单调"(12.85%)和"适应环境困难"(12.85%)。

---

① 本项调查数据来自福州三中德育处。

表 6-1 在生活在最让我感到焦虑的事情是？

选项	小计	比例
学业成绩疲软	220	69.18%
人际交往障碍	61	19.18%
校园活动单调	40	12.58%
家长沟通隔阂	59	18.55%
生活经济困难	26	8.18%
生涯规划迷茫	123	38.68%
适应环境困难	40	12.58%
遇事求助无门	33	10.38%
自我定位不清	107	33.65%
活动学业失衡	50	15.72%
自控能力不足	182	57.23%
考前考后焦虑	121	38.05%
规则尺度过严	44	13.84%
师生关系处理	13	4.09%
同学相互攀比	39	12.26%
教师入户家访	16	5.03%
其他问题（请填写）	16	5.03%

在"校园生活中我最渴望的事情是？"这一问题上，学生们的选择如表 6-2 所示。

其中，排在第一的仍然是与学习进步直接相关的因素，即"学业成绩优异"，但学生们也重视身体健康，"充足睡眠时间"和"丰富食堂菜品""加强体育锻炼"都排在前列。同时，"获得知己好友""人际交往和谐""家庭关系和睦"成为高选项目，可见高中生对社会关系特别是对校内人际关系重视。因此，尽管学习紧张，还是有不少学生希望丰富校园活动(28.62％)、组织心仪活动(15.09％)，并增加自主活动时间(30.5％)。学生的需求涉及学校的课程管理、教学管理、后勤管理以及社团文化。

表 6-2 校园生活中我最渴望的事情是？

选项	小计	比例
受到师生瞩目	57	17.92%
学业成绩优秀	286	89.94%
取消晚间自修	9	2.83%
延长晚间自修	46	14.47%
获得单独辅导	52	16.35%
丰富校园活动	91	28.62%
减少校园活动	11	3.46%
获得知己好友	157	49.37%
参加心仪社团	40	12.58%
人际交往和谐	147	46.23%
充足睡眠时间	211	66.35%
自主活动时间	97	30.5%
加强体育锻炼	106	33.33%
家庭关系和睦	77	24.21%
组织心仪活动	48	15.09%
丰富课程内容	61	19.18%
高考升学指导	89	27.99%
丰富食堂菜品	135	42.45%
教师入户家访	4	1.26%
其他问题（请填写）	12	3.77%

可见，能够提升学业成绩和身体健康的制度保障是高中生最关心、最期待的，和谐的校园文化、丰富的校园活动也是高中生的热点需求之一。

(二)基于学生需求的公平的办学目标建构

在国家教育大目标、大办学方向的指引下，大部分中小学校从本校的传统、地域文化、生源、师资等出发，经过全校教师讨论以及专家论证等，对办学目标进行了特色化的表达。不同学校办学目标的具体表述基本体现了校长们趋向公平性的教育信念和办学理念。例如,福州名校钱塘小学以"管理一流、设施一流、师资一流、质量一流"为发展目标,以"对学生发展负责,为学生成材奠基"为办学宗旨,以"个性、负责、勤业、超越"为校训;针对学生的发展,提出了"一个中心"(打好小学生做人和终身学习的基础)、"两个基本点"(夯实最重要的学习基本功和养成良好的学习习惯),以及"五个一"(一手好字、一笔好文章、一口标准普通话、一项特长、一个健壮体魄)的具体目标。① 可见,福州钱塘小学作为传统名校,让每个孩子得到最好的发展是学校历久弥新的办学宗旨,其具体表达既与时俱进,又不忘儿童发展的初心。而福州另外一所以招收外来工的子女为主小学(晋安区第六小学),提出的学生发展目标是"全面发展、多才多艺、做最好的自己",以培养学生成为独立、自信、全面发展又有个性的人。在此基础上,学校提出"新六艺教育"办学理念,包括:学校精神是"各能其能、各美其美";办学目标是"多才多艺、至善至臻";办学方式是"六艺并举、知行结合";校训是"文以载道、艺以修心";校风是"德高才广、敏行笃为";教风是"专心专业、精致精彩";学风是"勤奋勤恳、优雅优美"。可见,曾经被当作弱势群体的外来务工人员的子女已经在一定程度上享有与城市原生居民或者资源优势家庭子女一样的教育环境和校园文化。虽然像晋安六小这样的学校的大部分学生的家庭文化资源、社会资源仍然处于弱势,但我们的教育者已经充分认识到他们与城市原生居民的学生一样拥有接受优质教育的权利,校长和教师给予了这些学生同样美好的期待。

据 2018 年发布的《中国义务教育质量监测报告》:我国义务教育学校整体学校文化氛围浓厚,育人环境较好。九成以上的小学和初中使用社会主义核心价值观和校训、办学理念创设德育环境,82.3%的小学和 90.1%的初中使用杰出人物的雕像、画像或格言创设德育环境,76.1%的小学和 85.2%的初中使用中华传统美德相关的人物画像、故事等创设德育环境。学校面向四年级学生开展的文体活动中,比例最高的是运动会和体育单项比赛(68.1%),其次是演讲和征文比赛(45.9%),学生作品展示(40.2%),以及文艺表演、联欢活动(32.8%)。学校面向八年级学生开展的文体活动中,比例最高的是运动会和体育单项比赛(86%),其次是专题教育宣传(84%),演讲和征文比赛(80.3%),文艺表演、联欢活动(69.7%),以及学生作品

---

① 钱塘小学校园文化建设[EB/OL].[2017-07-05].http://www.360doc.cora/content/17/0705/14/.

展示(59.2%)。[①]

这些既反映社会主义国家教育方针,又有个性的办学目标,成了一所学校走上公平教育之路方向指引。

二、"一切为了孩子":建构民主平等的学校内部管理与评价制度

(一)建立平等共享的学校资源管理制度

从微观公平的角度,教育资源主要指学校内部的资源分配与应用。从微观层面来分配的教育资源是学校内部能够提高学生学业成就、促进学生身心健康发展的各种因素。学校内部教育资源包括硬件资源和软件资源。硬件资源(即有形的教育资源)包括教育设施、教学仪器、图书资料、师资队伍、教室中的座位安排、作业的批改等。软件资源(即无形教育资源)是指没有十分明确的、稳定的、载体的教育资源,包括教师的关注、教师的评价、当选学生干部的机会、课堂师生互动的机会、教师传授的知识等。

学校资源管理制度包括教育设施、教学仪器、图书资料、师资队伍的班级配备与使用制度,它不仅影响学校教育教学运行,还影响学校微观环境的方方面面,如教室中的座位安排、教师的关注和评价、学生干部选拔的机会等都深受影响。美国著名的教育心理学家布鲁姆曾指出,对于一所学校而言,教育必须日益关注所有学生的最充分地发展,学校的责任是寻找能使每个学生达到最高学习水平的条件[②]。因此,现代学校必须基于"一切为了孩子"理念,制定平等共享的学校资源管理制度,促进学校的资源配置和使用制度的公平性,建设安全和保护性的学校环境,为学生提供充足、安全的体育设施、无障碍的基础设施、必备的教学支持设备和适当的教学辅助设施、满足学生多样化兴趣的物质条件和基础设施等,并促进学校资源的共享。

同时,应有相关的机制保障校园资源的科学合理使用,克服有限的资源闲置、不充分使用的弊端,促进每个学生充分利用校园资源助力个性化发展。据2018年发布的《中国义务教育质量监测报告》:在拥有图书馆的学校中,37.2%的四年级学

---

① 教育部基础教育质量监测中心.中国义务教育质量监测报告[EB/OL].[2018-07-25]. http://www.gov.cn/xinwen/2018-07/25/content_5309233.htm.
② 彭锻华.在创新评价机制中落实教育公平[J].人民教育,2009(12):25-26.

生和50.5％的八年级学生在本次监测的学期中还没去过图书馆；在配备了科学实验室的学校中,39.1％的四年级科学教师、39.7％的八年级物理教师、59.4％的八年级生物教师表示从不或很少使用科学实验室；在配备了艺术专用教室的学校中,39％的四年级和31.9％的八年级音乐教师从不或很少使用音乐专用教室,55.3％的四年级和51.5％的八年级美术教师从不或很少使用美术专用教室。① 这种校园资源的闲置浪费,在很大程度上也是学生难以获得充分发展、个性化发展的重要因素。

"推倒图书馆的墙"越来越成为趋势。推动"书香校园"建设,让阅读走进孩子的心灵,让阅读成为每个学生的终身习惯,学校就必须让学生能够随时随地得到获得阅读资源：随时能找到自己爱阅读的书、有地方能够坐下来或趴下来看书、让读书(课外书)成为学生美好校园生活的组成部分,这需要时间、空间布局的支持。这就要求校长们以开放的意识,让图书馆的书走进教室、走廊,让"死"的书流动起来、活起来。

因此,学校要根据本校资源配置情况,以及国家、校本课程设置,制定关于图书馆、实验室、科学器材、体育器材、艺术教室或器材的使用制度,及方便师生选择性使用的灵活机制,构建校园资源平等共享的文化,使教育资源发挥最大效益,真正实现让一切资源为所有学生服务的目标。

(二)建构信任和尊重的教师管理和评价制度

良好的"教风"来自民主平等的教师管理和激励机制。教师是落实教育公平的具体执行者,学校制度只有促进教师自身获得公平感受、理解认同公平教育,才能促进微观公平的落实。正如关系正义、共享正义等理论所认为的：信任尊重激发使命感；公平的分配制度给予教师协同进步感、幸福成就感②。教师只有将"为了一切孩子"理念深刻于心,才能无条件接纳每个学生,关注学生的各方面发展,努力给学生创造安全、快乐的学习环境,并及时给予有困难的学生心灵关怀。

1.建设使教师获得尊重和平等权益的教师管理制度和考评机制

学校要健全民主管理、民主监督的管理机制,实行校务公开。关系到学校发展和教职工切身利益的重大事项,要经过教代会审议。比如,根据学校实际制定教师奖励分配制度,教师教育教学工作量化考评细则等必须通过全校教师民主商议并

---

① 教育部基础教育质量监测中心.中国义务教育质量监测报告[EB/OL].[2018-07-25]. http://www.gov.cn/xinwen/2018-07/25/content_5309233.htm.

② 韩延伦,刘若谷.教育情怀：教师德性自觉与职业坚守[J].教育研究,2018(5):83-92.

征得大部分教师同意,而不是校长或学校领导班子照抄上级规定,或利用个人或小团体威权制定。

教师考评内容要有助于促进师生平等关系的建立。学校制定的教师考评细则、评优评先标准,须紧扣"为了一切孩子""为了孩子的一切"的理念,内容、举措必须切实可行。如福建连城隔川中学制定的"四有好教师"师德标兵评比量化表,设立了"理想信念""道德情操""扎实学识""仁爱之心"四个一级指标,每个指标下包括具体的行为标准:爱岗敬业、文明理性、为人师表、诚实守信、尊重家长、情操高尚、廉洁从教、繁荣学术、遵规守纪、热爱学生和没有非正常转出学生11个二级指标。每个二级指标下,都有具体可操作性的内容和分数标准,比如"尊重家长(6分)"包括:不歧视、冷漠、羞辱学生家长的行为(3分),请家长到校,不和家长大吼大叫,出现不尊重家长的行为(3分);"情操高尚(8分)"包括:班主任不能借排座位之机向学生或学生家长索要财物(4分),不随便接受家长吃请(4分)。这样的考评指标和内容也许不是最全面科学的,但其中体现的是对一个现代好教师的基本要求,或者可以说是一所乡村学校对好教师的基本追求,希望能够给予乡村孩子公平而有质量的教育。

2.建构教师积极发展专业的教研共同体

"只有当教师不再是被动的变革接受者而成为变革的推动力量时,才能保证他们忠实地实施变革。"[1]学校要创建能够帮助教师构建完善的专业知识技能体系和自我发展能力的平台与机制,并在学校内部营造有益于互助共享的文化氛围,以唤醒教师的德行自觉,让教师在教师职业坚守中增强获得感、荣誉感、幸福感,并让教师能通过充分简便的资源使用制度促进教学改进。正如基于"公共性""民主主义"和"卓越性"原理提出"学习共同体"理论的日本著名教育学者佐藤学教授所希望的,学校应该是"孩子们相互学习、共同成长的地方""教室作为专家在一起相互学习的场所,是家长和市民参与教育实践并相互联系、相互学习的场所"。[2] 福州教院四附小及其共同体联盟学校近年来努力践行学习共同体理念,并推动基于"学习共同体"的"学校领导制度及其运作机制"和"学校教研制度及其运作机制"变革。这种教研共同体制度成为激发和提升学校教师合作学习、互动交流、分享知识与技能的重要制度,促进了学校教研新气象。在这所学校,所有教师都能相互开放课堂,每次进行

---

[1] 吴晓玲.田园牧歌:苏格兰小学教育的生态与细节[M].北京:江苏凤凰科学技术出版社,2017:128.

[2] 佐藤学,沈晓敏.转折期的学校改革——关于学习共同体的构想[J].全球教育展望,2005(5):3-8.

的教研活动都是"通过对教学案例研究,构筑相互学习的同事关系"[①],这种平等民主的氛围、和谐的人际关系有效促进了学校全体教师的专业成长。

(三)建构能够有效促进全体平等差异发展的学生评价指标和机制

在强调核心素养的今天,学校教学管理必须关注全体并关照差异,评价制度也不能再以学业标准作为单一或核心指标,多元指标、多向评价才有利于促进学生健康成长和潜能开发,能够让所有学生有存在感、胜任感和成就感。

1.建构在全面合格基础上的学生个性化评价机制

微观公平强调在关照差异的基础上追求平等。现代学校管理制度越来越强调让学校在评价目标选定、过程监控和考核评估上有更大的自主权,因此,学校可以在国家教育评价改革大方向下,建立以校为本的自我评价、自我反馈、自我完善、自我促进的学生发展性评价机制,而不是继续按照过去以学业成绩为核心的单一评价体系,避免以一个标准对待所有人,让学生"被分数撕裂""被身份撕裂"(冯建军)。如厦门集美曾营小学在课改年级尝试对学生采取成绩制与等级制双轨运行的评价制度,音、体、美、科学、信息技术、阅读课与写字课采用等级制,其他科目采用成绩制;推行鼓励性评语,并将鼓励性评语推广到课堂教学和学生作业评改中;增设特长评价,初步构建"等级+评语+特长"的学生评价模式,并积极引导学生进行客观自我评价,培养学生的自主意识、评价能力和自信心[②]。这种学生评价制度是一所优质学校得以长期保持公平而有质量的教育水平、获得良好社会声誉的重要保障。

2.构建平等、照顾差异的班级评价机制

搭建师生、生生之间关注和照顾学习差异的班级管理平台,是促进教育公平的基本路径[③]。在重视智慧校园、班级建设的今天,班级和课堂智慧管理、学生个性化评价都成为可实现的目标。比如,泉州市实验小学采用智能的"班优"系统,通过设置具体化、多样化"班优"的评价类型,落实"三全育人"机制,即:面向全体,全员育人;关注全过程,及时记录学生成长动态;全方位育人,从学习、德育、卫生、才艺等方面培养学生的学习兴趣、良好习惯及卓越的学习能力,以现代智能化技术手段

---

① 佐藤学,沈晓敏.转折期的学校改革——关于学习共同体的构想[J].全球教育展望,2005(5):3-8.
② 翟国祥,杜桂香."等级+特长+评语"综合评价的全面性[J].小学教学研究,1998(8):1.
③ 张鹏,吕立杰,林智中.照顾学习差异促进教育公平的香港地区经验及反思[J].教育科学研究,2018(5):75-84.

促进学生德智体美劳全面发展。可见,学校根据校情、学情制定不同班级的学生评价指标和机制,利用大数据对学生进行全面、及时的评价,并能够根据学生性格、兴趣、能力特点进行针对性反馈指导,已经成为现代化学校班级管理的一种趋势。

(四)建构能够给予所有家长尊重并激发家长支持学校的家校合作制度

微观公平的实现需要得到社会特别是家长的支持。现代学校管理制度必须改变以往家长只关注沟通交流学习好坏的单一问责机制,重视建构与家长良好沟通合作的机制,这种合作制度让家长能够通过有效的途径和方式,表达与孩子利益相关的学校班级管理的决策的意见,将家长、社区资源转化为儿童发展资源和学习机会。在大数据时代,家校合作制度的建构更加便捷,重点在于学校管理者和家长双方都要充分认识家校合作的真谛是为了孩子的健康成长、为了双方的平等沟通,而不是单方的学生成绩反馈或监督(家长)。如泉州市实验小学通过班优的网页版后台管理,教师能将测试成绩一对一的推送给家长。每个家长只能看到自己孩子的分数等级和全班的平均分。这样既有效地提醒家长关注孩子学习进展,也方便教师和家长就孩子的学习情况开展个性化的跟进措施,发现并解决问题。

第三节 公平的学校文化构建与实践

学习科学的研究表明,传统教学设计强调的控制性、传授性,已不再适应人类的学习特性,只有构建一个具有开放性、支持性,激发多种思维,滋养多种气质的学习环境,才能适应人类学习的复杂性、个性化和随机性。[①] 因此,微观公平强调建立每一位成员都能受到公平对待、具有包容协作的校园文化。

一、一切为了孩子:创设体现公平理念的学校空间文化

(一)均衡分享的空间(环境)文化

中小学校空间(环境)文化属于可视文化,也是一种场域文化、情境文化。从大

---

① 钟启泉.学习环境设计:框架与课题[J].教育研究,2015(5):113-121.

的方面看,学校教育空间(环境)包括教师办公区、学生学习区、运动区三大块,寄宿制学校还包括学生生活区;设施齐全的学校,学生学习区还包括班级教室、图书馆、功能教室、植物角等。从小的方面看,学校教学空间主要指学生的学习环境与设施。在许多学校,班级固定教室里又有小空间划分,如上课区、学习文具盒资源角、图书角、墙壁展板等。校园教育教学空间与教育教学获得具有内在一致性,也就是说,校园教育教学空间构建了一个场域,对校园生活的每个人以及每一项教育教学活动都会产生或多或少的影响。

苏霍姆林斯基说过:"无论是种植花草树木,还是悬挂图片标识,或是利用墙报,我们都将从审美的高度深入规划,以便挖掘其潜移默化的育人功能,并最终连学校的墙壁也在说话。"[①]教育教学空间文化蕴含着建筑学、美学、文学、地理学、法学、教育学等学科文化。因此,一所学校的建筑设计外观和内部整体空间构建,处处渗透着设计者和办学者的教育理念及审美理念、哲学思想等,也反映着学校"常驻居民"——校长、教师和学生在其中的地位、交流与分享理念,特别是在一定程度上诠释了校长的办学理念与角色是平易近人还是高高在上,是关注教师学生发展,还是为了个人职业发展。

如果学校空间单一,缺乏科技、艺术人文、绿色环保和分享交流的设计设施,校园建筑呆板传统如厂房,缺乏师生互动空间和多元学习空间,健体设施除了操场没有其他活动空间和休憩空间,这说明,学校从建筑设计到校园布局都忽视了空间文化的社会化和教育性。比如,很多学校新校区设计完全交给设计公司,施工交给建筑公司,教育部门或校长只等着"交付使用",结果校园建筑很"高大上",外形似宾馆或政府大楼,内部装修和配置统一化,没有高中、小学区别,没有文化底蕴烙印,缺失办学历史和特色。校园教育教学空间结构与布置体现了学校负责人的领导力与文化建构力。一些校长只注重教学质量,忽视学校特色教育场域和个性空间营造,漠视教学活动与教学空间的关系,教室统一化、使用效率最大化,将学生学习的空间、内容与生活世界隔离,将学生知识学习与精神生活隔离,造成学生在学校的学习生活单调乏味。在一所知名的达标中学,其旧校区虽然不大,设施也较陈旧,但有百年历史,不同年段的教学楼、行政楼疏落有致,特别是最古老的一座教学楼前面有三棵百年大树,与教学楼相得益彰,形成学校独特的文化场,该楼也成为历届高三学生学习的"状元楼"。教学楼与行政楼之间的运动场成为学生每天健体的最重要场所。但其新校区可以说是"只见楼房不

---

① 李伟.班级文化——学校隐形的翅膀[J].课程教育研究(学法教法研究),2015(31):2.

见文化",占地100多亩(0.15亩＝100m²)的新校区,各个年段的教学楼形成一个四合院式的建筑,不同学科、不同年段的学习互相影响;功能教室远离教学楼,学生跑步从教学楼到实验楼还迟到;像宾馆一样四平八稳的行政楼矗立在学校正门前,威严有余生气缺乏。

因此,每所学校应基于平等分享理念,重视学校空间(环境)文化形成,创建体现学校和班级特色的、能够给予学生美的熏陶和创造的校园文化和班级环境文化,为师生营造更多非正式学习空间、研讨交流空间、生命生长空间等自由的精神空间,才能使校园生活的主人(师生)得到丰富的生命成长和能力发展。无论是校长办公室的空间位置和内部空间布置,学校不同的空间划分、各个区域的墙壁展板、走廊文化等物质环境的设计和营造,还是教室的空间设计,包括桌椅摆放,学习角、图书角等的划分和设计、墙壁和主题栏的设计和内容等,都应得到重视。比如,班级环境文化体现在一系列可见的文化符号的创生与保用上,诸如黑板报、墙报,各类墙壁版面布置,教室内悬挂的装饰物、标语与口号,教室内橱柜的布置,各类区角的布置,班级盆栽,教室外部的班级名片、班级展板等,这些可视文化的构建不应仅停留于浅层,更应成为班级深层的精神文化的物化方式,彰显班级师生的价值观、审美观,继而成为全班师生观念与思想的烙印。

比如,在福州三中,利用校园内的四棵百年古榕树,有意识地构建了校园建筑与古树融为一体、学校培养目标与古树特性一致的、历史与现代相结合的三中校园文化。其中的典型代表是学校的"力行楼"设计:四棵榕树与楼成"挟持"之势,建筑因势裂开形成"榕树谷",这个谷,成为学生文化、科学活动的中心。在这里,有屋顶花园,有随时间变换的以学生为主打造的楼道和墙面文化;这里还是"教"与"学"和"师"与"生"交流互动的平台。三中文化也基于榕树精神阐释为:榕树的种子一落地就生根发芽,气须一经垂地就深深扎入土里长成枝干,这成为三中的校训"励志"。

三明市梅列区第一实验学校秉持"成全教育"理念进行学校空间文化的规划和建设。学校把成全的理念和学校建筑和场所的命名结合起来,旨在让师生们在记住这些名字的同时,感受这些命名所蕴含的育人理念。比如,矗立在学校中央的"翔宇楼"取自周恩来的字,意之华夏学子要立志为中华之崛起而读书,当代学子更要为实现中华民族伟大复兴的中国梦而勤奋读书,以此作为个人成长的目标。中学部建筑群取名"熹时楼",熹时取自朱熹和杨时,都是出自三明的闽学大家,代表的是一种理性和严谨的治学态度,"熹时"又同音"惜时",是有计划的治学,这是个人成才的必要因素。学校室内体育馆取名"行健馆",名字源于"天行健,君子当自强不息",自强首要健体,健体来自每天的坚持,这是个人成才的另一项必要因素。还有"春晖楼""光华礼堂""旭日田径场""皓月广场""星晖篮球场",这些名字都和成全个体生命成长的环境和规律息息相关,营造出特别的教育磁场,达到启智润心,培根铸魂的目的。

(二)构建差异、均衡、优质和活力的校园空间文化

教育空间既是物理空间,也是文化空间。在21世纪的今天,国家对教育的投入越来越多,大量城乡学校改建或新建,智慧校园、智慧班级成为一种趋势。那么,如何顺应基础教育优质均衡发展和百姓对丰富优质教育资源的需要,构建个性化凸显、平等发展的校园空间文化呢?

首先,从学生差异发展需要出发,挖掘学校优秀传统,创新校园物理空间,构建有人文特色的校园空间文化外形。校园物理空间包括校园整体规划与教学各种功能教室空间的设计。包括学校建筑的形状、相关功能建筑之间的距离与联系,以及与学校育人功能一致的建筑(教室)资源量、配置以及色彩;还有学校楼梯、走廊、教室空间,桌椅尺寸和摆放,以及露天的健体设施、科学园区的设施与布置,甚至树木种类和种植区域的密度、种类等,都需要从满足学生和教师的生长、发展需求,以及积极情感、态度和价值观的形成而设计,打破传统空间的束缚,融合智慧空间设计,体现平等均衡发展、智慧发展以及活力生长的文化。

三明梅列第一实验学校[①]以"向往美好,成全教育"为办学理念,整体构建了促进师生"共生共长"的美好校园文化,并渗透在校园空间文化、制度文化、德育文化、阅读文化、健体文化中。其中,其校园物理空间从建校伊始就开始营造为了全体师生全面、健康、快乐发展的"成全教育"服务。图6-12、13所示的是三明梅列区第一实验学校的校园空间构建。

其次,基于多元发展理论,构建多元丰富的文化发展空间,让每个个体都有适合的、感兴趣的发展空间,促进均衡、活力发展。如针对学生的开放式的阅读空间、多学科的专门教室、书法美术等艺术教室、心理放松室、社团活动空间,促进教师发展的成长训练室、阅读研讨室、健身室,以及育婴师儿童活动室,还有休息室等。

---

① 本案例图片及相关资料均由三明梅列第一实验学校提供。

图 6-12　三明梅列区第一实验学校鸟瞰图

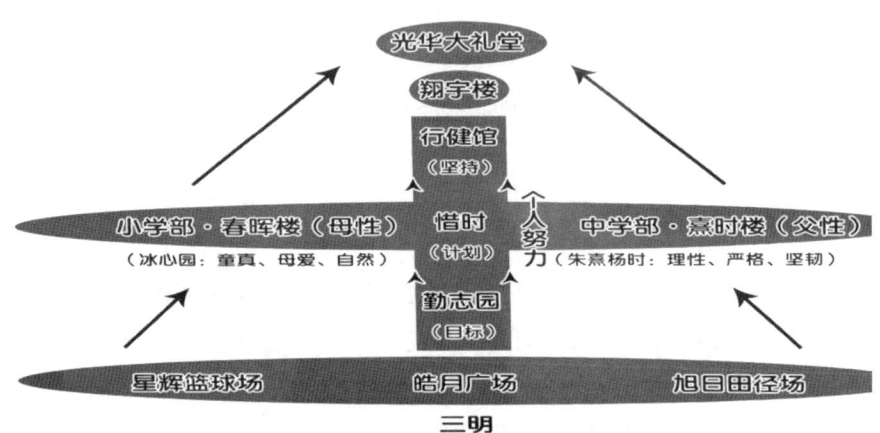

图 6-13　三明梅列区第一实验学校楼管命名

然后,创设"以学生为中心""以学习为中心"的教室空间文化,促进师生、生生良好关系的构建,促进协同学习,打造优质学习文化。蒙台梭利说:"在与儿童的关系上,成人是一个自我中心主义者,不是利己,但是以自我为中心,他总是从自己的角度出发来考虑一切,因此常常会误解儿童。正是由于站在这个立场上,他才会认为儿童是空的容器,是懒惰的、无能的,内心是盲目的,因而成人必须向他灌输知识,为他做一切事情,引导他一步步往前走。直到最后,成人自认为是儿童的创造者,从与自己关系的角度去判断儿童行为的好坏……而且就在成人这样无意识地抹杀儿童个性的同时,成人反而感到自己是在表现对儿童的热情、对儿童的爱和为儿童做出牺牲。"[1]

随着课程改革深入,越来越多的教师意识到学生应该成为学习的主体。然而一到课堂上,呈现出来的却时常是"教师中心"的教学。表现在教室空间文化上,传统的班级授课制班级座位是秧田式的,座位编排体现的是教师的权力。福州教院四附小基于日本教育家佐藤学先生的"学习共同体"理念,认为一所学校是一个学习共同体,一个班级是一个学习共同体,班级中的每一个小组也可以被看作是一个学习共同体,它与传统教学的区别在于强调学生心灵上的交流和沟通,强调在学习中发挥群体性的动力作用。因此,四附小促进学生协同共生的课堂改革首先从座位的改变开始:低年级的U形课桌排列——让角落里的花朵也有春天。U形课桌排列完全消除了第一桌与最后一桌之间的距离,使学生看到的不再是同伴的后脑勺,而是他们的面容和目光,这让课堂学习交流有了更强的对象感,中间的通道更利于教师快速抵达教室的每个角落,使教师把更多的时间停留在通道上,方便教师倾听,做到关注每一个学生的学习状况,课堂呈现一种等距离面对面的爱,体现出包容个性的、差异的平等态度。课桌排列的改变,不只是一种形态的变化,更是一种教学理念的彰显,一种教育意识形态的转变。中高年级的2~4人分组课桌构建同伴互助小组。课桌椅的摆放改变,就是教学空间文化的创新,它促进了学习从"个体"学习到"共同体"的反转,通过反转,凸显学生学习的交往性、互助性和分享性,增强教学的德育性和发展性。

最后,构建活力的对话文化深化教学空间的改变,发挥促进协同学习的作用。课桌椅摆放方式的改变一定能改变教学方式吗?显然,在很多学校,课堂教学方式并没有随着课桌椅摆设的改变而变革,以教师讲授为主、以简单问题的形式主义交流仍是主要教学场景。良好的行为习惯既是做人的基本要求,也是更好地学习的前提。钟志贤教授提出,学习共同体有四大构成要素:一是归属感,指的是学习成员之间的精神共同体、成员关系、对共同体的认同感、归属感;二是信任感,指的是

---

[1] 王海珺、张养琴.谈小学语文教学异向思维的培养[J].延安教育学院学报,2003(1):77-78.

共同体中成员之间可以相互信任、相互影响,有序、有规章制约;三是互惠感,指的是共同体中成员之间可以相互受益、强化和共享价值观念;四是分享感,指的是超越时空和心理藩篱,分享学习的体验和结果,达到情感的沟通和分享。① 因此,我们认为,教学空间的改变实质应该是教学微观领域的对话文化上的变革:(1)建构尊重的文化。尊重也意味着宽容和包容,尊重是交流、对话的前提。每个同学都要把同伴看得和自己一样重要,"己所不欲勿施于人",营造无条件地尊重每个同学的文化,尊重每个同学的生存权、话语权、学习权和发展权,特别是要尊重暂时学习落后的同伴。(2)形成倾听的文化。倾听也是一种重要的学习力。要在班级培养形成倾听优先的意识,发言前要先倾听。教师不遗余力地培养每个学生的倾听态度、倾听能力和倾听习惯。(3)培养分享的文化。分享既是一种开放的心态,也是一种交往的能力。把课堂建设成为一个分享的平台,通过分享,把个人的智慧变成全班共同的智慧,分享过程极大地满足了学生的表现欲,增强了学生的创造欲,并有力地培养了学生的自我效能感。(4)树立帮助的文化。帮助既是一种精神,也是一种能力。"绝不落下一个同学"是四附小每个班级共同的学习信念。一个年轻的教师曾在期末教学分享时,十分动情地介绍了自己怎么带领全班同学不厌其烦地帮助学困生,特别是一个自闭症的同学,大家都把帮助其他同学看成一种义务和责任。看到学困生变化了、进步了、提高了,自闭症的孩子乐于开口了、积极参与了,大家无不欢欣鼓舞。

二、创建平等的文化环境,形成规则文化

微观公平理念下的学校文化构建,需要制定清晰、透明的规范师生言行的规章制度,包括计划和标准运行程序。

大部分中小学校非常重视规则,有国家制定的各个阶段的《学生守则》,学校制定的《行为规范》,但以往的规则很多是生硬、冰冷的标准性说教。现代学校的学生规则应注重提出渗透童心的、适合每个学生的、有温度的建议,包括培养学生公共场所生活素养,以及学校生活、班级生活中的基本行为素养、秩序意识、自控精神以及尊重场合的仪式感等;还应有针对儿童安全的身体威胁、欺辱、骚扰和暴力进行阻止和干预的制度,以保证学校形成人人都受尊重的校园文化与教室氛围。如厦门集美曾营小学在培养学生做"独善与兼济之人"的理念下,要求学生有规则意识,

---

① 钟志贤.知识建构、学习共同体与互动概念的理解[J].电化教育,2005(11):20-24+29.

遵守学校、社会各种规章制度,不给自己添麻烦、不给别人添麻烦;培养学生做兼济之人,即要有一种情怀、一份责任,力所能及地帮助需要帮助的人,参与社会服务、做慈善公益;形成规则意识和民主法治观念,养成良好的生活和行为习惯,养成诚实守信、友爱宽容、自尊自律、乐观向上等良好品质①。并在此标准下制定了符合各学段学生的年龄特点明确"独善兼济之人"的具体指标,包括内涵、要素、关键表现等分年段指标,采取自评、小组互评、家长评、综合评定等多元评价方式,这就是适合不同年龄特点的、有温度的规则与评价。

三、构建尊重差异的微观公平文化

霍华德·加德纳的多元智能理论认为,"我们之所以这么不同,很大程度上是因为我们有不同的智力联合体"。② 早期对学校学生组成的研究认为,学校间教育效果的差异主要来自同伴影响,当聪明且学习动机高的学生在一起时,能够彼此相互学习,设定较高的学业标准,可能是学校学生组成影响学习结果的一个原因。人们通常认为,学校根据社会经济地位分层或者分类(如重点与非重点等)的程度越低,也就是说学校越融合,教育的不平等程度便越小、教育效果就越好。公平而有效的教育系统对处境不好的学生尤为重要,因为其往往来自处境不好的家庭或社区,面临的家庭教育问题颇多,更需要学校教育加以补偿;而且对于处境不好的学生的教育,只有在学校教育的主导下,结合家庭与社会的力量,才能够更大程度地加以改善。因此,微观公平强调建立能够公平对待每一位成员、具有包容协作的文化校园。

(一)形成公平价值认同的观念文化

公平价值认同的文化有助于让每个学生都浸润在一种尊重、爱护与关怀的氛围中。这种文化包括通过学校办学理念、个性化表达又通俗易懂的校训、班训(班级名称、班标表达),有目的地引导形成人人平等、尊重差异的"校风""学风",并成为一所学校评价学生的重要标准,以确保不同家庭出身、不同智能水平、不同兴趣爱好的学生都能够互相尊重、和谐相处、平等交流,避免形成等级文化而出现歧视、排斥和隔离等校园欺凌现象。

---

① 本案例材料由厦门集美曾营小学提供。
② 陈宗炫."多元智能"理论对学校管理的启示[J].中小学校长,2004(4):34-35.

(二)重视构建人人平等的权益文化

现代学校不仅要告知学生其应该履行的义务,还要重视引导学生明确自己的基本权利。权益文化的形成,对中小学生自身养成公平意识具有良好的引导作用。[①] 比如,通过制度安排与合理路径给予学生表达自己意愿的权利,包括:学生表达对学校学习和生活的看法,使他们意识到自己的权利并鼓励他们维护自己的权利;使学生有机会体验通过自己的努力对学校工作改进做出有价值的贡献;促使学生主动承担起对自己、对学校、对社区应有的责任[②]。又比如,保障教室座位的公平权益,即教育者合理规制学生座位,遵循排座位的公平原则;同等对待同班同学的原则,即班级里的每个人都有权利使用任何座位(相同的人应得到相同的对待);区别对待不同身高的同学的原则;优待近视和重听的同学的原则等。

(三)旨在学生自主发展的班组文化建设

班级作为学校的细胞,是学生学习生活的主要场所。它既是一种教育的组织形式,又是一种文化模式,其核心内容就是班级文化。顾明远认为:班级文化建设是"作为社会群体的班级所有成员或部分成员所共有的信念、价值观、态度的复合体"。基于学生自主发展需求,温州大学附属茶山实验中学基于"好学、乐思、自律、互助"的班组文化体系构建目标,探索形成班级环境文化、班级制度文化、班级精神文化。[③]

首先,构建蕴含三个层面的班级制度文化。一是强调多元理念,人尽其才,营造民主平等的班级文化景观,如人人参与管理,公开竞岗;二是让班级组织既有组织架构又有团队协作;三是推行小组合作学习制度,以小组活动为基本文化建设形式,以提升学生学业成绩、形成学生良好学习品质为根本目标,以互动、协同为基本特征的学习形态。小组内每个学生个体发挥出来的"热量"升温了小组的团队凝聚力,继而烘托着整个班级的文化氛围。

其次,构建有意蕴、有底蕴的班级精神文化。这包括班级中的师生关系、生生关系,班级学生群体行为方式,班级学生在年级和学校生活中的独特性等内容。就建设的角度来看,班级的意蕴(如班训、班徽、班歌),班级学生的自我认识、品格塑

---

① 刘欢.公平视野下的中小学座位编排考察[J].教学管理,2017(11):27-29.
② 毛亚庆.论公平有质量的学校管理改进[J].教育学报,2013(6):29-34.
③ 该案例为温州大学附属茶山实验中学的学校管理文化研究成果。

造和荣誉感(如主题班会)，班级生活的人文底蕴(如中华传统文化精髓)，都是重要的建设内容。

总之，民主平等的学校管理制度首先应基于儿童视角，基于分配公平(平等)、关怀公平(爱心)、信任公平(参与性)和自主公平(选择权)等原则，制定基于微观公平的学校资源管理制度、教师管理与评价制度、学生评价制度和家校合作制度等，构建对师生平等尊重、共同成长的环境。一个让学生感受到平等尊重的校园和班级环境，才能够让学生安心学习、自信表现和表达；尊重和关照不同个体的师生、生生关系的文化，才能够让所有的学生心态平和、平等交往，并最大限度减少校园欺凌现象出现，才能促进所有学生得到最好的发展。

第七章　基于微观公平的学生评价

学生评价公平是学校教育微观公平的重要环节,它既是微观公平研究的重点内容,也是微观公平研究在实践中落地的重要途径。作为关注教育评价尤其是教育微观公平评价的研究,我们主张教育评价要跳出传统"量化评价""一次性高利害评价"的藩篱,依托微观公平三大正义理论和育人实践模型,从评价方法、评价对象、评价目标、评价技术手段、评价呈现样态等方面入手,以关注学生评价微观公平的独特视野,建构基于促进学生公平而有个性的发展的评价体系。

第一节　理论建构：学生评价的文化基因与理念内核

从古至今,学生评价就一直是广大中小学教师和学生家长高度关注的问题,不少教学者也对其进行了研究,陈玉琨在其著作《教育学评价》中提出,"学生评价是对学生个体学习进展和变化的评价。它可以包含对学生学业成绩的评定、学生思想品德评估、个性的评价等方面"。他提出的学生评价的基本方法中强调对评价目标设计,并将其与学生评价具体过程进行联系,这一定程度上运用了布鲁姆教育目标分类学的思想内涵。张春莉的《走向多样化的评价：小学生学习能力评价的理念、方法与实践》中提出,学生评价的核心是要求提高评价的指导性,要将评价结果运用好就要细化日常观察活动,合理运用考试评价,建立完善评语库,以表现性任务为评价载体,建立成长档案袋,积极开展二次评价。国外学者对于学生评价研究主要集中于具体评价环节的设计,如艾伦·韦伯在《有效的学生评价》一书中提出设计恰当而明确的评价目标,并利用有针对性的,高效的评价语言才能发挥评价的主导作用。比尔·约翰逊的任务课程、教学、和评价是循环往复的过程,日常评价中应该采用档案袋的评定方法,要积极采用以学生运用知识和实际表现为基础的评定形式。

一、新评价与传统评价模式背后的政策和文化基因

2018年12月,《教育部等九部门关于印发中小学生减负措施的通知》(以下简称《通知》)指出,要"扭转不科学的教育评价导向,引导全社会树立科学教育质量观和人才培养观……培养德智体美劳全面发展的社会建设者和接班人",首次以正式文件的形式对教育评价提出"扭转导向"的表述。2019年6月,中共中央国务院出台《关于深化新时代教育教学改革全面提高义务教育质量的意见》(以下简称《意见》),《意见》的出台标志着我国义务教育教学改革进入新的阶段,也是当前我国基础教育回应人民需求,促进基础教育改革内涵发展必然趋势。《意见》提出"改革学生评价方式""建立以素质教育为导向的科学评价体系""学生发展质量评价突出考查学生品德、学业发展、身心健康、兴趣特长和劳动实践""强化过程性和发展性评价",再一次明确新时代育人目标。2020年10月,中共中央 国务院出台《深化新时代教育评价改革总体方案》(以下简称《方案》),《方案》再次对当前的评价导向提出"扭转"一词,要"改进结果评价、强化过程评价、探索增值评价、健全综合评价……体高评价科学性""坚持面向人人、因材施教、知行合一"。2021年3月,教育部等六部门印发《义务教育质量评价指南》(以下简称《指南》),《指南》的出现是对《意见》和《方案》的贯彻与落实,提出要"遵循学生成长规律和教育规律""坚持育人为本……促进全面培养……教好每名学生"。

我国目前学生评价依旧以结果评价、定量评价为主,上述新文件的出台则赋予了教育评价更加丰富的内涵与时代特征。在人类社会发展的几千年来,人类社会的生产力在急剧提升,从农业社会到工业社会再到当前的信息社会,生产力高速发展带来对多元化人才的需求。"2000年到2010年的10年间,美国制造业的实际生产量增长了5%以上,但其工作岗位却减少了近32%。"[1]生产力的快速发展和科技的进步导致旧的行业和旧的以少数人管理、多数人服从的工作方式迅速地被新行业、和新技术支撑的高素质人才共同协作式的工作方式所取代。当前的人才流动方式和新生代的工作理念相较以往也有了很大不同。据美国劳工局统计,美国个人在18～44岁平均更换11个工作,其中大多数工作变更在27岁之前[2],中国也不

---

[1] 〔美〕赵勇.就业?创业?[M].周珊珊,等,译.北京:教育科学出版社,2014:54.
[2] 柳夕浪.学生综合素质评价怎么看?怎么办?[M].上海:华东师范大学出版社,2016:6.

例外。所以我们难以预测在"全球化"的今天,我们的孩子将来会在哪个国家、在什么岗位、从事什么工作。因此作为教育者,或者说一个有志于培养孩子全面发展的父母,我们可以给孩子的就是培养他们全面发展的综合素质能力,也就是人的核心素养。那么我国当前的教育政策为什么要以培养全面发展的人为基本导向?为什么提出中国学生发展核心素养?为什么要"扭转教育评价导向"以及为什么要"教好每名学生"?

其实早在2002年,教育部就印发了《关于积极推进中小学评价与考试制度改革的通知》,强调建立以促进学生发展为目标的评价体系,但是近10年过去了,依旧只有少部分地区真正实现了评价体系的改革,为什么传统教育评价模式"深入人心""根深蒂固"?传统以分数、以考试为途径的评价真的平等吗?我们认为传统评价模式盛行主要有以下几个方面的原因:

一是传统文化渊源。我国自古就有"学而优则仕""万般皆下品,唯有读书高"的文化观念。自唐宋以来,传统科举考试为寒门子弟提供了改变命运、进入官僚社会的唯一途径。据统计,宋代一半以上进士其前三代未有官职,明清两朝,也有近一半中举者三代以前是纯粹的布衣,其中不乏名人,如将朱熹理学上升至南宋官学的郑性之和中国清朝中后期著名政治家、文学家民族英雄林则徐等。这些诞生于有着近1300年历史的科举制度的著名人物事迹成为中国家喻户晓的育儿素材,在中华民族发展史上留下浓墨重彩的一笔。1977年恢复统一高考至今,传统百姓眼中高考制度便承担起了"逆天改命"的重大作用,因为它提供了一个人人都能参与的、"公平"的竞争环境。鉴于高考依旧采用分数评价模式,于是在这一"指挥棒"的指引下,传统以量化评价为主的评价模式甚嚣尘上。

二是量化评价传统优势。当评价回归其功能原点,就是要通过评价收集数据、分析数据、给出结论。量化评价之所以被普遍采用,其重要原因是数据的收集、分析操作、结论生成简单易行,在面对一个庞大体量群体时,给出的评价结果相对公平直观。建国初期百废待兴,早期国家领导人在选择什么样的评价模式上追求的就是简单高效,评价目标主要在于选拔人才,所以在基层学校,一种成熟的、简单易行、可操作的、以卷面测试为主的量化评价作为唯一的评价模式快速推开,这种评价模式为我国人才培养工作作出了巨大的贡献,虽然新时代对人才培养工作有着新样态,但是我国东西部地区、城市和乡村地区经济发展客观上依旧存在差异,一线教育工作者对国家宏观层面出台的评价新目标、新形式、新要求理解、落实能力参差不齐,加之当前中、高考依旧采用以良好分数为主的评价模式,作为经典且简单有效的评价模式继续沿用"虽然无功但求无错"思想盛行,导致注重结果评价、唯分数评价依旧盛行。

三是家庭、社会观念错误与强化。"家国情怀"是传统文化国人身上的另一个印记。科举考试作为传统评价模式,对考生而言,其功效除了改变自身命运的作用之外,还有改变家族命运、彰显家族荣耀的作用。一方面,出仕后带来的身份和家境改变无疑为穷苦百姓做了范例,另一方面很大一部分已经晋升上流社会的官吏、商人为避免家道中落,要求其后人积极应试迎考以便继承家业,无疑强化了考试评价的作用。"光宗耀祖""显亲扬名"等传统家族观念作祟的生活环境对当前中、高考制度产生了深远的影响,不但一般百姓大众认为考试评价、分数评价是可以被普遍接受的、甚至是唯一的评价模式;部分教育主管部门、教学部门和用人高校也认为高分数等于好政绩,等于有才华,等于高素质;更有用人单位以学生的毕业院校是否为"211""985",是否是博士、硕士学历应届生对求职中的毕业生进行筛选,认为设置学历、学校门槛可以提高人才选拔效率,减轻招聘负担,最终倒逼家长、学校、主管部门将"分数""升学"作为育人唯一目标,这无形中对量化考试评价作为"唯一"的评价模式的观念进行了"强化"。

所以要改变以上这种现象,就要从微观公平的角度,对学生评价模式进行调整,改变"唯分数、唯升学"的结果评价现状,在教育过程中进行评价改革,促进学生非智力因素发展,提升核心素养的获取。教育微观公平关注的是在学校生活中,每个人是否有公平获得感及公平发展的实质成效。因此,学生评价也应该从教育微观公平的三大视角,即共享正义、素养正义、关系正义三大视角进行建构。

二、基于微观公平的视角学生评价审视

事实上,雅普希尔伦斯的教育评价模型说到底是"理想"状态下的评价模型,我们认为学生评价的具体操作过程中,应该用微观公平视角审视学生评价的基本环节,即在遵循雅普希尔伦斯的评价模型基础上还应该处理好以下几对关系。

(一)处理好个性发展与全面发展之间的矛盾

微观公平视角下的学生发展是完整的人的发展,在具体育人方向上要求以平等对待相同、以差别对待不同、以补偿对待弱势,是公平观在学生人生发展层面的微观呈现。人与人之间差异区别天然存在,应该差别对待。从人的个性发展和全面发展二者要求来看,都统一于完整的人的发展。首先,二者概念差异。全面发展是德智体美劳五育并举,每个维度都有发展;其对立面是片面发展,强调不能忽视

个别维度的发展。个性发展是指提现个体不同于他人的特质,这些特质有的值得充分发展,形成亮点,有的可以降低要求,尊重现实;其对立面是平均发展,强调不能按照统一条件去规定所有纬度的标准,避免千人一面。其次,二者互相促进。全面发展是个性发展的基础和前提,国家在育人要求上明确提出要"坚持立德树人,五育并举,培养德智体美劳全面发展的社会主义建设者和接班人"。这是所有学生发展应该遵循的基本前提。个性发展是全面发展的补充和提升,个性得到充分的发展符合自然人的发展观和国家选人、用人基本导向。因此微观公平视角下的学生评价在处理二者关系时既要充分考量五育指标的基本要求,又要对个体发展性指标作出界定。

(二)处理好量化评价和质性评价的矛盾

中共中央、国务院出台的《深化新时代教育评价改革总体方案》中提出要"扭转不科学的教育评价导向,坚决克服唯分数、唯升学、唯文凭、唯论文、唯帽子"(即破"五唯"),这里"五唯"中的"唯"是唯一、独此的意思,量化评价很容易和"唯分数"联系在一起,即表示为仅仅依靠分数,或将分数作为教育评价的唯一标准。《总体方案》中的"破五唯"是要求处理好"唯"与"不唯"的关系,而不是取缔、禁止的问题。从量化评价的传统优势和作用上看,量化评价中的考试分数有其存在的意义和作用,"不唯"不是取缔和禁止,要承认考试分数和量化评价对于育人和评价的合理价值,但是不应该作为评价一个人是否完整发展的唯一标准。所以,在指定评价标准和采用评价方法时应该充分考虑其他评价途径。因此在以微观公平视角进行评价的过程中,评价者要采用过程评价改进以考试结果评价为主的现状,创新探索增值评价和综合评价方式。例如,同样得分为85分的试卷,有的学生可能是平时学习成绩在60~70分,这次考试中表现优异,理应获得表扬;有的学生平时就在70~80分"徘徊"所以这次考试"原地踏步";有的学生平时表现优异,常常是90多分,这次考试略有退步。微观公平视角的学生评价要善于分析85分背后的情况,了解到三个85分其背后所蕴含的待挖掘的增值评价内容,对学生发展给予恰当评价。

(三)处理好"大前提"与"小范围"之间的矛盾

在雅普希尔伦斯的教育评价模型中,不管何种学生评价,都应该结合评价本源中的基本背景,这里的背景我们认为就是"大前提"和"小范围"之间的关系。2021年3月,教育部等六部门印发《义务教育评价指南》,指南从学生品德发展、学业发展、身心发展、审美素养、劳动与社会实践五个方面作为学生评价的落脚点[①]。这是国家层面对学生评价提出的宏观要求即"大前提",作为教育一线的基层学校首先是要领会文件的精神,并根据具体情况,即"小范围"内进行细化:一是可以结合地方教育主管部门的具体要求。不同的省份、地区在自身教育评价背景上有不同需要,比如,农村地区可以在劳动与社会实践教育中突出农具的使用评价,沿海城市可以突出海洋文化作为审美素养的评价方向,红色资源丰富的革命老区可以结合资源优势对品德发展提供评价纬度。二是可以结合学校办学目标、学校功能定位制订评价标准。如学校校训以培养幸福的人为终极目标,就要以学生幸福感为过程评价的重点评价纬度,对国家文件中的五个方面以幸福感为前提进行细化。

三、"均衡·优质·活力"学生评价模式理念内核

综上所述,我们可以看到一种"均衡·优质·活力"的学生评价体系。首先,应该贯穿于这5个环节始终,从诊断育人开始为基层学校探求问题、找准方向,通过课堂育人、课程育人、文化育人将适用于本校的评价模式进行实践,并在实验学校中进行推广。其次,不同学校有不同的办学理念,适用于不同学校微观公平视角的评价体系呈现模式和样态不尽相同,但是其理念内核主要为以下三点:

(一)共享正义是学生评价的核心诉求

"均衡·优质·活力"的学生评价体系以分配正义为学生评价基础原则。前文中,我们已经对共享正义有深刻了解:首先,共享正义是教育微观公平的基础价值,这与中国人传统"不患寡而患不均"的观念一脉相承,是微观公平的学生评价环节,应该确定的是所有学生能够获得每个人应有的被评价机会、获得评价资源的机会、根据评价获得改进的机会,以及表达自我评价需求和观点的机会。其次,在具体的以学生发展为评价对象的环节中,要重点关注结果评价与过程评价合理组元,避免单纯以结果评价或单纯以质性评价作为评价结论。最后,评价结果的运用上要因人而异,不能"一刀切""大锅饭"。

(二)素养正义是学生评价的根本归宿

在"均衡·优质·活力"的学生评价体系中,在学生评价内容上,人与人的本质

---

① 教育部等六部门联合印发文件 义务教育质量有了评价指南[J].中国民族教育,2021(4):4.

差异是存在的,能力差异往往成为人的发展结果差异的主要影响因素,阿马蒂亚·森认为要根据具体情境调整能力列表,努斯鲍姆构造包含 10 项核心能力的"充分原则",陶行知提出了《育才二十三常能》,这些都对人的发展的能力作出思考。当前,我国正以"中国学生发展核心素养"为育人目标,提出"人文底蕴、科学精神、学会学习、健康生活、责任担当、实践创新",其下共有 18 个三级指标,这些是学生发展评价的根本归宿,也是我们微观公平视角下的学生评价的基本指标。

(三)关系正义是学生评价的价值导向

在"均衡·优质·活力"的学生评价体系中,在学生评价结果的运用上,我们主张以承认正义为评价价值导向,合理看待每个学生的评价结果,不同的学生在思想品德、智力发展、体育技巧、美育修养、劳动技能上都存在差异,学生的评价不能仅仅查看其在某一维度或某一学科获得的成就,而要全方面考查其在其他维度取得的进展。我们更应该认识到不同维度之间存在相互影响的关系,积极运用"均衡·优质·活力"的学生评价体系促进学生在不同维度协同发展。

第二节 学生评价体系实践样态

改革开放之初,邓小平同志作出将中国沉重的人口负担转变为人力资源优势的重大决策,在 1985 年的全国教育工作会议上提出"我们的国家,国力的强弱,经济的发展后劲的大小,越来越取决于劳动者的素质,取决于知识分子的数量和质量",这是国家层面首次关注人的素质发展、全面发展。1999 年 6 月,中共中央、国务院在全国教育工作会议上颁布了《关于深化教育改革全面推进素质教育的决定》,会议强调实施素质教育,就是全面贯彻党的教育方针,以提高国民素质为根本宗旨,以培养学生的创新精神和实践能力为重点,造就"有理想、有道德、有文化、有纪律"的德智体美劳全面发展的社会主义建设者和接班人[①]。2001 年教育部颁发了《基础教育课程改革纲要(试行)》,从此,新一轮基础教育课程改革工作开始推进。新课改 20 年来,学生的学习观和教育工作者的教育观念有了巨大改变,素质

---

① 张玉明.论"全面推进素质教育"的核心和基本思路——学习《中共中央国务院关于深化教育改革全面推进素质教育的决定》[J].思茅师范高等专科学校学报,2002(1):1-11.

教育的配套机制改革不断推进,但关键性的考试评价制度机制建设依旧明显滞后,严重制约素质教育工作、人才培养工作的进一步实施。2020年10月,中共中央、国务院印发《深化新时代教育评价改革总体方案》,总体方案旨在扭转评价体制建设落后于育人观念的现状,在学生评价具体环节要求"树立科学成才观念。坚持以德为先、能力为重、全面发展,坚持面向人人、因材施教、知行合一,坚决改变用分数给学生贴标签的做法,创新德智体美劳过程性评价办法,完善综合素质评价体系,切实引导学生坚定理想信念、厚植爱国主义情怀、加强品德修养、增长知识见识、培养奋斗精神、增强综合素质"①。要改变"用分数给学生贴标签"的做法,其根本是通过建构"均衡·优质·活力"的学生评价体系。

一、"均衡·优质·活力"评价实践模型

根据本书第三章中的微观公平指标体系基本框架,学生评价围绕"均衡·优质·活力"三个维度进行,其中均衡主要是强调学生评价手段中的均衡维度,其下包含评价的权利、评价的机会、评价的资源;优质主要是强调学生评价内容维度,其下包含评价学生知识水平、评价学生能力水平、评价学生的价值观;活力主要是强调评价主体(对象,即学生本人)自身情感态度与价值观维度,其下包含学习安全感、学习信任感、学习满意度,具体如图7-1所示。

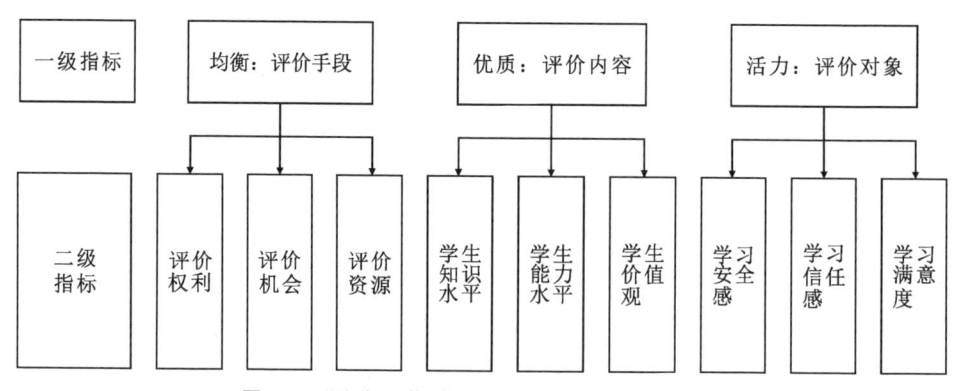

图7-1 "均衡·优质·活力"一二级指标细分表

根据上述细分表,结合"均衡·优质·活力"评价基本模型,我们初步搭建了学生评价指标,并给出了建议呈现的形式,如表7-1所示。

---

① 中共中央 国务院.深化新时代教育评价改革总体方案[N].人民日报,2020-10-14(01).

表 7-1 "均衡·优质·活力"建议评价要点与呈现形式

一级指标	二级指标	三级指标(学生评价)	
		内容	建议呈现形式
评价手段（均衡）	评价的权利	交流评价结果的权利； 进行自我评价的权利； 选择评价维度的权利； 平等参与评价的权利。	调查问卷、数据分析报告
	评价机会	学生参与评价的机会； 表达评价观点的机会； 公平享有评价的机会。	调查问卷、数据分析报告、评价量表
	评价资源	提供可共享评价资源； 公平获得评价资源； 公平享有评价结果。	调查问卷、评价量表、各学科量化考试卷、活动记录、数据分析报告
评价内容（优质）	学生必备品格水平	学习适应的品格水平； 人际适应品格； 适应环境的品格。	调查问卷、评价量表、各学科量化考试卷、活动记录、数据分析报告
	学生关键能力水平	学生基本能力养成； 学生核心素养发展。	调查问卷、评价量表、各学科量化考试卷、活动记录、数据分析报告。
	学生正确价值观	社会主义核心价值观渗透； 学科价值观在生活中的呈现。	调查问卷、数据统计报告、成长自我陈述报告
评价对象（活力）	学习安全感	学生对评价活动的接纳； 学生对评价结果的认同； 学生对评价结果的运用。	调查问卷、评价量表、活动记录、数据分析报告
	学习信任感	学生对施评者的认可； 学生对评价资源的认可； 学生参与评价过程的积极性。	调查问卷、评价量表、活动记录、数据分析报告。
	学习满意度	评价结果合理运用程度； 评价可接续性探讨。	调查问卷、评价量表、成长自我陈述报告、数据统计报告。

二、"均衡·优质·活力"评价实践原则

在评价过程中,除了遵循微观公平视角下的学生评价理念内核之外,学生评价的基本实践还要遵循以下实践原则:

(一)评价实施过程中,让施评人员要运用倾听和分析实现增值评价

在"破五唯大"前提下,学校教师、教育行政机关评价人员要认识到,评价对象在分数之外能取得的成就很大一部分来自日常的倾听、观察,因此要学会与被评价对象积极沟通交流,达成共识。传统施评者(教师)多以"教育管理者""成绩认定者"的身份参与评价,以施评者认为合理的方式,按照预设的指标、量化评定细则去对学生进行评价。这种普遍存在的、站在道德高地上、居高临下单向度的施评,既不愿意倾听评价对象内心的呼声,也不愿意与其进行心平气和地交流,是教师施行行政权力的一种常态,至于学生是否认同评价结果、学生对评价的感受、学生内心的真正想法却无人关注。长此以往,我们培育出来的就是"两面人"、虚伪的人、没有个性发展的人。这种单向度评价与当前《深化新时代教育评价改革总体方案》和《义务教育评价指南》中对增值评价相关要求相背离。增值评价的一个重要要求就是通过评价表象,探究显性评价背后的评价内容,这就要求施评者:一是倾听,施评者要走下教育的神坛,走进学生中间,倾听他们内心的声音,去寻找显性评价背后的评价内容。在传统评价模型中,学生往往处于评价的弱势地位,教师"一言堂"的现象导致学生无法参与到评价活动中来,因此,在评价活动中教师要充分发挥倾听的作用,倾听过程中要深入了解学生,善于换位思考,走进学生心灵,可以采用移情方法争取与学生产生共鸣。我们在对某优质中学进行问卷调查时获得了一组数据,统计中学生活中学生最渴望的事情。参与该调查的318名学生中,有89.94%的学生最渴望学习成绩优秀,然而有66.35%的学生认为睡眠不足,想好好休息,42.45%的学生认为学校食堂应该要丰富食品种类,这与施评者认为成绩优秀应该延长晚自修、获得单独辅导、丰富课程内容等直接呈正相关的选项南辕北辙,如果没有通过这种方式和学生进行交流,教师很有可能通过增加晚自修、加大练习量来实现学生提升学习成绩的目标,最终可能适得其反,导致学生成绩大面积下降。这个例子可以很明显地看出,学生作为被评价对象的复杂性和迷惑性,而倾听与交流则是提高评价效果的有效法宝。

二是善于通过分析学生成长记录、实践活动记录来获取增值评价的有效信息。

对学生的行为解释内涵丰富,这与单纯的现象解释有很明显的区别。例如,王同学在睡觉前朗读了一段课文。单纯从背诵课文的这个动作来看,王同学只要动动嘴即可完成这一动作,但是,思考这个简单动嘴背后的意义更重要:为什么王同学要在睡觉朗读课文?是课文需要通过这种方式去记忆,以帮助他在第二天的考试中出类拔萃?还是他有睡觉前自发朗读课文的习惯?抑或是他学习压力大,无法轻易入眠,需要朗读课文释放压力?还是通过朗读使得家人认为他在刻苦学习,以期获得家人肯定和表扬?只有借助行为,追寻被复杂的现象掩盖了的意向,才能真正发现被评价者背后隐藏的真实能力水平和价值观。而这种行为记录就是通过对学生实践活动记录和成长记录进行二次分析后获得的。

(二)评价实施过程中,要让被评价对象(学生)善于自我观察、自我评价

《义务教育质量评价指南》对自我评价提出更高要求,要求将引导学生开展常态化自我评价。从评价手段、评价内容及评价对象上说,学生的自我评价是真正意义上落实微观公平的表现,学生评价的最高境界是让学生学会自我评价,并形成自我评价的习惯,实现自我教育,最后成为完整的人。首先,只有让学生对自身进行评价,其评价的权利、机会和评价资源才能做到公平;其次,从评价形式上看,学生自我评价可以分为生生互评和学生自评,从评价方法上看,既可以采用过程评价,也可以采用量化评价为主要方法。以学生之间互评的形式实现学生自我评价,能够有效提升评价与学习的互促效果,帮助被评价者互相取长补短,共同提高。安全、归属、爱与尊重是学生的基本心理追求,这是让学生投入学习的前提条件,相对于教师与学生之间天然存在的成人与儿童的生理差异,学生与学生之间的评价更容易让学生感受到平等、尊重和包容,学生敢于试错,这就让评价真正促进学习,让学习成为一种积极、愉快的情感和认识体验。这里需要注意的是在进行学生互评过程中,教师应该给予适时指导,一是避免互评变为"单口相声",要注意不同学生之间关系既不是"小教师"与"小学生"的关系,也不是"学优生"与"学困生"的关系,更不是"评"与"被评"的关系;二是避免评价内容空洞,评价结论不客观。学生互评还可能出现的问题是评价出现偏差甚至失效,为避免这种情况出现,教师应该要先了解被评者的背景和能力"拐点",对于不熟悉评价规则的学生或年龄比较小的学生,在评价活动开始前需要明确评价的内容,简化评价标准,以简单的量化评价为主要方法,适时给予指导和示范;对于年龄较大的学生,可以布置较为复杂的评价内容,适当加入质性评价内容。

学生实践活动评价主要以记录表的形式存在,翔实的实践活动记录或日常成

长记录则是对一个人发展极其有价值的评价内容。"均衡·优质·活力"建议评价要点与呈现形式的相关要求,通过实践活动的记录可以一次性关联"均衡·优质·活力"评价的多个二级指标,是一种常用的评价方法。校园生活中常见的实践活动有党团活动、班级活动、学校活动,这些都是以学校班级统一安排实施的,如校园艺术节、运动会、社会实践、军训、主题班会、心理辅导等。还有一类是学生自行参加的提升自身特长、兴趣爱好的自发活动。如校外社会实践、力所能及的社会锻炼。将实践活动从单纯的活动转变为可评价内容都要依托合理的量表,下面罗列的几种案例(如表7-2至7-4所示):

表 7-2 小学生社团活动记录表

社团名称		成员人数	
负责人姓名		班级	
社团宗旨	时间	任务	责任人
活动计划			
预期成果	1.知识水平		
	2.能力水平		
	3.自我评价		
指导教师意见			
学生对教师意见的反馈			

表 7-3 研究性学习活动自我评价量表

课题名称			
学生姓名		指导教师	
学生角色		相关的学科	
体验与收获（自评）			

续表

课题名称						
指导教师评语						
		指导教师　　　　年　　月　　日				
评价指标	评价内容	互评	自评	教师	班主任	合计
情感态度	能够选择符合核心价值观的选题,研究目标研究主体健康向上、有意义。					
学习态度	自主确定研究课题,主动参与课题研究,与同学合作融洽。					
参与程度	承担的研究任务量,个人的作用与承担的责任。					
研究能力	思路清晰,手段、方法科学、合理,过程完整。					
学习成果	结果科学,有一定的价值、有创新。					
总评		等级		班主任(签字)　　　　年　　月　　日		

表 7-4　高中生社会实践活动记录表

姓名		学号	
年段		班级	
活动主题			
活动时间		活动意义	
小组成员		我的职责	

续表

姓名		学号	
证明人或单位			
实践活动报告			
活动对我的影响			

不管是哪种表,基于学校教育的微观公平都强调以学生的自我表达为评价的根本出发点,以利于施评者从观察和倾听的角度了解评价对象在活动中的真实表现。表格设计中要留有学生对施评者意见反馈的余地,这是师生对评价达成共识的重要步骤。同时,以记录表格为评价方式还必须注意到:一是在记录过程中必须由学生亲自记录,既不能由同学、家长代写,也不能由教师代写。二是在写的过程中必须记录真实、已经发生的情况,既不能"天花乱坠",也不能"无中生有",记录事件的选择方面,尽量挑选有助于自身知识水平提升、能力发展、价值观改变的重要事件。三是必须把活动的各种要素交代清楚,如时间、地点、人物,事件起因、经过、结果。四是必须要记录实践活动的成绩和成效,记录过程中既要记录成就,也要坦诚记录失败和教训。五是当前不论是中学的综合素质评价,还是小学今后将要推进的一人一档工作,都要求建立合理的学生过程评价档案,因此要对已经记录的各种表格及时整理归档,并善于将表格内容转化为成长自述,为今后的个人成长档案结论性评价奠定基础。如以下案例:

一张车票[①]

这是我第一次独自一人远行,去看望生病的外婆。父母早就过去了,家里只剩下刚放学的我。可是,我却从来没有只身一人远行过。顿时,我陷入了深深的担心与恐惧之中……

---

① 选自教育部基础教育二司中小学生综合素质评价案例征集,2014年5月,本文略有修改。

但是,还能怎么办呢?只能独自一人坐车了。来到车站,排队买票,好不容易找到了检票口,检了票上车。由于紧张,在车上,我一直紧拽着书包,生怕它被人抢走了似的。这个车走走停停,它每停一次,我都陷入极度的紧张之中,因为怕自己错过了站,找不到回家的路。在这个时候对我来说,时间就是慢慢地在爬,在车上的每一秒钟都是煎熬,因为实在太害怕了,害怕走丢、害怕车上的陌生人……。

终于,车到站了,我舒了口气,逃也似的奔下了车,心里顿时觉得轻松了不少,妈妈早就在出站口等着我了。

回想起来,如果不是那次经历,可能到现在出门我都还需要父母的陪伴。正是因为那次独行,让我明白,人生需要独自行走,经受磨炼。人生还有许多第一次,我们只有勇敢面对,才能真正长大。

从上面的这一案例可以发现,这是一篇低年级学生写的成长记录,她翔实地记载了第一次出行的各种担心、恐惧,总结后明白要勇敢面对困难。记录记载的案例典型,时间、地点、人物、事件清楚,全文没有过多的修饰,偏向写实,记录的最后自己总结出了人的成长要素,是一篇很好的、可以作为评价的记录。

(三)评价实施过程要善于运用大数据和信息技术手段提升评价实效

我们要运用信息技术手段提高评价要素的收集能力,尽量减少评价误差。评价误差是学生评价过程中不可避免的问题,运用信息技术手段参与到学生评价过程中,可以有效提高评价的科学性。前文也说过,当前量化评价、结果评价盛行的主要原因是其评价方法简单,数据采集容易,数据收集后统计、比较都易操作。清华大学全球学校与学生发展评价中心秘书长、方略研究院执行院长胡皖琪提出,要让教育评价落地,离不开教育、数据和技术三轴驱动[①],在具体评价过程中,应该要注意的是:一要将适用于本校的办学理念和育人目标进行针对性的拆解,明确数据的需求种类和类型;二是积极完善数据收集基础设施建设,搭建具有统一接口、便于模块化运用、方便操作的数据收集底层平台;三是要依托收集的学生大数据进行统计分析。通过大量实践我们发现,在具体执行环节中,不是所有评价维度的指标都可以量化并转变为可以呈现的数据,收集的数据也不一定都是结构化的,非结构化数据和半结构化数据在实际评价中大量存在。因此,在平时评价工作中,要针对不同的数据类型处理评价数据,对待结构化数据,如访谈、问卷、量表等,我们可以

---

① 胡皖琪.让数据和技术有效回应教育评价需求[J].教育测量与评价,2021(1):9-11.

有效运用技术手段依据传统数据特征更加方便地利用和追踪。对于大量的非结构化和半结构化数据需要通过技术手段对数据关联性进行分析,这里推荐将教师、学生、技术使用等显性却非结构的数据进行编码,在具体操作中可以参考顾小清教授提出的基于信息技术的互动分析编码系统(ITIAS),依托这一系统对"有趣的七巧板"师生课堂互动行为进行编码标记,从而得到对一堂课中师生互动的全部数据。具体如表7-5所示。

表7-5 基于信息技术的互动分析编码系统(ITIAS)在课例"有趣的七巧板"教学互动行为比例情况[①]

分类		编码	表述	频数	所占比例	
教师语言	间接影响	1	教师接受情感	0	0.00%	12.14%
		2	教师鼓励表扬	16	2.00%	
		3	采纳学生建议	14	1.75%	
		4	提出开放性问题	31	3.88%	
		5	提出封闭性问题	36	4.51%	
	直接影响	6	讲授	191	23.90%	
		7	指示	17	2.13%	
		8	批评	0	0.00%	
学生言语		9	应答(被动反应)	108	13.52%	26.03%
		10	应答(主动反应)	40	5.01%	
		11	主动提问	0	0.00%	
		12	与同伴讨论	40	5.01%	
沉寂		13	教学混乱	2	0.25%	23.53%
		14	思考问题	1	0.13%	
		15	做练习	78	9.76%	
技术使用		16	教师操作技术	35	4.38%	28.16%
		17	学生操作技术	118	14.77%	
		18	技术用于学生	72	9.01%	

通过这张表格,我们可以非常明显地看出教师在整堂课中各个环节中的表现,并可以据此对课堂教学质量和学生学习质量进行评价。

[①] 陈双敏,张燕.基于ITIAS的小学数学只会课堂教学交互行为——以一节部级优课为例[J].教育测量与评价,2021(1):37

第三节　实践案例："均衡·优质·活力"的学生评价

本节选取了众多实验学校中的两个经典课题案例,供读者借鉴参考,案例素材来自相应实验学校自主研究成果。

一、综合素质评价的实践:曾营小学"独善与兼济之人"培育方案[①]

厦门集美曾营小学将培养"独善兼济之人"作为学生培养的最终目标,依托学校教育微观公平的视角,从"均衡·优质·活力"的三大正义理论出发,结合学校育人目标制订了低、中、高三个学段不同要求的学生评价目标,每个层级的评价指标都包含"对自己负责""对他人负责""对集体负责""对家人负责""对社会负责""对国家负责"六个维度的不同目标,以及相对应的18个要素,并以具体的语言表述每个要素的学生行为"关键表现"。这些明确的分层次目标以及通俗易懂的学生日常言行习惯等描述性指标,既有基础的合格指标,也有一定难度的发展指标,使学生、教师、家长都可以进行客观评价。

1.低年级"独善与兼济之人"培育目标(如表7-6所示)

表 7-6

内涵	要素	序号	关键表现	自评	小组互评	家长评	综合评定
对自己负责——自理自护	遵守交规	1	红灯停,绿灯行,黄灯亮时等一等。	★	★	★	★
		2	马路上不嬉戏打闹,不攀爬路边护栏。	★	★	★	★
	学习自理	3	按课程表自己准备学习用品、熟练地整理学习用品、课桌及抽屉。	★	★	★	★
		4	上课前主动做好课前准备,自觉作好课前预习、课后复习。	★	★	★	★
	生活自理	5	能自己洗漱、自己叠被子。自己的书包自己背,不给长辈添麻烦。	★	★	★	★
		6	学会倒垃圾、洗红领巾等简单家务。会整理物品,用完东西放回原处。	★	★	★	★

[①] 该部分材料和数据来自课题实验学校厦门曾营小学研究成果。

续表

内涵	要素	序号	关键表现	自评	小组互评	家长评	综合评定
对他人负责——礼貌待人	尊敬长辈	7	见到长辈能主动向长辈问好。	★	★	★	★
		8	定期与长辈沟通,体会长辈对自己的关爱。	★	★	★	★
	爱护弱小	9	爱护比自己弱小的弟弟妹妹,主动承担帮忙照顾弟弟妹妹的责任。	★	★	★	★
		10	当同伴有困难时,能主动关心他,伸手帮助他,解决问题。	★	★	★	★
	平等待人	11	学会倾听小伙伴的观点,关心帮助小伙伴,和小伙伴共同进步。	★	★	★	★
		12	平等对待每一个同学,不因家庭、身体、智力等欺侮他。	★	★	★	★
对集体负责——爱护公物	爱护班级设备	13	爱护班级内的各种设施,放学要及时关闭门窗及所有电源设备。	★	★	★	★
		14	班级内用完的物品,及时归放回原处。	★	★	★	★
	爱惜学校公物	15	爱护学校公共设施,损坏要自觉赔偿。	★	★	★	★
		16	节约学校电源、水源。	★	★	★	★
	维护社区设施	17	爱护社区内的公共设施,不破坏。	★	★	★	★
		18	见到有人破坏社区公共设施,要主动上前制止。	★	★	★	★
对家庭负责——学会感恩	体会辛劳	19	主动帮家人做一些力所能及的家务事,分担父母的辛劳。	★	★	★	★
		20	长辈累了,能主动为他们捶捶背、讲讲笑话或故事,缓解他们的疲劳。	★	★	★	★
	感恩家人	21	体谅长辈的辛劳,不挑吃穿,不与同伴攀比吃穿。	★	★	★	★
		22	感恩家人的辛苦付出,会主动关心家人,家人生病时能主动问候。	★	★	★	★
	勤俭节约	23	爱惜粮食,吃多少盛多少。	★	★	★	★
		24	爱惜学习用品,还能用的,不浪费。	★	★	★	★

续表

内涵	要素	序号	关键表现	自评	小组互评	家长评	综合评定
对社会负责——文明守则	遵守秩序	25	乘坐公共交通工具时,排队上车,先下后上。不将头手伸出车窗外。	★	★	★	★
		26	观看演出时要做文明观众,不大声喧哗。参加活动准时、有序、守纪。		★	★	★
	保护环境	27	垃圾不落地,垃圾分类放。见到地上有垃圾,能主动捡起放进垃圾桶。	★	★	★	
		28	不踩踏草坪,不攀折花儿和小树。	★		★	★
	诚实守信	29	自己做错事,要主动承认错误。	★		★	
		30	与同伴约好的事情,要做到。	★		★	★
对国家负责——热爱国旗	认识国旗	31	认识国旗,知道国旗的来历。	★	★	★	
		32	知道国旗的图案及含义。	★	★	★	
	高唱国歌	33	会唱国歌。	★		★	★
		34	高唱国歌。	★		★	★
	升旗肃立	35	升旗、奏唱国歌时要肃立、脱帽、行注目礼。	★	★	★	★
		36	少先队员行队礼。	★	★	★	★
主要"志愿服务"情况				要素等级 ★		等级:	

2.中年级"独善与兼济之人"培育目标(见表7-7)

表 7-7

内涵	要素	序号	关键表现	自评	小组互评	家长评	综合评定
对自己负责——自律自信	作息合理	1	早睡早起,不熬夜、不赖床,每天坚持体锻1小时。	★	★	★	★
		2	饮食健康,不挑食,尽量不吃零食。	★	★	★	★
	言行一致	3	诚实,不说大话、谎话;说到做到,做不到的事,不随意承诺。	★	★	★	★
		4	不逞强,不做危险的事情。	★	★	★	★
	展示自我	5	大方地在表达自己的想法,敢于承担力所能及的任务,并努力完成。	★	★	★	★
		6	积极参加学校、社会组织的活动,锻炼自己的综合能力。	★	★	★	★

续表

内涵	要素	序号	关键表现	自评	小组互评	家长评	综合评定
对他人负责——乐于助人	换位思考	7	为他人着想,不给别人添麻烦。	★	★	★	★
		8	尊重他人的隐私,不随意传播让人难堪。	★	★	★	★
	互帮互助	9	乐意帮助他人,尽自己的力量帮助他人,或发动别人的力量来助人。	★	★	★	★
		10	自己解决不了的困难向他人求助,得到他人帮助真诚表示感谢。	★	★	★	★
	拾金不昧	11	不是自己的东西不占为己有。	★	★	★	★
		12	捡到他人的东西要主动归还,归还时不图他人财物的回报。	★	★	★	★
对集体负责——团结协作	团结友爱	13	与同学友好相处,不闹矛盾。	★	★	★	★
		14	关心同学,乐意帮助同学。	★	★	★	★
	学习合作	15	和同学一起快乐地学习、劳动、运动等。	★	★	★	★
		16	关心和帮助暂时落后的同学,一起分享成果。	★	★	★	★
	乐于分享	17	乐于接受他人合理的建议,意见不同时,乐于沟通,虚心向同学学习。	★	★	★	★
		18	乐于与同学分享彼此的快乐,分享学习、生活上的收获。	★	★	★	★
对家庭负责——学会分担	家庭小帮手	19	自己能做到的事自己做,不推给家人做。	★	★	★	★
		20	分担一定的家务活,并坚持做。	★	★	★	★
	家庭协调员	21	关爱家人,不让家人为自己操心。	★	★	★	★
		22	家人闹矛盾时不添乱,尽量劝说家人和好。	★	★	★	★
	家庭开心果	23	多为家人着想,不以自我为中心,经常表达对家人的爱。	★	★	★	★
		24	当家人遇到烦心事时,主动关心。	★	★	★	★

续表

内涵	要素	序号	关键表现	自评	小组互评	家长评	综合评定
对社会负责——服务社区	邻里团结	25	主动与邻居微笑问好,邻居有困难时,乐意帮忙或和家人一起帮忙。	★	★	★	★
		26	不制造噪音影响邻居的生活,公用设施一起使用,不独占。	★	★	★	★
	帮助孤寡	27	和社区里的小伙伴一起玩耍、学习等。	★	★	★	★
		28	关心社区里的老年人,当他们求助时,能尽力帮忙或和家人一起帮忙。	★	★	★	★
	净化社区	29	不破坏社区公共设施,爱护社区公共设施。	★	★	★	★
		30	保持社区环境的整洁,不乱扔垃圾,和家人、小伙伴一起打扫社区。	★	★	★	★
对国家负责——遵纪守法	知法	31	了解道路交通安全规则。	★	★	★	★
		32	了解未成年人受教育权利,了解保障未成年人权益的法律。	★	★	★	★
	守法	33	遵守道路交通规则。	★	★	★	★
		34	不违反法律法规。	★	★	★	★
	用法	35	个人权益受到损害时不害怕,告诉警察、家人或教师,请求帮助。	★	★	★	★
		36	看到违法的行为,在保护自己安全的前提下勇敢地向警察举报。	★	★	★	★
主要"志愿服务"情况				要素等级★		等级:	

3.高年级"独善与兼济之人"培育目标(如表 7-8)

表 7-8

内涵	要素	序号	关键表现	自评	小组互评	家长评	综合评定
对自己负责——自尊自爱	珍爱生命	1	懂得基本的自护,比较客观认识自己、尊重自己、欣赏自我,努力发掘自己潜能,实现自我。	★	★	★	★
		2	有自我保护的意识,掌握一定险境逃生的技能和必要的自我保护技能。他人有生命危险时,能帮助打电话求助。	★	★	★	★
	学会交往	3	了解交往原则,提高与人交往的能力。	★	★	★	★
		4	乐于与人交往,社会适应能力好,懂得同情、关怀弱势群体。	★	★	★	★
	勇于担当	5	事不避嫌,有敢于担当的使命感和敢闯敢试、敢作敢为的勇气。	★	★	★	★
		6	从身边小事做起,敢于承担责任、敢于承认错误、敢于挑战困难。	★	★	★	★
对他人负责——宽厚待人	真诚交往	7	学会换位思考,懂得体谅他人,乐于与别人分享。	★	★	★	★
		8	学会和他人互相帮助,热心帮助学习上有困难的同学;能与他人合作,解决学习上或生活中遇到的难题。	★	★	★	★
	体谅他人	9	感受宽容体谅的力量,学会宽容体谅。	★	★	★	★
		10	善待他人。	★	★	★	★
	信守诺言	11	做到实事求是,言行一致,做事守信用。	★	★	★	★
		12	做到遵守时间,遵守承诺,勇于承担,知错就改。	★	★	★	★

续表

内涵	要素	序号	关键表现	自评	小组互评	家长评	综合评定
对集体负责——热爱集体	个人服从集体	13	懂得个人服从集体是成功胜利的保证。	★	★	★	★
		14	知道要以集体利益为重,做到个人服从集体。	★	★	★	★
	珍惜集体荣誉	15	关心班级,热爱集体,珍惜集体荣誉。	★	★	★	★
		16	懂得作为一名学生,我们成长,成才,成功都离不开集体,只有热爱集体才是真正的成长。	★	★	★	★
	维护集体利益	17	个人利益服从集体利益。	★	★	★	★
		18	以集体利益为重,自觉维护集体。当集体利益受到侵害时,能挺身而出,努力争取。	★	★	★	★
对家庭负责——学会报恩	照顾家人	19	爱家爱父母,能尽自己所能照顾家里的老人和弟弟妹妹。	★	★	★	★
		20	尊敬长辈,帮助父母分担家里的事务。	★	★	★	★
	分忧家事	21	关爱家人,不让家人为自己烦心。	★	★	★	★
		22	学会做简单的饭菜、洗衣服等力所能及的家务事。	★	★	★	★
	理解父母	23	能够体谅父母,能缩短与父母的心理距离。	★	★	★	★
		24	学会如何与父母沟通,真正走近父母。	★	★	★	★
对社会负责——奉献社会	乐于奉献	25	明白"乐于奉献,服务社会"是一个公民的责任。	★	★	★	★
		26	关爱社会,感恩父母。	★	★	★	★
	见义勇为	27	不贸然施救,遇到危险及时寻求成年人的帮助;知道何时怎样拨打110电话求助。	★	★	★	★
		28	力所能及的助人之事,如让座指路等积极去做。	★	★	★	★
	热心公益	29	自觉为同学、班集体服务,在社区中,尽自己所能为社区服务。	★	★	★	★
		30	主动做以义卖、募捐、志愿者为主的公益性活动。	★	★	★	★

续表

内涵	要素	序号	关键表现	自评	小组互评	家长评	综合评定
对国家负责——热爱祖国	胸怀祖国	31	热爱祖国,关心国家大事,珍惜现有的学习环境。	★	★	★	★
		32	激发爱国情感,增强民族自尊心、自信心和自豪感。	★	★	★	★
	树立理想	33	能表达自己的美好理想,懂得树立理想的重要性。	★	★	★	★
		34	联系实际,看到自身不足,明白为实现理想应不怕苦去努力奋斗拼搏的道理。	★	★	★	★
	维护尊严	35	尊敬国旗、国徽,增强国家和民族观念,有维护祖国尊严的愿望。	★	★	★	★
		36	不做有损于祖国尊严的事。	★	★	★	★
主要"志愿服务"情况				要素等级★	等级:		

从评价量表的各级要素和指标设计上我们可以看出,首先,曾营小学在进行学生评价时对施评者的定义进行扩充,将学生自评、小组评、家长评作为量表评价的主体,满足了微观公平"共享正义"这一核心诉求;其次,量表的设计围绕不同学段学生的个体能力发展特点进行个性化的设计,较好地贯彻了素养正义的要求;最后,学生评价量表重点关注的不是学生具体学科学术水平高低,而是不同的学生在思想品德、智力发展、体育技巧、美育修养、劳动技能上存在的差异与发展,全方面考查其在非学术能力维度取得的进展,是一个较为优秀的学生评价案例。

值得注意的是,我们在运用该评价量表时候,要注意做好前期的学习和动员工作,新学期对全体教师和学生进行活动精神的宣传,使每位教师和学生了解"独善兼济之人"的内涵,明确评价目标,即"学校强化管理、制度规范、加大检查、及时考评",根据各学段学生的年龄特点明确"独善兼济之人"为学生评价目标,努力使学校培育"独善兼济之人"工作步上一个新的台阶,同时使学校活动起到真正的教育功效。在教育教学中,教师要强化班级管理,建立健全各项班级培养"独善兼济之人"制度,努力打造班风良好、学风清正的优秀班集体,从而为培养"独善兼济之人"打好坚实的基础。

二、学业评价案例:厦门外国语学校湖里分校分层教学数据分析报告[①]

厦门外国语学校湖里分校创办于2010年5月,是一所新办初中学校,由于该校位于高殿社区,90%以上的生源为外来进城务工者的子女,学生父母教育水平总体偏低,人口素质参差不齐。为解决"好生吃不饱,差生吃不好"的问题,近几年,我校毕业班(初三)实施分层教学。

本数据报告,收集并分析了2015级、2016级和2017级毕业班学生分层教学实施前后,八下和九下的成绩对比情况。报告主要从年段均分、优秀率、及格率和超均率四个方面进行对比分析,其中超均率算法为:(年级均分－区均分)÷区均分,它可以比较直观反映学校考试成绩进退情况。2015级和2016级毕业班分层模式为:A、B、C三层,即从年段数学英语综合成绩抽出前80名同学组成A层,数学英语综合成绩后50名同学组成C层,剩下同学组成B层,分别由专门各层的数学和英语教师进行授课;2017级毕业班分层模式为:A、B两层,主要从年段成绩抽出前80名同学组成A层,其余同学为B层,A、B两层分别有专门两层所有学科教师进行授课。

从表7-9、7-10和图7-2可看出,对比2015级毕业班数学和英语分层前后的数据,学生在年段均分、优秀率和及格率都有明显增长,从区均分可以看出两次考试难易度不同,相比九下考试,八下难度更大,部分学生成绩提升是由于考试难度下降,但对比超均率,各层学生进步明显,总体增长,尤其数学C层和英语的B、C两层,超均率都相比八下进步较大。数学A层、B层进步不够明显,英语A层超均率有些许下降,这跟初次分层和教师经验存在一定的关系。

表7-9 2015级数学学科八下、九下市质检成绩对比

分析对象		年段平均分	区平均分	优秀率	及格率	超均率(与区比)
A层	八下	114.3	91.4	65.3%	100%	25.1%
	九下	130.9	103.7	95.8%	100%	26.1%
B层	八下	91.7	91.4	0%	60.1%	0.32%
	九下	105	103.7	4.3%	75.6%	1.3%

---

① 该部分材料和数据均来自本课题实验学校厦门外国语学校湖里分校的研究成果。

续表

分析对象		年段平均分	区平均分	优秀率	及格率	超均率(与区比)
C层	八下	30.2	91.4	0%	0%	−67%
	九下	51.3	103.7	0%	0%	−50.5%

表 7-10　2015 级英语学科八下、九下市质检成绩对比

分析对象		年段平均分	区平均分	优秀率	及格率	超均率(与区比)
A层	八下	114.9	84.8	52.5%	100%	35.5%
	九下	134.4	100.5	96.3%	100%	33.7%
B层	八下	73.7	84.8	0%	28.1%	−13.1%
	九下	102	100.5	5.3%	58.7%	1.5%
C层	八下	31.7	84.8	0%	0%	−62.6%
	九下	48.7	100.5	0%	0%	−51.5%

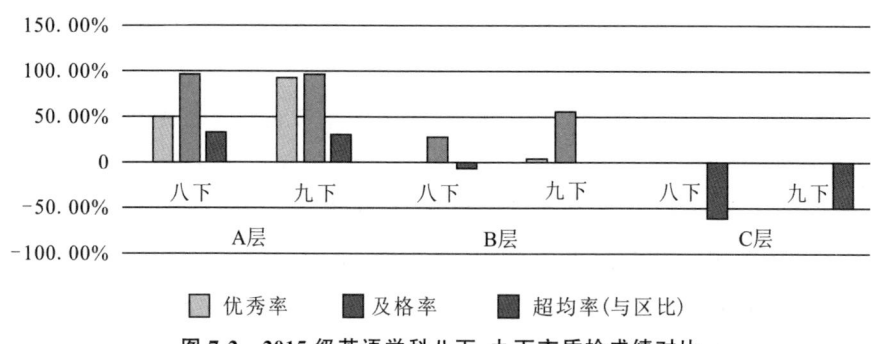

图 7-2　2015 级英语学科八下、九下市质检成绩对比

从表 7-11、7-12 和图 7-3、7-4 可看出,由于实施一年的分层教学,教师经验和年段各方面管理较以往都有提高。对比 2016 级毕业班数学和英语分层前后的数据,学生在年段均分、优秀率和及格率都有明显增长。各层超均率也均有提升,尤其是数学 C 层和英语 B 层,有近 10 个增长点。其余各层的超均率也有一定的提升,相比 2015 级没有出现退步的现象,但增长幅度不是很大,需要在分层教学模式中再做调整,找到适合该校学情的分层教学模式。

表 7-11 2016 级数学学科八下、九下市质检成绩对比

分析对象		年段平均分	区平均分	优秀率	及格率	超均率(与区比)
A 层	八下	111.6	84.7	13.8%	100%	31.8%
	九下	128.1	94.6	36.2%	100%	35.4%
B 层	八下	80.4	84.7	0%	33.9%	−5.1%
	九下	90.8	94.6	1.5%	51.8%	−4.01%
C 层	八下	28.4	84.7	0%	0%	−66.5%
	九下	41.3	94.6	0%	0%	−56.3%

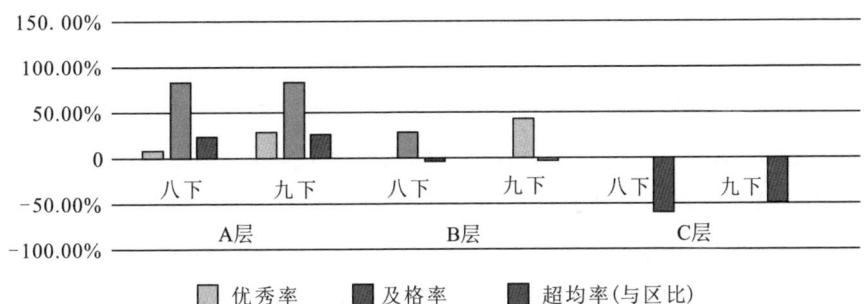

图 7-3 2016 级数学学科八下、九下市质检成绩对比

表 7-12 2016 级英语学科八下、九下市质检成绩对比

分析对象		年段平均分	区平均分	优秀率	及格率	超均率(与区比)
A 层	八下	130.3	97	100%	100%	34.30%
	九下	137	100.8	100%	100%	36%
B 层	八下	87.9	97	4.70%	53.60%	−9.40%
	九下	100.2	100.8	23.50%	69.50%	−0.6%
C 层	八下	35.5	97	0%	0%	−63.40%
	九下	39.2	100.8	0%	0%	−61.10%

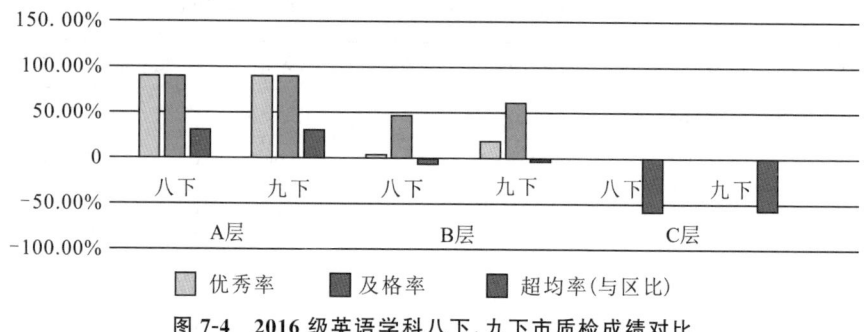

图 7-4　2016 级英语学科八下、九下市质检成绩对比

2017 级毕业班为全学科分层,分 A、B 两层,本数据分析数学、英语、道法和物理四个学科八下和九下各科年段均分、优秀率、及格率和超均率的对比情况。从数据可以明显看出(见表 7-13～7-16 和图 7-5～7-8),除英语学科 B 层的优秀率和及格率有小幅度下降外,其余各科各层年段均分、优秀率、及格率均有增长。对比各科各层的超均率,数学 A 层有小幅度下降,其余学科都是上升。可见全学科分层对我校毕业班学生总体起到促进作用,但仍旧存在一定问题,需要再接下来的分层教学中进一步优化和提升。

表 7-13　2017 级数学学科八下、九下市质检成绩对比

分析对象		年段平均分	区平均分	优秀率	及格率	超均率(与区比)
A 层	八下	109	88.57	9.75%	100%	23.10%
	九下	122	100.4	66.10%	100%	21.50%
B 层	八下	80.3	88.57	0.50%	52.90%	−9.33%
	九下	95.2	100.4	6.52%	56.80%	−5.17%

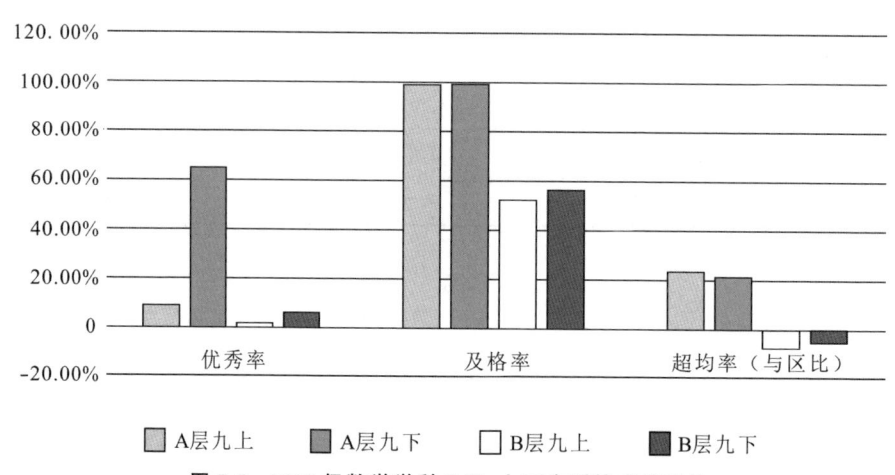

图 7-5　2017 级数学学科八下、九下市质检成绩对比

表 7-14 2017 级英语学科八下、九下市质检成绩对比

分析对象		年段平均分	区平均分	优秀率	及格率	超均率(与区比)
A 层	八下	136.5	102.1	97.45%	100%	33.70%
	九下	139	100.28	98.70%	100%	39%
B 层	八下	86.6	102.1	53.80%	53.80%	−15.18%
	九下	86.8	100.28	52.30%	52.30%	−13.40%

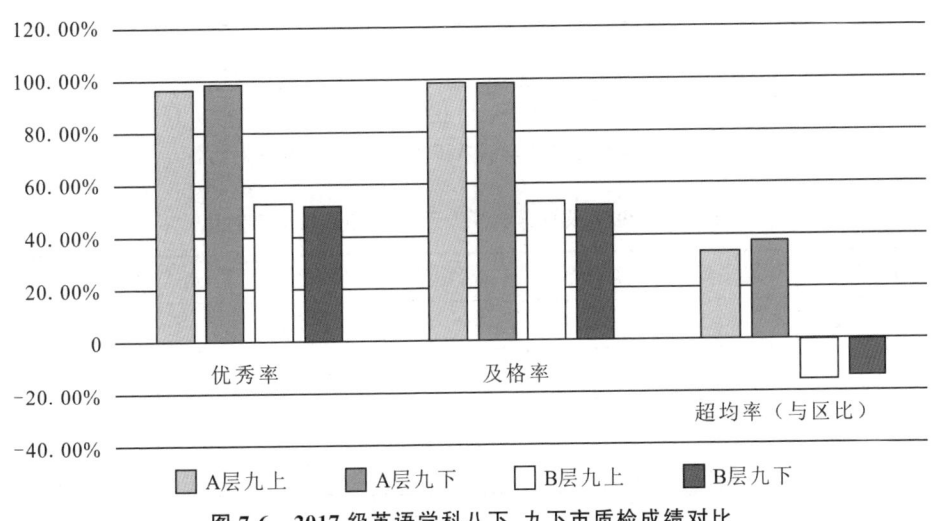

图 7-6 2017 级英语学科八下、九下市质检成绩对比

表 7-15 2017 级道法学科八下、九下市质检成绩对比

分析对象		年段平均分	区平均分	优秀率	及格率	超均率(与区比)
A 层	八下	88.40	74.30	94.85%	100%	18.90%
	九下	91.10	73.70	96.15%	100%	23.60%
B 层	八下	71.43	74.30	36.20%	85.10%	−3.86%
	九下	75.40	73.70	52.20%	87.00%	2.30%

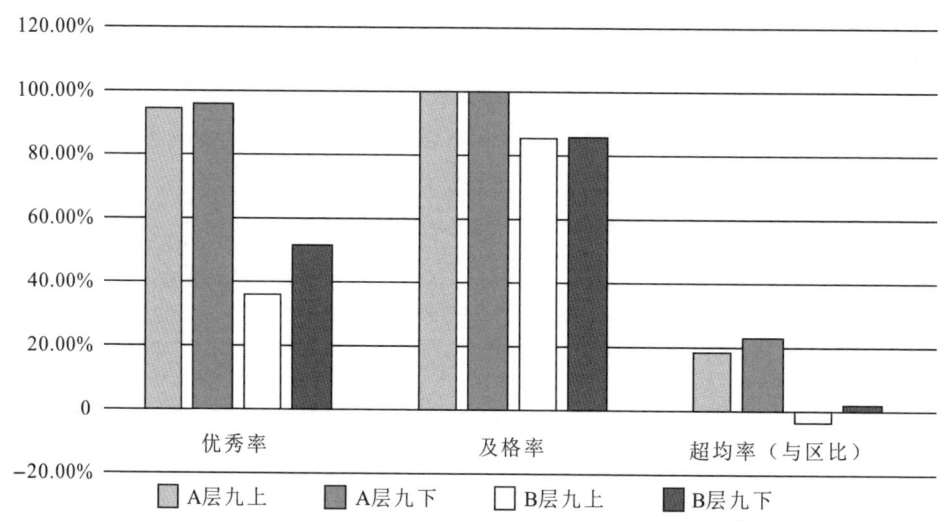

图 7-7　2017 级道法学科八下、九下市质检成绩对比

表 7-16　2017 级物理学科八下、九下市质检成绩对比

分析对象		年段平均分	区平均分	优秀率	及格率	超均率(与区比)
A 层	八下	78.3	58.01	38.75%	100%	34.98%
	九下	79.98	62.71	52.55%	100%	37.87%
B 层	八下	52.38	58.01	2.10%	46.80%	−16.50%
	九下	56.68	62.71	4.30%	51.10%	−9.60%

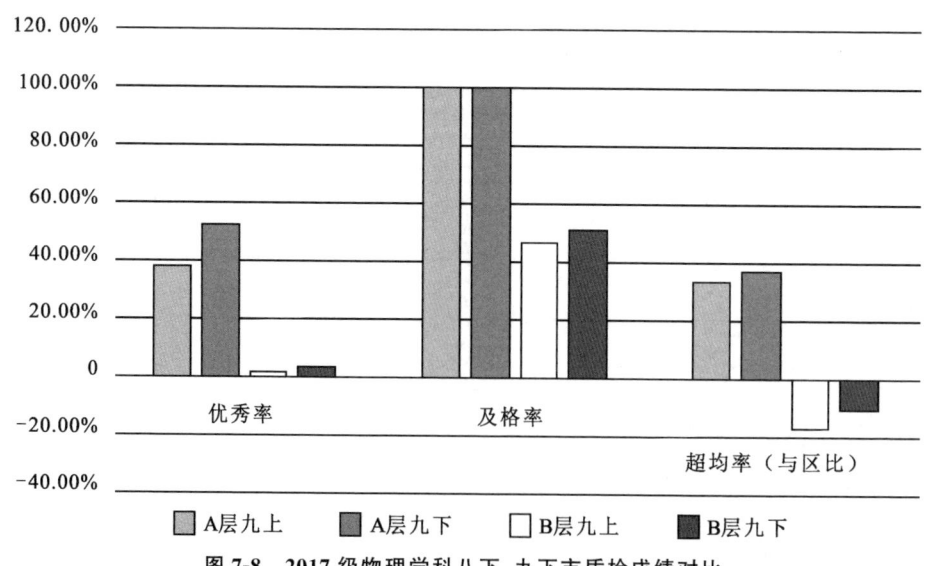

图 7-8　2017 级物理学科八下、九下市质检成绩对比

总之，上述两个案例中，一个是非智力因素的综合素质评价，一个是学业成绩评价。前者是将学生评价指标变细，赋值星级，有利于学生的行为习惯养成，为学生的学业成绩奠定基础。后者采用分层教学，整体效果也是提升了的。两种评价都促进了优质，促进各种层次的学生的均衡，尤其综合素质评价，要求比较全面，对学生素养的均衡发展起到很好的引导作用。

第八章　基于微观公平的教师公平素养提升

教师是主导学校教育过程公平的关键主体,在当前以"均衡"为主要指标的教育公平目标中,教育教学过程发展有可能实现"双高"的优质均衡态,更有可能是出现"双低"的薄弱均衡态,也就是一度被学者批评的"削峰填谷"状态。无论是优质均衡态还是薄弱均衡态,本质上均由教师队伍的素质即教育理念、态度与教育技能水平所决定。

教师是否能够坚持教育公平的理念,并具有实践教育公平的能力和行为,成为教育公平是否能够落到实处的关键。德国哲学家雅斯贝尔斯曾说过:"教育是一棵树摇动另一棵树,一朵云推动另一朵云,一个灵魂唤醒另一个灵魂。师生之间的相处是需要建立在平等的基础之上,以爱为桥梁,相互沟通感染、共同进步的过程。"[①]教师职业道德中,"关爱学生"是一条举足轻重的规范,要求全体教师关心、爱护全体学生,尊重学生人格,平等公正对待学生。无论是学校教育资源的分配还是积极教学方法的应用,以及学生评价内容和方式的选择,能否渗透公平理念,能否促进学生的公平发展,都取决于教师的教学态度与行为。相应地,教师是否具备公平理念并能够落实于教育教学过程,与教师对公平理念的理解、专业水平以及自身的公平感受密切相关。基于微观公平的教师综合素养提升,主要在于积极促进教师专业发展,让教师拥有尊严并享有职业成就感。

第一节　基于三大正义的教师公平理念与行为内涵

教师的公平意识(价值观)影响其教学行为,且成为影响教学过程公平的关键

---

① 〔德〕卡尔.雅斯贝尔斯.什么是教育[M].邹进,译.北京:三联书店出版,1991.

因素。有研究表明,教师支持可解释学生主观幸福感变异的16.0%;[①]教师情感支持越高,学生越快乐,其生活满意度也越高。[②] 因此,"教师公平"是学校教育微观公平必须重视的核心要素之一。那么,什么是"教师公平"？代表性的观点,是将"教师公平"阐释为三个维度:一是教师资源的公平分配;二是教师在学校体制中能够得到公平的对待,获得物质、荣誉的平等待遇,获得情感尊重;三是教师的良好素质、教师的公平感会在一定程度上更好地促进教师公平地对待学生,使得学生在情感上感受到教师的公平,从而促进学生更好地发展[③]。这概括了大部分研究者对"教师公平"的内涵维度理解。

我们认为,"教师公平"至少包括三个维度:教师公平意识(教育价值观)、教师个人公平感受和教师公平教学行为影响。其中,教师教学行为的公平性包括两个方面:一是平等对待所有学生,二是能够给予每个学生适合的教育。两者的融合,不仅要求为师者具有崇高的师德,积极的教师职业情感(具有爱心、责任心、同理心);还要求教师具有较高的专业能力和与人(主要是学生)的沟通理解能力,能够实施高质量的教育和教学。

一、教育过程微观公平需要什么样的教师

教师的职责是传道、授业、解惑,因此,教师必须具有道德教育、学科知识教育、解决问题能力培养等专业素养和综合能力。在21世纪,对于人的培养已经提升到核心素养的培养,这对教师提出了更高要求,教师不再只是知识的传授者,而应该是有思想的实践者、有发现的研究者、有创生能力的变革者[④]。我们认为,新时代教师的综合素养可以从以下四度维度来考察:教师是否善于处理与学生的关系、与学科的关系、与自我的关系、与教育变革的关系。体现在教学行为上,包括:教师对课程的建构行为(或教师对专业的追求行为),教师与学生在课堂教学中的互动行为,教师对学生的学业评价行为。体现教师的非教学行为上,包括:教师的管理行

---

① Suldo S, et al. Teacher support and adolescents' subjective wellbeing: A mixed-methods nvestigation[J]. School Psychology Review, 2009(1):67-85.

② Guess P, McCane-Bowling S. Teacher support and life satisfaction: An investigation with urban, middle school students[J]. Education and Urban Society, 2016(1):30-47.

③ 王芳."教师公平"研究的路径构建[J].河北科技师范学院学报(社会科学版),2018(2):116-119.

④ 周秋莺."新"基础教育与学习共同体的思维碰撞[J].福建教育学院学报,2018(9):6-10.

为,教师与学生的个人交往行为,教师对学生的综合评价行为。

那么,为了学校教育过程微观公平目标的实现,学校教师需要具有什么样的素养呢?日本教育家佐藤学先生为共同体学习,提出了三个条件作为教师的基本原则:"尊重每一个学生的学习、尊重教材所隐含的内在学习发展性、尊重每一个教师自身所秉持的哲学"。其中包括教师需要处理的四大关系中三个关系维度的要求,我们认同其成为微观公平实践的教师素养要求。同时,我们可以回到三大正义理论阐释教师公平(正义)行为的表象(指标)。

(一)基于共享正义:教师应具有尊重每一个学生学习的态度与能力

尽管大部分教师认为自己的教育教学行为具有公平性,并认为目前的学校教育过程公平层次较高。但现实中,很多学校还是存在微观歧视行为,较明显的是学校的主要弱势群体"学困生"常常处于被忽视甚至被排挤的状态,教师在他们身上投入较少的期待、关注和感情。如"学困生"在生活中,很少得到教师的关心与尊重;在课堂师生互动上,难以获得公平的交流机会;在课堂提问环节,常被分配低难度、事实性的知识;在班级建设方面,缺失应有的话语权,被遗忘在边缘地位。在部分教师不当行为的影响下,学困生在班级生活中常常遭遇教师的冷暴力,得不到应有的关注。

平等的师生关系是教育过程公平的前提,应该说,当前大部分学校教师已经具有师生平等理念,然而,在几千年的封建等级文化的残余影响下,建构平等的师生关系仍然任重而道远。比如,在课堂教学过程中,教师仍然把控着课堂的节奏和学生的一举一动,学生处于被动服从的地位。在班级建设方面,多数教师奉行的亦是"重约束少参与"的管理方式。对于班规的制定,虽然有通过民主方式产生的案例,但是大多数情况下,班主任仍然掌握着绝对的话语权,学生仅在教师允许的范围内发表意见;在教室布置陈列、班级各类活动是否举办及举办的方式、哪些学生可以参与班级建设等方面,教师角色的分量亦比学生重要;在课堂教学过程中,单向"独白"式的教育模式——教师作为知识的传授者,学生作为知识的接收者——促使师生之间缺乏情感交流、理性讨论,最终导致教师"话语霸权"和学生"话语缺失"。

以人为本的教育过程微观公平,"学习为中心"的落地,依赖教师对每个个体学习的尊重与学习潜能的激发。大部分学者认为,在班级授课制下实现教育过程微观公平,需要将教学组织形式变为合作学习形式,将因材施教转变为顺势为学①。其中,教师组织公平感各维度能够显著地影响其课堂教学行为,即程序公平、领导公平和信息公平感越高,其主要教学行为、辅助教学行为和课堂管理行为越好。②著名文学家冰心曾说过:"世界上没有一朵鲜花不美丽,也没有一个学生不可爱。"每个学生都是一本需要仔细阅读的书,是一朵需要耐心浇灌的花,是一枝需要点燃的火把。如果学生生活在批评中,他就学会了谴责;生活在鼓励中,他就学会了自信;生活在认可中,他就学会了自爱。具有现代公平理念的教师,必须学习理解多元智能理论,理解每个人是如此不同的,每个学习者的差异可以构成丰富的学习态势。倾听是尊重的外在表现,尊重是倾听的必要前提,教师必须能够倾听每个学习者的内心的声音和需求,与学生共同探讨学习问题;在应答学生的关系中,认真倾听学生,充分尊重学生(包括学生的思考、情感),以此引发每一个学生的可能性,实现每一个学生的学习权。基于此,优秀的教师不再是以往学习的"权威者"形象,应成为一名"专家型"的学习者,即尊重每个学习者,创造一个平等、民主的学习氛围。

(二)基于素养正义:教师应具有尊重并生发教材所隐含的内在学习发展性的能力

课程教材与学习的主要资源,更是学生知识能力建构的方向指引,教师的教学公平是学校微观公平的核心要素之一。实现教学公平,尊重教材应该遵循三个原则:回到教材、理解教材、突破教材。中小学教材是根据课标编写的,新课标背景下的教材,越来越具有时代特点与未来教育特点:以培养学科核心素养和综合素养为指导,实行模块、大单元编写,教材之中蕴含了促进学生内在学习发展性的能力要素。因此,教师要在尊重教材的知识体系和目标要求的前提下,突破传统思维,充分理解教材中隐含的核心素养概念与内容,根据所教学生的知识结构重构教材,不断创新教学方法,深度挖掘课堂的教学问题,在实际教学活动中实现核心素养的逐步渗透,才能生发教材所隐含的内在学习发展性。

---

① 吕星宇.中小学教师对教育过程公平的认识与行为水平调查[J].教育科学论坛,2013(9):55-57.

② 林永柏,许艺馨,杨明.农村教师组织公平感现状及提高对策的研究[J].教育科学,2016(6):45-49.

（三）基于关系正义：教师应具有尊重每个教师自身所秉持的哲学的素养，能够不断反思，共同教研

佐藤学根据教师"不想在同事间暴露自己的弱点"的心理，提出教师与教师之间的"合作性同事"，并作为学校教育改革的重点方向之一。组织教师成立小组，一同分析、学习新的课程教材，分享自己的感悟，共同设计教学方案，并通过公开课的形式，让教师的教学向彼此公开、向社会公开，形成"教师共同体"。这就要求学习共同体在具体操作过程中培养"文化形态"，包括培养师生之间相互关心、相互支持的文化；培养共同体成员间相互信任与理解与分享的文化，以达到"文化化人"的效果。①

二、教师公平概念与公平感知的内涵

（一）教师公平意识的影响

已有的研究大部分针对教师"是否知道"什么样的教学是公平的、其教学行为和策略"会不会"保证教学公平的问题；这些研究既有针对乡村教师的，也有针对城市教师的，既有调查研究，也有实证分析。

公平敏感性概念的引入，为组织公平问题的研究提供了一个新的角度，解决了过去亚当斯公平理论忽视个体差异性的问题，指出了个体对公平的偏好是稳定且因人而异的，教师对公平认知的个体差异性会直接影响他们对工作的满意程度与幸福感受，而最终会反映在作为结果的工作绩效上②。

（二）教师个人公平"获得感"

教师的公平感应从几个方面考察？其影响因素有哪些？当前，对教师自身的公平待遇和公平感受的研究有少量涉及，主要方向有教师付出与获得之间的平衡问题、同一群体中因为性别、职称、婚姻、学历等不同所产生的公平感差异问题、教师公平感对教师行为的影响问题等。

已有研究比较有共识的是，教师情绪也是教学公平的"促进者"，既不能"漠视"

---

① 周秋莺."新"基础教育与学习共同体的思维碰撞[J].福建教育学院学报，2018(9)：6-10.
② 温亚萍.城市高中教师公平敏感性、工作幸福感、工作绩效及其关系研究[D].桂林：广西师范大学，2014.

更不能"敌视",而要"正视""正面对待"教师情绪①。姜超、邬志辉的研究指出农村教师存在不公平感,工作满意度较低,这会对农村学校的教育教学质量产生负面影响②;岳贤蓉和肖冬丽则从心理契约与组织公平感角度研究了教师公平心理缺失的内外因③。杨天平指出教师持久的工作动力来自事业的成就感、社会和领导承认的荣誉感、被委以重任的责任感、能永远从事自己所酷爱工作的一种满足感和不断地得到个人提高和发展的上进感④。潘孝富等采用问卷调查法,检验教师组织公平感与组织公民行为之间关系以及教师工作倦怠在二者之间的作用。对来自重庆和湖南郴州共32所中小学1325名教师的调查数据进行层次回归分析、中介效应检验和优势分析,结果显示:学校组织程序公平是教师组织公民行为的显著正向预测变量;教师工作倦怠是教师组织公民行为的显著负向预测变量;教师工作倦怠在教师组织公平感与其组织公民行为关系之间有显著的中介作用,其中热情枯竭和成就丧失的中介效应更为显著。⑤

如何提升教师的公平获得感,推动教师的公平教学?许多研究者都认可构建公平、公正的教师评价制度与体系促进教师公平。主要观点有:应承认教师的权益和发展空间,建立"以人为本"的教师评价价值体系,促进学校管理的有序发展⑥;要从教师公平的角度重构评价体系,从而实现教师公平⑦;则从教育体制、学校管理、教师心理特征角度来分析公平心理,进而提出培养教师的公平感或者公平心理⑧;学校领导和教师要形成正确的"公平观",建立促进教师发展的评价机制,创建公平的组织文化,多渠道搭设平台,让每一个教师都有做"主角"的机会。⑨

---

① 曾文婕."正视"教师情绪——教学公平研究的应有取向[J].中国教育学刊,2009(7):79-82.
② 姜超,邬志辉.农村教师工作满意度形成机制分析——以亚当斯公平理论为框架[J].教育导刊,2015(7上):83-86.
③ 岳贤蓉,肖冬丽.管理视阈下的教师公平心理的缺失与构建[J].产业与科技论坛,2009(1):157-158.
④ 杨天平.学校常规管理学[M].北京:人民出版社,2004:693.
⑤ 潘孝富,谭小宏,秦启文,等.教师组织公平感与组织公民行为:工作倦怠的中介作用[J].心理发展与教育,2010(4):409-415.
⑥ 魏坤.管理视野下教师评价的公平正义问题探讨[J].太原师范学院学报(社会科学版),2011(2):150-152.
⑦ 陈炳飞."教师公平"视野下教师评价机制的重构[J].教学与管理,2007(12):19-22.
⑧ 阎蔚.论公平理论对教师激励的应用[J].浙江教育学院学报,2005(2):6-10.
⑨ 李飞.教师管理中的公平机制[J].现代教育管理,2010(12):80-83.

第二节　问卷调查:教师对当前学校教育微观公平的认知

教师能否成为促进教育质量公平的重要助力,很大程度上取决于教师个人的公平感知,因为工作满意度是影响教师组织行为的重要变量,教师对学校微观公平的直接感知能反映整个学校微观公平的态势。同时,教师的公平获得感也直接影响了其教育教学实践行为的公平性。那么,教师是如何看待微观公平的?他们的关注度在哪些地方?在教师眼里又该如何促进教育公平?影响教师公平感知和实践公平的主要因素有哪些?

许多人认为,在看似公平、公正的学校生活中,隐藏着许多非外显的教育歧视现象。这种歧视以微观的方式存在于所谓的"好生"与"差生"之间、农村学生与城市学生之间、教师与学生之间及男生与女生之间。然而,教师自身如何看待当前的学校教育微观公平程度呢?

2017年,我们以教师为问卷对象,对当前学校的教育微观公平程度进行了调查。问卷设计涉及影响教育过程的四个关键维度:学校制度公平、教师班级管理公平、教师教学过程公平、家校合作公平。我们认为,在这四个方面,教师最能感受与实施公平。

本次调查问卷主要是通过在线平台进行发放、收回。总浏览量为2576,完成为1517份,平均答题用时6分32秒,完成率为59%。回答问卷的有普通教师、班主任、学校中层领导和校长。学历层次以本科生居多,占72.25%,其次是大专,占22.74%,研究生占2.70%;高中或中专占2.31%。调查对象来自全国各地,东部、西部、中部还有少数是来自港澳台地区。来自不同类别的学校,有大城市的,也有小城市的,还有城镇和农村地区的。

综上所述,本次调查对象覆盖面较广,代表性较强,具有一定的参考价值。

一、教师对教学过程的自我公平认知总体积极

无论是从宏观上说还是从微观上说,教育公平最终都会落实到每一个学生所接受的教育的程度上,而真正体现教育公平的环节,就是教学的过程。一个教师能否考虑每一个学生的现有的学习水平,能否根据每个学生的个性设计教案,以及找到适合不同学生的教学方法,都无时无刻不体现着教育的微观公平。为此,我们将

教学过程公平划分为课程设置、教学设计、教学实施、评价等几个维度。

(一)关于课程设置公平度

课程设置是以人为培养目标的具体体现,"是学校教育的灵魂,是任何教育研究都无法回避的核心问题"。[①] 课程设置对于学生发展而言,是基础,也是教育所要达成目标的基本载体。其是否公平,决定教师对自己所教学科的认同程度,也必将影响教师教学的成就感和效能感。

本次的调查问卷结果显示(如图8-1),对于课程设置是否适合所有学生学习的问题,认为课程设置基本适合的教师占70.07%,非常适合的占25.91%,基本不适合的占3.36%,非常不适合的占0.66%。说明大部分教师们认为当前学校的在课程设置基本符合学生的水平,只有少数教师认为是不太适合的。

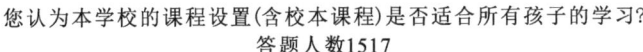

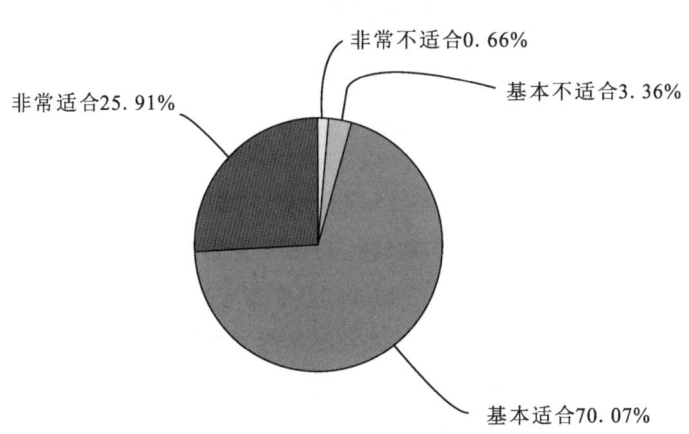

图 8-1　课程设置的适合度调查

(二)关于教学设计公平度

教学过程公平不仅是一种结果,也是一种过程,而要让过程公平,需要有针对公平的教学设计。这一公平体现在教学设计能否针对学生的需要。教学设计就是教师根据班级学生的实际需要和特点,以及所教课程的内容,将课程目标转化为单元或课时目标,并对这种目标加以分解和细化,据此选择适当的教学模式、教学策

[①] 曲铁华,马艳芬.论教师专业化与职前教师教育课程改革[J].教育科学,2004(4):4.

略、教学方法和教学程序,对照目标检测教学效果的一种安排。[①]

调查结果显示(见图8-2),有58.27%的教师课前能够考虑不同学生的学习需求而进行教学设计,39.68%的教师自认为基本能够考虑学生需求而进行教学设计,仅有2.04%的教师坦诚自己的教学设计没有考虑学生需求。这说明了大部分教师已经具有基于学生需求进行教学设计的认知或能力,这在很大程度上证明教师们对差异教学、因材施教的认同,但实际课堂教学实践如何呢?

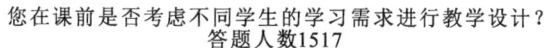

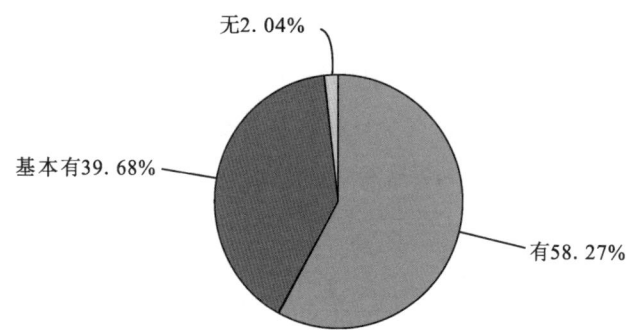

图8-2 按学生学习需求教学设计的调查

PISA2015在论证科学课堂的适应性教学时指出,"教师根据学生个体知识、能力以及需求不同调整教学,是教学触及所有类型学生的关键"。据PISA2018对教师课堂教学的考查,"调整内容""个别指导""改变安排"三个方面具体考查了语文课堂中适应性教学的使用情况,并将学生回答合成适应性教学指数。我国四省市(京、沪、苏、浙)教师适应性教学指数为0.38(OECD平均水平为0),在参测国家(地区)中排第4位,表明四省市教师能根据学生情况调整教学。从国际上看,阅读素养高表现国家(地区),其适应性教学指数也高。具体到不同适应性教学策略上,我国四省市语文课堂中比较常见的是"调整内容"和"个别指导"。30.0%以上的学生在"每节课或几乎每节课""很多课"上都能感受到教师调整授课内容、给予个别指导[②](具体见表8-1)。

可见,在我国发达区域,学生对课堂的公平感受度与本课题对教师的课堂教学

---

① 全国十二所重点师范大学联合编写.教育学基础第三版[M].北京:教育科学出版社,2014:213.
② 贾瑜,张佳慧.2PISA2018解读:中国四省市教师课堂教学现状分析——基于中国四省市PISA2018数据的分析与国际比较[J].中小学管理,2020(1):16-20.

公平度理解比较一致。

表 8-1　PISA2018 中国四省市适应性教学使用情况及与学生阅读成绩的关系①

适应性教学策略	学生比例(%)		阅读成绩(分)
教师根据我们全班的需要和知识基础，对授课内容做出调整(调整内容)	每节课或几乎每节课	31.1	565
	有很多课	33.5	560
	有些课	28.0	544
	没有或几乎没有	7.4	542
学生理解某一主题或任务遇到困难时，教师会给予个别指导(个别指导)	每节课或几乎每节课	33.4	561
	有很多课	32.9	556
	有些课	28.4	551
	没有或几乎没有	5.2	540
当大多数学生对某一主题理解有困难时，教师会改变课堂的教学安排(改变安排)	每节课或几乎每节课	26.1	564
	有很多课	26.9	560
	有些课	32.2	550
	没有或几乎没有	14.8	545

（三）关于课程实施公平度

课程实施是把编制好的课程计划付诸实际的过程，是实现预期的课程理想、达到预期课程目标的基本途径。对课程实施的研究所关注的焦点是课程计划在实际上所发生的情况以及影响课程实施的种种因素。②

教育微观公平同时表现在课程实施上。学生总是存在着差异的，这种差异体现在心理的各个方面，正是由于这种差异的存在，需要教师按照学生的差异提出不同的学习目标，以及针对学生的差异实施课程。

调查显示（如图 8-3），教师认为基本做到差异实施课程的占 67.37%，做得非常好的占 28.61%，做得非常不好的占 4.02%。

---

① 贾瑜,张佳慧.2PISA2018 解读:中国四省市教师课堂教学现状分析——基于中国四省市 PISA2018 数据的分析与国际比较[J].中小学管理,2020(1):16-20.
② 施良方.课程理论——课程的基础、原理与问题[M].北京:教育科学出版社,1996:128.

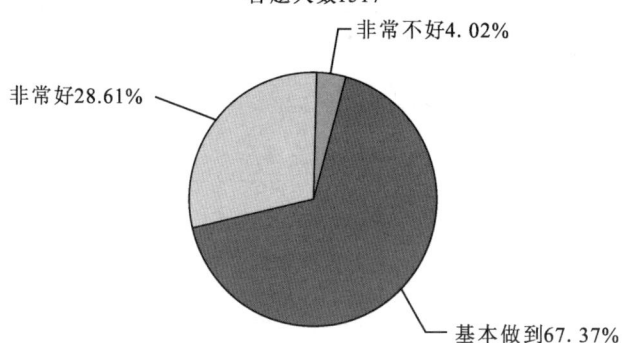

图 8-3　课程实施过程针对学生差异的程度调查

在针对教师授课过程中是否关注每个学生的成长需求的调查中(如图 8-4),教师有关注到每个学生成长需求的占 60.51％,基本有的占 38.37％,没有的占 1.12％。

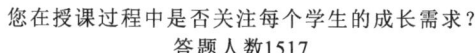
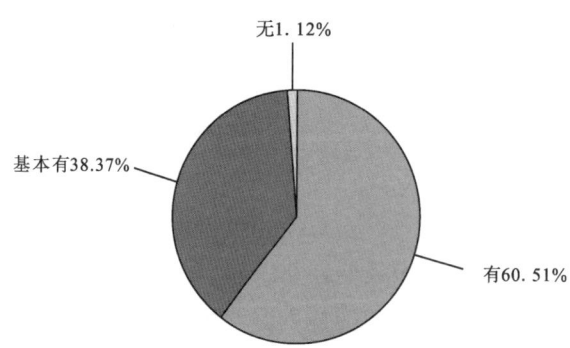

图 8-4　教师能否针对学生不同布置教学任务的调查

在针对教师在布置学习任务时有没有针对不同学生设计不同的方案的调查中(如图 8-5),教师认为"有"的占 49.77％,认为"基本有"的占 42.65％,认为"没有"的 7.58％。

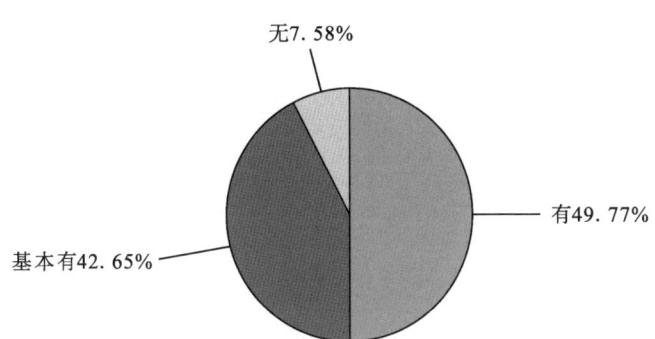

图 8-5　教师授课过程中是对学生成长需求关注度调查

（四）关于教学评价公平度

教学评价是对教育效果进行的价值判断，就是通过各种测量，系统地收集数据，从而对学生通过教学发生的行为变化予以确定。教学评价的对象是学生的学习过程及其结果，评价者是任课教师。[①]

教学评价的对象很多，其中，对学生的评价是重要的内容。当今世界教育的发展趋势表明，成长性评价是一种发展趋势，其基本的理念是关注学生成长，并以学生成长作为重要的理念和指导思想。

调查显示（如图 8-6），教师认为能根据学生的学情进行成长性评价的占61.50%，认为"基本有的"占 35.73%，认为"无"的占 2.77%。说明在课程之后的课程评价，教师并不局限于仅仅以分数作为评价的标准，大部分能够灵活地进行成长性评价，只有少部分忽视了成长性评价。

---

① 李秉德.教学论[M].北京：人民教育出版社，1991：56.

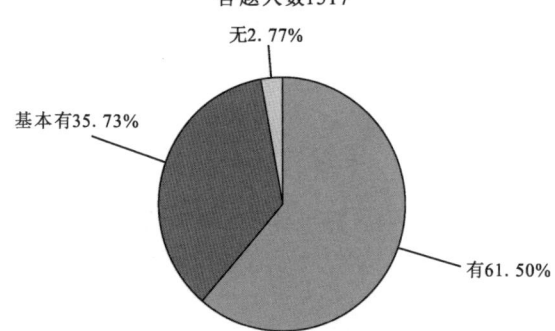

图 8-6 教师针对不同家庭阶级出身的学生态度调查

在现实中,存在着对来自不同阶层的学生有着差异对待的事实,因此,本次调查也在对学生的评价中设计了"针对不同家庭阶层一视同仁"的问题,有 79.43% 的教师表示能够做到一视同仁,有 20.37% 的人基本做到,只有 0.2% 的人无法做到一视同仁。说明教师对学生的阶级歧视问题几乎不存在。

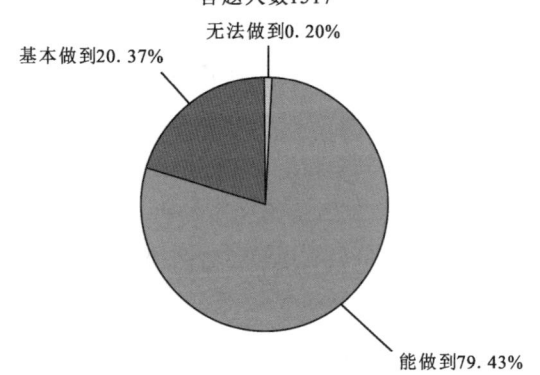

图 8-7 教师根据学生特点进行成长性评价的调查

(五)家校合作满意度

家校合作强调的是基于家校间合理、公正的关系,家长真实参与到学校场域中的各类活动,如参与学校的教学、管理、组织等领域,以及各类家校联系、家校沟通等前提性活动,也包括在家庭场域内发生的家长与教师通过沟通、协商要求家长做的教育行为及教师家访等活动。①

家校合作随着时代的发展逐渐流行于中小学,推动家长与学校共同参与学生的学习生活之中,以更好促进学生的成长为目的。调查发现96%的教师赞成家校紧密合作,说明了家校合作是大多数学校合作的方式,大多数教师也愿意以这种方式来共同促进学生的成长。

总体而言,在教师眼里的教育公平就涉及各个方面,从管理制度下教师的公平到校风的公平,到彼此人际关系的公平,再到教室保障制度的公平,才得以保证课堂教学的正常进行。课堂教学的过程,从备课到实施到课堂任务的布置,再到课程评价,这整个过程都要注重公平,保证每一个学生的发展需求。教师认为学校的教育公平无时无刻不体现,学校运行的各个环节,都需要保证公平、公开,才能更好地保证学校的微观公平。

二、教育微观公平整体呈正向趋势,但在不同维度存在差异

通过此次调查我们可以了解,教师对教育微观公平的感知及其评价,整体呈现向上的趋势,教师对整个学校教育过程总体来说是满意的。无论是在教育管理制度、班级管理、教学过程,还是家校合作方面,教师整体感知学校教育是公平的。从与教师自身利益紧密相关的教育制度的考评来说,在大多数教师看来,这些制度从制定到实施是较为公平的;就教师与学生共同参与的班集体的微观公平来说,整个班集体的管理及运行也都较为合理;从教育微观公平核心部分的教学过程来说,教师认为他们几乎都做到了针对个别差异设计教学,实施课程,评价课程,这个过程基本不存在不公平的现象;还有从家长和教师共同参与学校管理的家校合作方面来说,教师也比较满意这种合作参与学生学习生活的方式。

从问卷调查的整体数据来看,学校微观公平在整体上是呈现向上的趋势,但是微观公平在局部是存在差异性的。在教育管理制度方面,教师绩效考核和教师培训机会的满意度调查中呈现不满意的比例相对于其他方面较大,说明在实际的教师考核和教师的培训机会中,会有明显的不公平现象存在。在班级管理中,在班干部的任命以及学生关系上,几乎做到了公平,而在分班和座位的编排上则出现了一些显而易见的不公平现象。教学的过程中,教师在教学设计,课程实施,教学评价的过程中几乎都做到教学公平,整体不满意度较低。在对学生阶级性差异上,几乎

---

① 李艳.家校合作对教师发展的价值研究[D].上海:华东师范大学,2016.

不存在因为出身不同而区别对待的现象。但是在教学任务布置是否有考虑不同水平学生设计上,教师自认为有忽视这个方面的现象。而在家校合作中教师的不满意程度有占据一小部分,说明教学合作还存在许多潜在的问题。

三、思考:教师实际认识与理论研究存在矛盾

在此次教育微观公平的调查中的数据结果表示整个学校教育的微观公平是向上的。但是在大多数学者的研究中,教育是不公平的,无论是宏观上的教育,还是微观上教育,都难以到达理想状态的公平。如果以此次的调查结果看,在教师的眼里,整个微观教育是公平的,那么扩展到宏观教育就不会出现整体教育的差异明显,不会存在东西部教育资源等的一些不公平现象。因此,以教师感知的教育公平可能只是理想化的公平,与教育公平的理论方面存在着矛盾。

教师在调查中体现的观点与认知与现实差距较大。中国教育科学研究院于2015年4~5月在全国各地开展了面向中小学生以及幼儿的基础教育满意度调查。其中,学生及其家长对教师工作态度最满意,对课业负担重与校际质量差距大最不满意,各学段的学生及其家长高度认可教师工作态度。在单题满分为7分的情况下,班主任认真负责以及学习困难时教师给予帮助方面,各学段学生和家长评价较高,均超过6分。小学及家长、中学生对教育工作评价最低的方面集中体现在课业负担重和学校质量差距上。小学生对放学后没有时间玩的意见最大,初中生抱怨睡眠不足,各学段均认为学校在国家课程之外的教育活动组织不够,突出表现在课外活动、社会实践、社团、选修课、阅读支持等方面做得不到位,评价偏低。学校间质量差距也是学生和家长非常不满的问题,幼儿园阶段的评分只有4.04分。

在实际的学校教育中,虽然教育投入在不断提高,学校设施也得到了全面改善,教育满意度也在上升,但在社会上、网络上,对教育不满的声音还是很多。无论在教育制度、班级管理、教学过程,还是在家校合作,都存在较多的不公平现象。在教师眼里,学校环境理想状态是公平向上的,但是在现实生活中学校管理制度难免会有不完善的地方,教师对班级的管理会受到各方面的因素影响,教师会有自己的主观思想,难以达到完全的客观公正。在实施教学的过程中,因为教师的能力水平、情感、态度、价值观的不同,就会产生不同的班级管理模式,而不同班级管理模式下就会出现各种各样的不公平现象。因此,现实中的教学过程,难以做到真正的平等。而家校合作中,由于家长和教师各方面的差异,会出现一些分歧,因此在学生的管理方面就存在着隐形的不公平现象。因此,学校教育微观公平只是理想化

的公平,在现实中要促进学校微观公平,就得以教师为核心,形成教师、学生、家长、学校的和谐生态圈,共同构建教育公平。

第三节　田野调查:乡镇教师公平感知与影响

现实生活中,教育公平理念已经被教师广泛认同,在全社会都在追求公平的大环境中,教师内心对于公平的追求更加强烈、执着。然而,在实际教育教学工作中,客观存在着教师教育公平理念与行为背离的现象[①]。同时,教师在公平知觉维度上对评价方式的公平性和满足性发展的知觉偏低,对学生学习能力差异的知觉不高[②]。教师的公平意识深受环境影响,比如,乡村的环境使乡村教师形成特定的人生观、价值观、教学观和学生观,其观念直接影响着乡村的教育公平[③]。

我们聚焦教师看待、感受教育公平的角度,选择同一县级市的两所乡镇中学F省N市两所乡镇初中(A校和B校)作为典型对比案例。两所乡镇初中的相同点是:学校位于经济水平一般的F省N市,均为红色老区,学校设施一般;近5年年均在校学生不足300人,教师不足50人;以弱势背景学生为主,留守儿童、父母离婚的单亲儿童、父母残疾(或精神病)儿童构成了学生主体,大部分学生在校住宿。

A、B校也有许多不同之处。A校号称"白云山上午时莲",学校位于最偏远高寒山区,处于N市著名自然景区中心,是当地最小的乡镇之一,交通不便,生源不多,一直都只有初中部,是典型的边远山区小规模学校,当地村民主要以种植高山晚熟葡萄为生;2018年学生数量为300人,有教师25名,平时全部住校。B校在交通方便的平地,离城关车程20分钟,历史上生源很多,办有高中(职业),在校生曾经超过2000人,2018年仅办初中,学生数量为176名,另有同乡镇的中心小学6年级学生,总共253名,全校寄宿生209名;教师数量为53人,其中支教、定岗、借用20人,除了晚上值班,多数教师住在城关。最大不同点是:A校教学质量优秀,教学质量长期在公立中学处于前列,70%以上的学生考上高中,其中40%~50%考

[①] 康立娟.教师教育公平理念与行为背离的原因分析及对策[J].教师与管理,2013(1):9-11.

[②] 王凤秋,倪玉娟,李晓.中小学教师教育公平意识现状调查研究[J].教育理论与实践,2015(26):12-14.

[③] 赵取花.乡村教师观念对教育公平的影响[J].科教导刊,2014(9中):97-98.

上一级达标高中,连续多年中考成绩进入设区市 N 市所有公私立中学前四十名,最好的一次为第 16 名;相反,B 校近十年生源流失严重,学生成绩近五年处于全市乡镇中学末尾。

本研究在深入调查两所乡镇中学的基本情况的基础上,2018 年多次对学校教师进行了跟踪采访,并对特定对象进行半结构访谈。访谈主旨是:教师对教育公平的理解与感受;教师在学校中的教育教学行为是否做到公平;教师对学校实现公平教育的意见与建议;教师个体公平获得感、生活和教育环境、学校管理和评价制度对其教学积极性和教育效率(学生成绩表现)的影响。

本文在多人次访谈基础上,聚焦两个重点访谈对象:A 校 G 教师,B 校 Y 教师。G 教师现任副校长,1995 年分配到该校后未曾调动过,曾长期担任教务处主任,被称为 A 校的"定海神针",教师、家长、乡镇干部们普遍认为:A 校无论怎么换校长,只要 G 教师在,教育质量都不会差。B 校的 H 校长刚到任不到一年,大家都说他当初是"扑火队长",临危受命,大半年来,学校面貌有所改观,学生流失、教师消极现象有所缓解,H 校长认为自己经过内外调查抓住了解决问题的关键——安抚住了以 Y 教师为中心的中层干部教师。因此,本文重点针对 G 教师和 Y 教师的访谈,以阐释乡镇教师特别是骨干教师的公平感知及教学行为与影响。

一、基于尊重环境与制度自信下的教师具有高公平获得感

影响农村学校的优秀教师是否流失的既有经济因素(工资、奖金、补贴等),也有社会因素(职业成长、领导尊重、职位升迁等)和文化机制(组织领导者认同、村民信任和本地化生活方式的适应等)①,这三种因素中,哪种起决定作用呢?

A 校是 F 市离城区最远的乡镇,但教师队伍很稳定,有在校 25 年以校为家的副校长,有分配来校 5 年没有离开的年轻教师,其中还有三对夫妻。25 年教龄与校龄的 G 教师有很多次机会调到离城关近的学校,但他说他已经"习惯"在 A 校。

W(访谈者):您认为学校教育质量好的原因是什么?

G 教师:我个人理解,全体教师和每任校长勤奋,对学生有情结(爱心),这跟学校管理有关系。我们学校氛围很融洽,人心齐;各项事务公平公正,班子共同决定。校级领导都有担当,很善于为教师争取荣誉,我们学校有很多年轻

---

① 姜超,邬志辉.村校微观问题样态与管理回应——基于从教 36 年村小教师的口述[J].湖南师范大学教育科学学报,2014(11):72-79.

教师获得省、市、县级劳模称号,还有提拔优秀教师为中层干部。这与学校历史有关系。学校的事情要有人做,必须有一个人能站出来,能担当。这个人必须是校长或教务处主任,才能感染到身边。

W:你就是"站出来"的这个人吧?大家都说你是学校的"定海神针"。

G(笑):那是大家对我好。本校教师大部分都有责任心。

W:那学校有没有工作不够热情或没有责任心的教师呢?

G:也有个别,但不是因为学校制度原因,而是因为私事,花在学生身上时间少一点,但不会耽误教学,基本能完成教学。而且人家很明白自己做得不如其他教师,所以评职称评优等都不争。

W:你自己在这偏远寒冷的地方工作20多年,没想到要回到城关附近吗?

G:不想啦,已经习惯在这里了。特别是现在上年纪了,更不想动了。

W:这里有什么吸引您?待遇好还是别的?

G:这里师生情况熟悉,家长好,有一份情结——说到待遇,现在当然比以前好,我们学校是特岗学校,每个月比城镇教师多几百元交通补贴,评职称名额也比较多,只要条件合格都评得上。但主要是一种情结:人总是有感情,也要有责任心。这里的孩子们不容易,留守孩子多,家庭条件差,如果没有好好教他们,他们没有出路;而且这里的群众真好,我们感觉很暖心。

W:您说这里群众好,能否举些例子?

G:这个乡镇的群众非常支持教育,学校做什么事情,群众、村委都是无条件支持,乡镇商会单独划出9万块资金给中学奖励师生(虽然到教师学生手上不多)。有很浓的尊师重教氛围,在校内外都感受到家长的尊重。我们教师出去买菜,群众都是挑最好的给我们,上街都是热情招呼。还有个开店的家长公开宣布:只要中学教师来我店里吃早饭、面条,我都不收费。家长放心让学生到学校学习、晚自习,对教师的教育方法理解、宽容。

在A校教师眼里,他们的"付出"得到了相应的"回报",除了政策倾斜,更重要的是家长、周边群众的尊重和无条件支持,虽然群众的支持并没有多少物质性的改善,教师们的食宿条件仍然比不上城镇,但教师们很满足,产生了更多的责任感。教师们没有口号和大话,"情结"是G教师和学校很多教师经常提到的一个词,其中既有责任心,也有爱心。因此他们更加努力"付出"心血,甚至以校为家,大部分教师住校,清晨起床第一件事就是去看看学生早自习、早锻炼的情况,晚饭后除了到教室监督、辅导寄宿生学习、备课外,就是研讨某个学科教学问题,班上某个学生的情绪波动问题,等等。

W:学校其他教师流动情况如何？他们在学校表现好吗？

G:除了校长有轮换或者教师提拔,少部分教师为了解决夫妻两地分居问题调走,大部分教师来了就很少走。前几年有个男孩来支教,说这所学校是他梦想中的学校,后来就想办法考来了,至今已经三年,成为很优秀的班主任,孩子们很喜欢他,每次家长会他都用心策划,把家长感动得稀里哗啦流泪。学校只有两个英语教师,刚来几年这个特别用心,想各种办法提升孩子英语听力水平,年年中考英语都名列全市前茅。你知道,我们这个山区的孩子英语基础很差,语音也不标准,没有其他学习环境,孩子们要学好英语,教师多费劲。

可见,学校文化的认同感、村民信任与尊重感和对本地生活方式的适应感是乡镇教师是否留下的关键因素。这种积极的公平感知成为乡镇教师选择留下并发挥职业影响的情绪动力,并有效激发了他们对学生的爱心和公平对待,以及对提升教育教学质量的研究与积极探索,也使所在学校长期保持高质量的教育。

二、乡镇村教育生态恶化与不公平感导致乡镇教师热情枯竭和成就感丧失

B校离城关近,交通方便,教师队伍却很不稳定。H校长来之前,学校生态处于最差时期:由于生源越来越少,优秀教师走了,留下的多是中老年教师,只剩50个教师,不到200个学生。教师课少得可怜,却还要互相比工作量,比绩效工资,有严重的职业倦怠;少数几个年轻教师很迷茫。他们都认为半年前的B校情况非常糟糕,生源不足,生源质量差;教师敬业精神有所缺失,人心不齐,与城里教师比较、与乡村教师比较,没有幸福感。原来的校长也想做事,但不知道怎么做,学校没有统一规划,也没有正确定位,教师看不到未来,一点小事就写举报信,学校氛围不好,校长也做不下去。

在已有26年教龄而且26年都在B校任教的Y教师眼里,这所学校曾经的辉煌已经不再,也很难带给教师们归属感;"今不如昔"让他很有挫败感。

Y教师:刚来时豪情万丈,现在疲倦、做事得罪人又没有成就感。初期,校长好,教师团结,我参加过市、省骨干教师培训(学校培训机会比较多,校长支持)。我刚来这里时,学校只有20多个教师,9个班级,学生有500多人,学生没有宿舍,晚上拼桌子睡觉。人少,条件艰苦,但教师团结敬业,吃住在学校;刚毕业有干劲,学生勤学,质量好。1995年开始人数增加,学生有60多名,1998~1999年一个班84个学生,师生共同努力、自己动手一起盖校舍。2000年学生数量剧增至2400多名;2002年,学校新盖两栋校舍。那时候教师敬

业,教学质量好。2003年开始,进城务工的家长数量剧增,生源逐步减少,职业高中几乎没有生源,2013年职高停止招生。2013年初中也进入低谷。教学质量下降,生源大量进城。

留下的很多是留守儿童、单亲家庭、智力障碍者所生孩子(T村30%的孩子是单亲家庭和智力障碍者家庭所生)。比如,今年教的初三班有52人,化学第一单元考试,总分75分的试卷,成绩为0~5分的7个,6~10分的17个,12人及格,优秀率是2%左右。

很大程度上,校长决定了一所学校的文化。Y教师在B校26年来,经历了多任校长。

Y教师:有的校长实干,有的校长很善于处理上级关系争取资源;但有的校长制定政策太随意,每任校长有自己的理念,下一任校长又推翻,造成教师无所适从,学校发展没有规划。教师就像老鹰抓小鸡一样,校长说往东就往东,往西就往西,没有办法形成自我主张。

可见,B校教师整体职业倦怠与学校教育生态恶化有直接关系,正如已有研究发现,教师工作倦怠在教师组织公平感与其组织公民行为关系之间有显著的中介作用,其中热情枯竭和成就丧失的中介效应更为显著。[16]生源减少,特别是优秀生源流失,教学成绩不好,使教师们失去了成就感,慢慢失去了职业热情。在这个过程中,学校某些事件往往成为一所学校教师质疑本职工作、学校正能量衰减的一个关键转折。2013年,B校出现一个学生与教师争执并打教师事件,还引起校闹,这一事件的处理方式偏向学生和家长。教师们认为这样的解决方式很不好,是各部门死板遵守《未成年人保护法》以及上级部门的息事宁人思路的结果,感觉教师尊严被严重鞭挞。

Y教师:这件事以后,不知道对待学生的尺度在哪里。感觉教了几十年书,现在不知道如何教学生了……

Q教师(副校长,5年前从A校调过来):目前教师没有得到公平认可。到B校5年,家长对教师很冷漠,不关心教师,不尊重教师。比如,一个学生在与教师争执时打了教师,但家长都没有内疚感,也不道歉。我们的学校管理制度还比较完善,就是得不到社会认可,感受不到尊重。一边是生源差,留守、单亲、智力障碍者家庭的孩子,教师付出再多也不到回报;一边是群众也不认同学校。学校曾经辉煌不再,现在在低谷时期。

教育公平理论出发点是正义论。1996年,玛格丽特出版《正派社会》,该书找到了超越罗尔斯分配正义的关键点。她主张的正派社会与罗尔斯的正义社会相同之处都是关注制度,但玛格丽特关注的是制度对人的心理伤害,尤其是对自尊的伤害,因此,她把"不羞辱"人作为正派社会制度的基础性价值。玛格丽特把不让制度羞辱社会中任何一个人,作为正派社会的第一原则。[①] B 校外部环境的变化,带来了学校生存危机,教师的"羞辱感"使教师群体崩离:优秀教师很多选择离去,留下的教师怀疑自己被边缘化而逐步沉沦。

L 教师(年轻教师):学校沦落至此,也可以说是很多乡镇学校的缩影。目前学校进入一种恶性循环:社会不认同学校、教师,对知识的重要性没有认识;学校生源差,很难改变现状和提升教育质量。比如,拼命教学生,给孩子加班加点但效果有限。生源越来越少,教师没有成就感。

三、乡镇教师对分配非公平感受更多来自非同行比较

教师对公平认知存在个体差异性,影响其差异性的客观因素主要是其对分配公平的参照物。与教师关系最密切的分配公平主要在职称待遇方面,学校管理者以及中层干部属于分配过程参与者,他们或个人、或集体制定校内分配规则及范围,并根据分配结果和分配参与者的情绪反应调整规则,一般教师大部分属于被分配者。

职称,是乡镇教师最在意的待遇,它既与教师收入有密切关系,又关系到个人的职业成就感。然而,在很多学校,职称并不完全与个人专业水平相关,很多时候也成为一种分配制度:有名额限制,有人情关系,不同区域不同学校有不同的条件。

A 校 G 教师有满满的公平感。学校氛围:融洽,人心齐;各项事务公平公正,班子共同决定。要评职称的教师基本会满足。(因为该校是特岗学校,班子成员评职称单列,普通教师不需要与班子成员竞争)要评职称的教师基本会满足。教师绩效工资由教代会决定:各项制度,综合考勤,差别一两百。镇上每年给 9 万捐助,大到中考成绩好、小到每次参加市里抽考,只要学生成绩好都有奖励,不仅奖励学生还奖励教师,每次奖金不多,每个教师都有机会,大家都感觉很好……

B 校很多教师则感觉什么都不公平,特别是对有关制度设置有很多意见。

W 教师(语文教师,2004 年师专毕业,中一):如果说不公平,学科上不公平:主科教师工作量大,还要当班主任,比其他学科教师累很多。当班主任课

---

① 冯建军.承认正义:正派社会教育制度的价值基础[J].南京社会科学,2015(11):132-138.

时量应减少或经济补偿,相对较多收获。我评职称,自考本科,学校按大专算,误了几年,原因呢,论文要校级,又说要市级,后来又要考试、面试、说课,公开课一会儿要校级,一会儿要市级,感觉很折磨人。

评职称屡受挫折,是 Y 教师最大的心结,也是他从一个积极向上的教师沉沦为学校"刺头"的主要原因。

Y 教师:2005 年我去评职称、2008 年才评上中高,2013 年才聘上。自我感觉评聘职称过程很有挫折感,4 个人只有两个指标,分数第一,但投票 0 票,另有一个副校长分数第二,只有 2 票,也聘不上。主要原因在于制度设计问题:早几年评职称一种规定,我们按文件做了准备,后面又一种规定,前面准备的条件又不行了,反反复复,有人运气好,到时间就评上了。唉,不公平啊……

Y 教师:待遇方面,现在的问题是,综治平安奖公务人员都有,2017 年有 60%,其他事业单位、学校都没有,让人感觉很不公平;乡村教师有补助,按距离城关的远近不同标准,本校与很多乡镇中学一样的环境一样的工作,却只是因为属于镇中学,没有补助,感觉不公平。

可见,一所学校内部的共享正义很大程度上取决于学校的价值文化。在不受尊重的环境中,精神上得不到回报的人更加敏感于物质分配是否正义。B 校教师在与同行比职称,与非同行的公务员比待遇时,他们越来越感觉作为教师特别是弱校教师的低微。有时候,弱势地位的群体成员比优势地位的群体成员可能所得公平感更高,因为他们更有可能把自己的地位与其他弱势地位群体成员进行比较,而有可能并不认为自己处于弱势地位;相反,优势地位群体的成员,则更有可能把自己的地位与其他更优势地位群体成员的进行比较,而不认为自己处于优势地位。有学者研究认为,村校教师的收入参照系是"本村村民"而不是同行的,因此在贫困山村的村校教师所得公平感较高。[①] 而乡镇中学的教师收入待遇的比较对象更多是本校和本区域同年资教师以及资历相似的公务人员,因此,其所得公平感较低。

四、教师公平感知直接影响教育结果公平的实现

教师公平感知直接影响他们对工作的满意程度与幸福感受,而最终会反映在

---

① 姜超,邬志辉.农村教师工作满意度形成机制分析——以亚当斯公平理论为框架[J].教育导刊,2015(7 上):83-86.

作为结果的工作绩效上。A 校已经成为 F 市(县级)和 N 市乡镇初中的一面旗帜,受到普遍赞誉。

W:学校生源如何?有辍学或转学的吗?

G:我在这里这么多年,本乡镇小学的生源全部都留下了,还有陆陆续续从外面转过来的,有本乡镇在外面打工的,也有外县市的。辍学情况当然免不了,但都是零星一两个,都是因为智商问题,实在跟不上,家长也理解(题外话:由于年轻人外出打工生活多不规律,吃垃圾食品,没有结婚在一起生了孩子就扔回家,孩子在娘胎时先天就不足;很多女方生完孩子就离开,造成不健全的家庭。加上孩子由不识字的老人带着,后天没有教育环境,智商低下的比例很高,我们早年当教师的时候没有见过这么多,唉,国家要重视。)我们去回访劝学,孩子都在家里待着,家长觉得孩子的智商打工也打不了,学习也痛苦,算了。

W:外面的学生怎么会到这么偏远的学校念书呢?

G:那就是声誉好啊,我们学校教师的孩子初中都在本校念呢。

B 校在 H 校长调过来的这半年当中有了很大改变。H 校长对自己将近一年的工作比较满意,学校教师们大部分认同新校长慢慢凝聚了教师队伍,镇上群众舆论向积极肯定转变,学生开始有所回流。

Y 教师:H 校长是个行动派,半年前他是作为"扑火队员"被派到 B 校,他并没有怨天尤人,而是很快抓住学校存在的管理难题和教师问题等,进行了针对性的、以稳定教师为主的分步骤改革。校长以教育情怀感染班子、教师,形成了凝聚力。

B 校 H 校长认为:公平没有绝对,比如,当前,国家在乡镇村学校硬件投入上比较好,但乡镇学校的生源不如城关学校,家庭教育资源也差。就要考虑如何用特色项目推动学校特色化发展。

H 校长在 B 校首当其冲的就是解决教师认为的"不公平"问题。如针对教师严重超编又结构性不均衡、学校内部分工不均、对学校原有绩效方案不满意(多干少干一个样)的问题,学校在教育主管局的支持下,外派 19 名教师到城关优质学校顶岗代训;同时,在学校进行课程结构性改革,让每一位教师都能有足够的课时,并能上自己的专业课;每月对考勤进行公示,每学期绩效计算结果进行公示,接受教师监督;针对教师反映学校决策不民主的问题,规定所有决策的提出,必须事先充分沟通、讨论、酝酿,普通教师可以在工会发放的"提议表"中用文字表达出来,工会收集后上班子会议讨论再召开班子会议形成共识,最后在教师例会上公布;针对长期以来群众对学校工作不信任、不支持的问题,校长带领班子每天上午 7 点在学校门口迎接师生上班,增强当地群众信心;针对学校充满着负能量,学校经常会出现流言蜚语的问题,学校开展各种活动,并进行报道,传递正能量,反对负能量,并在例会上对教师加强意识形态教育;针对由于学生底子差教学没有成就感问题,提倡从教学方面突破,提升社会正面影响力。从多做工作,留住小学生源开始。目前有师生结对子、帮扶学生,多做困难学生的思想工作,让学生感受到教师的关注,从情感上引导学生主动学习的意识。

教师们也有了憧憬和规划,希望学校能够更多改进、创造更好条件,也愿意尽自己能力对课堂教学进行改革探索,以促进让乡村弱势家庭孩子也能够更好成长,有更光明的未来。

Z 教师(新提拔的教务处主任,21 年校龄):教育公平是享有公平的教育权利,公平的教育资源,资源向乡镇倾斜。现在学校学科结构不平衡,缺音乐美术地理心理专业教师。如果有专业教师,可能会带动学习积极性。在优质生源留不住的情况下(小学优质生源都到城关),造成总体质量不理想。现在教师们从注重基础知识做起,学困生结对,没有放弃每个孩子。

S 教师(10 年教龄的年轻男教师,有思想有教育情怀):社会等级森严,突破很难,对于大部分家庭资源薄弱、成绩普通的孩子,学业完成后得到什么呢?发展孩子的兴趣很重要。个人想法,应尽力帮助孩子发展兴趣,帮助孩子得到自己改变命运的机会。我认为寻找适合农村孩子的发展机会,让孩子有一个谋生手段,有目标地生活,是突破孩子不公平命运的重要路径,也就是要个性化教育。

W 教师:提升学习力,学法指导方面要加强;规范教学常规、学习常规;我在教学过程中,会设置难易问题,分层教学。建议教师分流要科学,而不是随意。

L 教师:目前班级情况:课后会主动找教师辅导请教的学生有十几个,这些学生成绩都 80 多。可见一些成绩不好的,只能听课,应付作业,作业都没法完成。没有办法完成学习任务的孩子,逐渐到厌学、不愿意考试。建议,能否根据不同的学生,要求做到不同的环节,提高学生的学习力。比如,培养有效率的听课,对有余力的孩子重视复习,增加预习环节。

2019 年底课题组回访 B 校,当年中考成绩名次提升了 4 位,学生 56% 升入普高,有 4 个考上一中(一级达标,N 市最好高中),其他学生全部升入职业高中;学校初中已经留住了本镇全部生源并复办职业高中,教师、学生精神面貌大为改观,出去挂职的教师回来 5 个;周边群众越来越认可学校,教师获得感越来越强,学校逐渐摆脱低效率、低质量循环状况。

可见,社会因素、制度因素、环境因素、教育因素以及个人因素都对教师的公平感知产生影响,进而影响了他们的教学行为,甚至波及其教学技能的提升与发挥。

教师对学校微观公平的直接感知能反映整个学校微观公平的态势。通过教师视角,调查了解影响学校微观公平的因素包括教育管理制度、班级管理、教学过程、家校合作等,发现在学校教育过程中,教育微观公平整体呈正向趋势,但是在不同维度上存在差异,且存在与理论矛盾、与现实诸多不符等现象。

归根究底,教育公平只有在微观上实现了公平,才和宏观上的公平一起实现教育公平。某种程度上,促进学校教育微观公平是促进教育公平的更进一步。而在学校微观公平中,教师扮演了举足轻重的角色,教师是如何看待微观公平的,他们的关注度在哪些地方,在教师眼里又该如何促进教育公平。围绕着教师看待、感受教育公平的角度展开研究,有助于了解教师对学校微观公平的态度价值观,以便于更好地促进学校微观公平发展。

第四节　提升教师的公平感知与教育能力的路径

公平是社会主义教育的本质要求。2018 年我国首份《中国义务教育质量监测报告》发布,监测发现,科学教师开展探究教学的能力有待提升,63% 的四年级科学教师、61.2% 的八年级物理教师、75.5% 的八年级生物教师和 80.7% 的八年级地理教师的探究教学处于低或较低的水平。另外,79% 的四年级品德教师和 71.3% 的八年级品德教师认为其专业知识不能满足教学需求,尤其是在法律知识、地理知识、心理健康知识等方面。因此,实现学校教育公平,培养教师实践公平教育的能力是关键的任务。当前义务教育优质均衡目标的实现,关键在于破解义务教育"城镇挤、农村弱"和控辍保学难题。本研究证明,解决这一难题的关键在于提升教师队伍的教师素养与教育情怀、培养过硬的专业水平和职业动力,采取相关举措提升教师的公平感知,以此启发调动教师的积极情绪是破解难题的一个重要方向。

一、重视教师职业生涯规划,推动建构分层式的校本教师成长培养体系

教师技能视角下的教育优质均衡的实质是教师技能优良、学生学习结果优秀的"双高"优质均衡;而反之则易出现教师技能与学生学习结果"双低"的教育质量薄弱陷阱。假若两者皆优,那么其教育实质便是"人民满意的教育",而若两者双低,那么就会如部分西方发达国家一样出现人们选择私立学校、远离公办教育,最终导致公办教育衰落的现象。

在新时代,我国教育发展由"基本均衡"向"优质均衡"升级的过程中,实现教育优质均衡的关键节点在于教师技能和学生学习结果的双提升。倘若教师技能水平较高,则具备支撑教学效果与学生学习结果双优的条件,不仅能促进教师专业发展,还能推动教育质量的整体提升。倘若教师技能水平不高,那么课堂教学效果必然不佳,学生学习状态持续低迷,教师自身专业发展寸步难行,教育质量难以提升,从而陷入教师技能水平低、学生学习结果差的恶性循环中。

因此,学校要重视构建为了学生发展的、不同层次教师积极情感态度价值观养成的文化和教学技能水平提升的教师成长体系。一是要重视基于教学基本规范养成和师生、家校平等沟通能力提升的新教师培训;二是要建构基于课程领导力和课堂驾驭能力提升的合作教科研制度;三是积极面向未来,实施基于智慧教育能力提升的教师信息技术应用与解读能力培训。

案例一:福州三中,一所城市中学的"卓越教师"成长制度

福州三中提出:青年教师要"一年适应、三年合格、六年优秀、九年骨干、十八年一方名师、三十年成省级名师"。

案例二:温州大学附属茶山实验中学:基于"蝶变思维"的青年教师培养项目[①]

学校建立青年教师研修手册,形成了标准化、系统化的发展体系。以青年教师指导手册贯穿培训始终,通过对阶段、任务的深度关注逐步形成了标准化、系统化的培养体系,引导青年教师基于标准研习提升岗位胜任力。

探索"浸润式培养"的青年教师培养机制。围绕影响新教师成长的主要因素,坚持个别带教和团队指导相结合,把青年教师"浸润"在一个优秀学科指导团队中,任务驱动、全面联动,帮助青年教师深度学习,让其思考发生、思维呈现、思想形成。

学校在每个青年教师"蝶变"发展的四个阶段:"定位—汲取—重塑—蜕变"阶

---

① 本案例来自温州大学附属茶山实验中学。

段,探索出了相应的青年教师培养机制,通过有效的支持手段,助力其精彩蜕变。经历了以下四个阶段:

定位阶段:"三确定""四聚焦"。一是"三确定":确定发展需求、确定组织领导、确定工作思路;二是"四聚焦":制定并完善了青年教师研修手册,聚焦青年教师成长的关键需求模块:职业感悟与师德修养、课堂经历与教学实践、班级工作与德育体验、教学研究与专业发展。以任务驱动的方式,关注新教师完成18项任务的质量,是否达到了18个要点的要求。

汲取阶段:"浸润式培养"。坚持指导教师团队运作机制,即"个别带教和团队指导相结合的实践培训方式"。挖掘6大名师工作室资源、挖掘请进专家资源、挖掘校级指导团队资源(包括教研组优秀骨干资源、青年教师研修班),挖掘学习共同体的资源,把青年教师"浸润"在一个优秀学科指导团队中,使其耳濡目染优秀的教研文化和浓厚的学术氛围,领略优秀教师的人格魅力、工作态度和教育艺术。

重塑阶段:两环两扣。一是集体备课,扣准深度参与。积极引领青年教师体验过程,获取方法,集体备课按照"个人自备1.0—组内完善2.0—专家指导3.0"的过程,经历吸纳借鉴、多维反思、行为跟进等环节,促进教师深度参与。二是推门调研,扣准教学改进。学校定期开展"深潜式"教学调研,对各青年教师落实学科素养等情况进行精准把脉,对教学活动中存在的困惑与问题提出切实可行的建议。

蜕变阶段:三级展示平台。学校鼓励青年教师进行"问题化学习"的课堂变革,深耕课堂,加强课堂研究,搭建校级(青春在讲坛)、区级、市级展示平台。在课堂打磨过程中,以改进个体教师教学设计为载体,以课堂实践和反思为途径,以专家引领和同伴互助为推力,以达到提升教师教学能力的最终目的。

案例三:三明梅列第一实验学校的"成全教育之教师成长"[①]

教师也是不断发展的生命个体,教育的过程,实质上是一种交流和发现。所谓交流,是师生两代人之间的思想、观念的碰撞和融合,在这过程中,必会有新的东西生成,也必将促使我们有新的发现和感悟,有新的理解和思考,这就是我们所说的教学相长。在这个过程中,教师更容易获得专业能力的提升,获得对教育更深切、更本质的理解。当然,要让教师获得成全之道,就先要成全教师生命的归属感、认同感、成就感和幸福感。

(1)生活关怀让教师有职业归属感:要让教师获得成全之道,必先让教师有职业的认同和归属,因此,学校十分注重教师之"家"的营造,从办公室文化布置、教师

---

① 案例资料来自三明梅列第一实验学校。林辉庆校长提供。

"乐活"馆(健身中心)的打造再到工会团队文化建设都把教师当作家人一般对待,对年轻的妈妈教师,学校专门建造了妈妈小屋,解决教师子女放学后无人看管的问题。对刚入职或调入的无房教师,安排周转公寓解决其住宿问题。为保障教师的身体健康,每周安排"乐活"健身课程。教师过生日时,工会送上祝福语。打造茶歇室,为辛勤工作的教职工们工间送上温热的茶点、冬至送碗汤圆、春夏季送些凉茶……,春秋游、趣味运动会、迎新年晚会等营造"暖心"的教工之家。

(2)加强教学常规提升教师的敬业之道:学校把师德师风建设纳入学校年度工作计划,常态化开展师德教育和法制教育,逐步建立和完善了学校的教师管理制度和评价机制,如《梅列区第一实验学校教师管理制度集》《梅列区第一实验学校教师奖励性绩效工资实施方案》《梅列区第一实验学校教师年度考核方案》《梅列区第一实验学校职称量化考评办法》《梅列区第一实验学校校级先进、优秀评选办法》《梅列区第一实验学校班主任、年段长考评方案》等。组织教师深入学习"成全"的内涵与意义,聘请教育名家、专家和名师、名校长来校开设讲座。开展年度优秀教师表彰活动,从教 30 周年的教师纪念活动,引导教师廉洁从教,依法治教,做一个成全生命美好成长的师者。

(3)持续有主题的常态教科研打造教师的专业之基。教师的专业从规范和扎实做起,学校健全和创新各项教研制度,制定了《梅列区第一实验学校校本教研工作制度》及《梅列区第一实验学校校本教研"九个一"制度》,并根据梅列区教师进修学校《先进教研组评比细则》,定时定点开展集体备课、说课、上课、听课、议课等"五课教研"活动,全体教师完成教研"九个一"任务。为促进教师专业发展,每年开展教师教学技能大赛、汇报课,为教师搭建专业发展平台,积极搭建省、市、区级教学开放展示平台,让优秀教师的教学专业水平得到充分展示。搭建各级名师、学科带头人培养梯队,创造条件让他们成为学校各学科骨干和领衔人,推进学校教研和教学水平的整体提升。为青年教师搭建"青蓝工程""青年教师成长训练营"等,开启课程化和常态化的培养、培训机制,让青年教师成长有方向,成长有支援、成长有保障,尽快成为学科骨干。

二、重视全面提升教师的专业能力和综合素养

教师的专业能力和综合素养包括教师知识结构、能力结构、专业精神和教育情怀。教师的成长直接带动了学生的成长,教师的发展直接带动学生的发展,只有教师的专业化水平真正提高了,学生的各种潜能才有可能得到更充分地开发。

21世纪的教师最重要的应该是成为为学生成长提供各种支持和引导的教师。因此,培养教师对学生的学习支持能力和情感支持能力成为教师培养的核心。教师学习支持能力表现为:教师关注每个学生的学习状态;当学生需要时,教师会提供额外帮助;教师帮助学生学习,会一直讲解,直到学生理解为止。

教师情感支持包括:教师让学生有学好这门课的信心,会听学生讲自己做事情的思路,学生感到教师能理解自己。

(一)办好师范教育,培养"科班出身"的教师应成为急迫任务

当前,支撑我国乡镇义务教育的大部分是20世纪80~90年代培养的中、高等师范毕业生。这些教师已经进入退休倒计时,而自从21世纪初中师停办,高等师范院校大批改为综合性大学扩招以后,师范类毕业生越来越少,县域学校很难找到师范毕业生。因此,未来十年,摆在县域学校面前的最大难题就是教师难招、师范类教师更难招。因此,近些年县域学校招收的基本是非师范类毕业生。

2014年开始实施教师资格全国联考制度,参与教师资格证考试的人数年年创新高。根据教育部统计,2019年全年参加中小学教师资格考试人数近900万,而2020年的官方统计数据虽还未公布,但从部分省市近年来陆续报道的地方数据来看,报考人数的增幅几乎都在20%以上。官方意义上,"教师资格证的改革打破了教师终身制,更是淡化了师范生与非师范生的区别,让广大非师范教育专业毕业的有志青年得以充实到教育第一线"。非师范类学生大量充实到教师队伍,对于城市学校特别是名校影响正面,这些学校可以招收大量的名校毕业生,实现了"用最好的教师教最好的学生"的理想教育。当然,非师范类的名校毕业生不一定全部适合当教师,但名校毕业生大部分在基础教育阶段属于"会学、能学、学优"的学生,选择加入教师队伍的更具有教育情怀或能力,即使初期是缺乏教学技巧,只要加以培训和一段时间跟岗,他们很快能进入优秀教师行列。

然而,城镇一般学校和县域以下学校招收的非师范类教师更多属于非志愿就业,或非兴趣就业的一般院校、高职院校毕业生,他们大多是为了谋求一份职业而考教师资格证,他们有的是各种类别的应届毕业生,更多是已经在社会上从事其他行业的人员。这些新"教师"逐渐成为乡镇学校教师队伍的主力。调查发现,由于缺乏专业性的学习和训练,部分非师范背景的教师存在教学理念不清晰、教育教学技能差等问题,不能适应教师工作的要求。(1)缺乏教学理念。部分教师由于没有深入学习教育学理论,教学过程缺乏教学理念的指导,教学思路不清,教学目标不明确,上课时往往照本宣科,抓不住教学的重难点。(2)表达能力差。一些教师不

注意口语表达。上课时,口语表达上往往用词不准确、意思表达不清楚、缺乏逻辑性,导致学生抓不住其中心思想甚至产生误解。对于中小学生,还要善于使用眼神、表情、肢体等思想和情感表达方式。(3)对现代教育技术手段的使用不熟练。一些教师的多媒体课件形式单一,主要是文字,缺乏动画、图片、音频、视频等多种方式,缺乏创造性、生动性、形象性与吸引力,他们不善于使用钉钉等网络教学平台,没有充分发挥现代教育技术的作用。(4)处理学生问题的能力差。部分教师遇到学生学习不专心、不遵守纪律、逃学、早恋、打架等问题时,不能妥善处理。①

因此,各级教育主管部门以及相关部门决不能将非师范类教师作为培养未来教师队伍的主流,重新办好师范教育应该成为部属、省属师范类高校的主要任务,同时,这也应成为地方院校(很多前身就是中等师范或师范专科学校)的核心任务之一。无论在招生数量、质量提升方面,还是在课程设置、教学方法、实习方式方面,特别是在适应新时代学校的教师技能培养方面都要特别重视。

(二)重视创新职后培训方式,有效提升新教师能力,建设可持续提升的教师队伍

现阶段的教师培训呈现一派"省市县逐层开班,线上线下齐上阵"的大好形势。国家每年在教师培训方面花费甚巨。但很多培训存在效率低、效益差等问题:高端培训少、低端重复培训多;培训教师重复讲,听课教师无兴趣;讲多多实操少等。

以从一线乡村教师培训为例,受培训对象年龄结构不同、培训起点差异明显等因素的影响,培训组织者制定的培训目标过于泛化,导致后续的培训活动出现虚化的现象;培训组织者对乡村教育现状缺乏深入了解,培训前对乡村教师的需求缺少调查和分析,所选择的课程内容针对性不强,不接地气;培训形式也比较单一,大多以培训者台上讲解,学员台下听讲的形式呈现,听讲后的信息存储量低;培训后以继续教育课时数为结果的评价,大大削弱了学员在培训过程中的主动性和创造性,缺乏效用。②

美国和澳大利亚都是教育发达国家,也实行教师资格证制度。美国所有申请教师资格的人必须有至少两次教育教学实习经历③。一次是取得教师资格之前10

---

① 卢晓红 钟光荣.国考"背景下中小学非师范教师专业化培养新探索[J].科教文汇,2021(5):143-144.
② 黄玲妹,邹开煌,张贤金.乡村教师培训的"魂""形""效"——以福建省首届"同心·行知乡村教师研修"为例[J].福建教育学院学报,2021(2):11-13.
③ 王成花.美国新型教师资格认定制度研究:"教育教学实践能力"为核心尺度[D].山东:曲阜:曲阜师范大学,2014.

~18周的教育实习,另一次是为期一年以上的学校带薪实习。澳大利亚对非师范专业人士从事教育工作主要采取两种培养方式:学历教育和继续教育。学历教育是指在获得非师范专业学士或以上学位的基础上还要取得教育证书或专业教育证书,学制一年。在新教师入职第一年,会安排新教师听课、观摩、参加教研活动。

(三)创新校本研究,构建教学反思新生态,特别是重点解决农村教师"不善教""不乐教"的问题

实验表明,促进教师专业发展和提升职业幸福指数的关键,并不在于教龄的长短或学历学位的提升,而在于个人在职业生涯中是否能够主动地对自己的教育教学进行反思和批判,不断更新教育观念并自觉调整自己的"行走方式"。所谓的"行走方式",这是对教师职业态度和职业行为的一种诗意化表述,是教师内在素养与外在行为的有机统一,也是教师知识结构、能力结构和专业精神的综合体现。①

学校应加强对非师范背景教师职业能力的培养:(1)实行导师制。由教学经验丰富的优秀教师担任导师,对非师范背景教师给予个别指导,帮助他们发现教育教学过程中存在的问题,并指导他们进行改进。把对非师范背景教师的指导严格纳入导师的工作考核内容。但现在一些学校对新入职教师的导师制有名无实,导师没有把对新教师的指导纳入其工作内容中,部分新教师没有得到导师的精心指导。(2)建立教师教育教学质量评估自我反馈评价机制。要求非师范背景教师通过对学生学习的小测验、提问、家长访谈、课程录像等多种方式,及时了解教育教学质量信息和教育教学过程中存在的问题,并提出改进方案。定期要求教师提交教育教学质量评估自我反馈评价报告。

因此,教师培训要清醒认识教师发展问题,针对不同层次的教师进行科学设计、系统培训。当前教师发展遭遇四大瓶颈:缺失教育理想、缺乏教育激情、缺少丰富的积累、思维品质不高。行政部门要敢于"赋能"促进创新,通过教育科研、教师培训研修等方式让教师更好地掌握教育这门科学,能够更加得心应手地驾驭教育教学工作,更加享受工作的成就感和价值感。

---

① 张荣伟.从哪里来到哪里去?——"新教育实验"本体论[J].山西大学学报(哲学社会科学版),2017(6):66-78.

三、营造基于共享正义的学校制度和文化环境,提升教师公平感知和理念

教师的公平感知是影响教育公平政策发挥最好效果的原因之一,没有教师的快乐和幸福,就没有学生的快乐和幸福。教师的情感,无论是"获得感""成就感",还是"被尊重感"等,都影响着其教育教学行为,大到是否不断学习自我提升,是否认真备课和批改作业,是否根据教学情境和学生表现改进教学,是否随时为学生提供支持和激励学生,小到课堂教学中的教学风格,如各种手势、身体动作、面部表情、语音语调,以及教学幽默等,都反映了教师对所教学科的兴趣和对学生的态度,这些对学生的学习很多时候甚至产生了决定性用。

我们希望教师都是充满大爱的人,不仅授业还要传道和解惑,能够成功地超越现实功利和爱恨"常情",为每一位学生带来公平。然而,不可否认的是,更多教师都是常人,教师个人的教学过程,其教学行为和策略能否达到标准的要求,深受其已有的教育价值观、个人知识与能力(能否采用有效教学策略)和个人情绪(是否愿意理性公平对待学生和教学)等因素的影响。被承认、被尊重、获得应有的待遇将有效提升教师的职业尊严感、热爱感,减少职业教师职业倦怠感。公平感知与其所处的学校集体内外的制度、环境等因素密切相关。

因此,在国家支持乡村教育政策不断深化的今天,提升乡镇村学校学生公平获得感的关键越来越依赖于教师专业性提升和积极性发挥。因此,乡镇教育生态改善、教师公平感知水平提升和学校面貌积极向上三者是相辅相成的。乡村教育公平支持政策应重视乡村教师积极情感的唤起与维护;各相关部门在制定乡村教育支持政策时,应立根据不同区域、不同学校情况,既要关注学生公平感知,又要关注教师情感需求。比如,"教师教育惩戒权"如何落实,如何为乡村学校教师赋权、增能,如何在乡村社区营造敬教氛围提升教师职业成就感,等等,需要具体的政策支持与学校集体文化,包括学校内部制度、校长与教师关系造成的文化价值冲突和权力博弈密切相关,及其对教与学过程的文化价值影响。这是导致现有教育公平政策难以发挥最好效果的原因之一。

教育社会学认为,教育活动参与主体的每一种情感并不只是身体反应与生理应激,而且是与我们所处的教育环境和某一种教育情境密切相关。[①] 学校是实现(学生)教育正义的最重要场所,教师与学生同为教育活动参与主体,教师对学校微

---

① 刘雨.论教育社会学研究的情感转向[J].贵州师大学报,2018(5):56-66.

观公平的直接感知能反映整个学校微观公平的态势,同时,教师的公平获得感也直接影响了其教育教学实践行为的公平性,而骨干教师的公平感知影响着学校整体教育氛围和质量。学校制度只有在教师这一教育活动参与主体自身获得公平感受、理解认同公平教育后,才能发挥"情绪动力",促进关乎学生教育过程微观公平的落实。[①] 因此,乡镇村学校管理者必须根据学校历史、文化,明确行政关系、专业关系和人际关系的边界,避免行政权力对专业生活、人际交往的僭越或支配。[②] 基于共享正义理论制定校本分配制度,在有关教师切身利益的事务上平等作为,并充分发挥骨干教师的引领示范作用,在学校营造公平的价值文化。

学校可通过民主化和人本化管理,赋予教师一定教学自主权,提供更多专业发展机会,合理的激励手段,保障教师待遇等各项措施,充分调动教师的积极性和工作热情。教师自身也要对教学充满热情,尤其面对学生时更要积极表达,以自己的热情感染学生。研究发现,当教师的教学热情非常真实时,对课堂教学尤为有益。

---

① 郭少榕.基于微观公平的现代中小学校内部制度与文化建构[J].福建基础教育研究,2019(6):4-7.
② 程亮.何种正义?谁之责任?——现代学校过程的正当性探寻[J].教育发展研究,2015(2):6-13.

第九章　学校教育微观公平的政策分析与育人图景

第一节　政策分析：学校教育公平的政策成效与问题

改革开放40年来，我国一直在追求社会公平的路上，教育公平是其中重要的一环。从20世纪80年代开始，"城乡""阶层""区域"的教育均衡成为教育机会公平的标志，也成为政府孜孜以求的目标。实际上，"教育公平"话语的首次出现和被重点关注是近十多年的事。2001年出台的《全国教育事业第十个五年规划》首次提及"坚持社会主义教育的公平与公正性原则"。其后，中共十六大、十七大、十八大等都将促进教育公平作为教育改革与发展的关键。2010年，《国家中长期教育改革和发展规划纲要（2010—2020年）》颁布，"促进公平"正式成为国家基本教育政策。21世纪第二个10年，即"十二五"至"十三五"期间，我国大部分区域宣布实现"义务教育基本均衡"。在一些较早达到"均衡"目标的发达省域，"十二五"期间就提出基础教育"优质均衡"的目标，这一目标在"十三五"的国家教育目标中得到体现。

一、基础教育公平政策

从起点公平的角度，教育公平涉及区域、城乡、校际、家庭等多个方面的差异，其中入学机会是教育公平重要的研究内容，而入学机会公平就涉及教育资源的空间分布和空间分配问题。入学机会公平通常指适龄学生享有平等的公共教育资源服务[①]。在资源不平等分配时期，人们追逐的是一些基本办学条件如学校建筑、实

---

① 戴特奇,廖聪,胡科,等.公平导向的学校分配空间优化——以北京石景山区为例[J].地理学报,2014(8):10.

验设备、教师人数和学历以及生均经费等占有优质资源较多的学校,这是早期甚至至今大部分择校人群的追求目标。很长一段时间,我国存在严重的优质教育资源局部集中,城市弱势阶层和乡村人口被隐性排斥的现象。

区域差异,不论是高等教育资源、中小学教育资源,都应该从解决教育起点公平,解决区域之间、学校之间的均衡问题着手。而推动优质基础教育资源要素的流动成为解决教育起点公平乃至过程公平的重要政策手段。政策支持主要包括在教师队伍建设、经费投入、招生等方面给予特殊政策安排。

(一)教师资源流动政策

2006年国家开始实施农村义务教育阶段学校教师特设岗位计划,"特岗计划"所需资金由中央和地方财政共同承担,以中央财政为主;2012年,国务院《关于加强教师队伍建设的意见》指出,要建立县(区)域内义务教育阶段教师交流轮岗机制来促进师资的均衡配置;同时实施"边远贫困地区、边疆民族地区和革命老区人才支持计划",计划2013~2020年每年选派3万名优秀幼儿园、中小学(含普通高中)和中等职业学校教师到"三区"支教一年。① 2013年,中共中央《关于全面深化改革若干重大问题的决定》将校长教师交流轮岗作为统筹城乡师资均衡配置的重要举措。2016年,国务院《关于统筹推进县域内城乡义务教育一体化改革发展的若干意见》要求,城镇学校和优质学校教师每学年到乡村学校交流轮岗的比例不低于符合交流条件教师总数的10%,其中骨干教师所占比例不低于交流轮岗教师总数的20%。在国家政策的推动下,各地纷纷将开展教师校长交流轮岗作为促进基础教育优质均衡发展的重要举措。

在教师待遇方面,2015年,国务院办公厅印发《乡村教师支持计划(2015—2020年)》,采取拓展乡村教师补充渠道、提高乡村教师生活待遇、职称(职务)评聘向乡村学校倾斜、推动城镇优秀教师向乡村学校流动、全面提升乡村教师能力素质等具体措施,推进乡村教师队伍建设,推动城乡教育一体化,促进城乡基础教育优质均衡发展。在经费投入方面,国家明确要求各地在安排公用经费时,重点向边远、民族、贫困地区倾斜,向艰苦、偏远、高寒地区的薄弱学校倾斜,向规模较小学校和寄宿制学校倾斜,以保障各类学校正常运行需要。招生方面,为促进义务教育均衡发展,我国部分省市实行"指标到校"政策,即将重点高中招生名额分配到区域内的所有初中,给每个初中的尖子生进入重点高中的机会。

---

① 王定华,荣雷.全国义务教育均衡发展进展报告[R].中国教育科学,2016(1):39-73.

从师资配置看,2014年11月13日,中央编办、教育部、财政部发布的《关于统一城乡中小学教职工编制标准的通知》将"县镇、农村中小学教职工编制标准统一到城市标准,即高中教职工与学生比为1:12.5、初中为1:13.5、小学为1:19"。2016年,《国务院关于统筹推进县域内城乡义务教育一体化改革发展的若干意见》(国发〔2016〕40号)再次重申"教师编制标准统一""办好必要的乡村小规模学校",肯定了在生均师资相等意义上的城乡教育公平。2014年《关于统一城乡中小学教职工编制标准的通知》这一政策对纠正2001年之前教师配置的"向城"取向具有重要意义。[①]

经过近二十年来实施义务教育基本均衡国策,我国大部分区域包括城乡学校的硬件资源已经获得初步均衡;同时,在入学机会公平方面,政府还在不断努力,探索更科学、合理的资源优化和分配方式。

(二)关于促进生源要素均衡的政策

在长期教育资源没有生均平等的阶段,在教育公平研究中,生均资源占有量作为最重要的教育公平指标被最广泛使用。随着经济社会发展水平提高、发展伦理观变迁和国家发展战略定位变化,国家出台教育政策统一城乡教育资源配置标准。为促进城乡基本公共教育服务均等化,近年来党和国家大力推进城乡基本公共教育资源配置的积极差异,高度重视农村义务教育。

从生均公用经费看,2005年《国务院关于深化农村义务教育经费保障机制改革的通知》提出,全部免除农村义务教育阶段学生学杂费,对贫困家庭学生免费提供教科书并补助寄宿生生活费("两免一补")。《国务院关于做好免除城市义务教育阶段学生学杂费工作的通知》提出,从2008年秋季学期开始,全部免除城市义务教育阶段公办学校学生学杂费,并对享受城市居民最低生活保障政策家庭的义务教育阶段学生实施"两免一补"政策。"两免一补"政策实施后,国家负责城乡学校的公用经费,但是城乡学校生均公用经费基准定额仍存在一定差异。2015年《国务院关于进一步完善城乡义务教育经费保障机制的通知》提出,统一城乡义务教育学校生均公用经费基准定额。中央确定2016年生均公用经费基准定额为:中西部地区普通小学每生每年600元、普通初中每生每年800元;东部地区普通小学每生每年650元、普通初中每生每年850元。

经历了前期城乡倒挂的生均资源配置政策之后,统一城乡生均资源配置标准

---

① 查吉德.我国基础教育优质均衡发展改革政策分析[J].现代教育论坛,2018(3):20-25.

话语本身具有重要进步意义,社会各界也给这些政策以积极评价与肯定。应该说,从发展伦理观看,从追求效率让城镇教育资源优先充分配置,到追求公平让城乡教育资源生均平等配置,是对乡村教育的充分尊重。现实中,随着城镇化加速与农村人口自然增长速度的降低,在人财物等许多资源生均配置上,农村已经高于城镇。从城乡教育资源生均数值的现实状况出现时序看,城乡教育资源生均平等的教育资源配置政策是对现实的一个"迟到"的肯定。

二、从资源配置均衡向内涵优质均衡的政策

当外部教育资源的分配趋于均衡时,人们就会开始选择能够尊重人的个性差异、开发学生潜力和保持学生活力的学校教育,这时候,家长对教育公平的期望已经深入教育过程的权利平等和优质资源分配——教育过程的微观公平。即使在关于教育起点公平的追求中,人们的目标也是教育过程公平。因为在某种程度上,良好的学校环境、设施和师资能够决定优质的教育质量。也就是说,学生在一所资源丰富的学校所能获得的微观公平的概率更大,而在资源贫乏的学校,学生的受教育过程就可能是不完整的、效率低的、不能得到平等关注的。例如,在资源比较贫乏的乡村学校和薄弱学校,就有可能存在课程体系不完整(如缺少合格主课教师或缺少音体美学科教师等)、教师素养和教学技能水平不高等情况。"教师的学科结构不合理,科学、英语、音乐、美术等小学科教师短缺严重,导致很多国家课程无法开课"。[①] 这些学校的学生难以享受到完整的课程教学,而且在受教育过程中所接受的也很可能是低质教育,其中,更难以实施对学习困难学生的补偿教育。因此,学校教育过程微观公平是实现教育公平的关键,而教育资源的公平分享又是教育微观公平的关键问题。

目前,我国已经通过深化教育过程公平,注重教育过程宏观公平对教育质量的提高,提出激活教育活力的制度建设,如国家"十三五"教育规划提出了"增强教育改革发展活力"的重要内容,包括"深化考试招生制度和教育教学改革,推行初高中学业水平考试和综合素质评价""全面推开中小学教师职称制度改革,改善教师待遇""推动现代信息技术与教育教学深度融合""依法保障教育投入""实行管办评分离,扩大学校办学自主权,完善教育督导,加强社会监督""建立分类管理、差异化扶

---

① 吕俐敏.隐痛与突围:乡村教师该走向何方?——一位挂职副县长的乡村教育调研手记[J].中小学管理(北京),2017(6):4.

持的政策体系,鼓励社会力量和民间资本提供多样化教育服务",等等。因此,对东部及中西部一些较为发达的地区来说,近十年来,基础教育发展正在向"教育过程公平"过渡和转换,即从"资源配置均等"到"内涵式质量均衡"乃至"多样化优质均衡"的发展重心转换。其中,信息技术手段成为促进城乡学校内涵式质量均衡的重要手段。

一是充分发挥教育信息技术作用:"云课堂""智慧教室"促进教学改革。信息化正在带动教育理念的变革,有效推动了素质教育的实施,充分满足了多样化与个性化的需求,深入推进教育信息化建设对促进教育公平具有特殊意义。教育部发布的《教育信息化十年发展规划(2011—2020年)》指出,基础教育开展教育信息化工作要"以促进义务教育均衡发展为重点";2013年,中共中央《关于全面深化改革若干重大问题的决定》提出,构建信息技术手段扩大优质教育资源覆盖面的有效机制,逐步缩小区域、城乡、校际差距;2017年教育部颁布的《关于数字教育资源公共服务体系建设与应用的指导意见》指出,数字教育资源公共服务是更好解决教育发展不平衡不充分问题的现实选择。可见,"信息技术促进教育优质均衡发展"已上升为国家政策议程。在此推动下,国家和地方政府推出了一系列"信息技术促进教育优质均衡发展"的改革行动。国家层面,先后推出了"农村中小学现代远程教育工程""教学点数字教育资源全覆盖""国家基础教育资源网""全国教师教育网络联盟计划""国家教育资源公共服务平台""网络学习空间人人通"等信息化项目。在地方,各地结合区域特点,推进区域教学资源库建设,并利用现代信息技术促进优质教育教学资源流动。作为《福建省"十三五"教育发展专项规划》一个重要内容,福建省将充分发挥教育信息化"引擎"作用,以教育信息化全面推动教育现代化。包括:(1)实施农村中小学宽带网络接入工程。为全省4683所完小以上农村中小学接入20兆宽带网络,5年内宽带接入费用全部由省财政承担。在此基础上,各市、县(区)、学校多种渠道筹措资金,进一步提高学校网络出口带宽,到2020年全面达到城镇学校班均出口带宽不低于10M,有条件的农村学校班均出口带宽不低于5M,有条件的教学点接入带宽达4M以上。(2)实施福建省优质教育资源共享支撑工程。省财政安排专项经费3亿多元,为全省完小以上中小学尚未配备"班班通"的班级配齐设备。2018年,全省城区、镇区、乡村小学每百名学生拥有教学计算机数分别为10.19台、9.78台、14.95台;全省城区、镇区、乡村初中每百名学生拥有教学计算机数分别为9.1台、8.69台、16.72台;2018年,全省小学校均网络多媒体教室数为16.68个,比全国平均值多1.53个,比上年增加0.91个,增长5.77%;全省初中校均网络多媒体教室数为21.17个,比全国平均值少3.4个,比上年增加

1.43个,增长7.24%。

福建省电教馆实施"教学点数字教育资源全覆盖"项目,大力推广"一校带多点""一校带多校"的模式;要持续组织开展教学点教师信息技术应用能力培训,不断提升教师信息化教学能力;要加强设备的管理与使用,构建以应用为向导的技术支持服务体系。

典型案例1:

2006年起,厦门同安区阳翟小学就提出"以信息技术以支撑,多学科整合参与"的信息化发展思路,重视信息技术与学科教学深度融合。为了让教师"懂技术、会科研",学校搭建了教育信息化专题研讨平台,2011年,学校创建"教育技术俱乐部"实验交流平台,开展教育技术校本研究,培训模式被市教育局认定为"培训先行的阳翟模式"。2013年,学校被确定为福建省教育信息化试点校,提出"自强素质、筑巢引凤、搭建平台、课题引领、逐步推进、辐射带动"的教育信息化工作思路,携手企业、专家、优质学校、薄弱学校、台湾朋友一起建设美丽智慧校园,打造现代化学校。目前学校已逐步形成"一个课题引领,多个项目整体推进"的格局,一个课题即省级课题"交互电子白板在课堂教学中的应用研究",多个项目即"实时评价高效课堂""远程同步互动课堂""学乐人人通实验""校园植物移动式学习系统""东北师大的微课联盟实验"。每个项目各有优势,每个项目均有实验团队,其中一个教师整体负责,经常性横向沟通,交流融合,实现项目实验"1+1>2"的效果。2013年,厦门同安教育开始进入"云时代",教育云首次实现山城同步互动共享,从此山里的孩子有了美术、音乐等课程,和城区孩子共享优质教育资源,这在台湾教育界也引起轰动。2014年6月,远在台湾的新北市瑞芳小学首次与阳翟小学实现远程同步互动。近年来,同安区投入4180多万元,全面推动"三通两平台"建设,以教育信息化促进教育均衡跨越发展,形成覆盖全区的区级教育城域网和学校校园网一体的现代教育网络体系,实现了覆盖全区中小学校(包括教学点)的1466套"班班通"。根据地域广、边远农村较多、教学点多等自身特点,同安在全区所有的独立法人单位和所有教学点建设39套录播教室。建立名校、城区学校、中心校与教学点及薄弱校的一对一扶持课堂,实行"点对点"远程互动教学,将城区优质的教育资源辐射到边缘的山区薄弱学校,实现优质资源共享、城乡教学一体化。

典型案例2:

福州市仓山区教师进修附属第一小学的"云课堂"在福州,一个演播间,电脑、电视机和摄像头,电脑屏幕的这头是上课的教师,另一头是班级里的学生。这是福州市仓山区教师进修附属第一小学的"云课堂"。这所学校教师配备的数量比,是可以达到一个教师教两个班的。那为什么还要一个教师教多个班呢？校方说,这是为了提升学生的听课质量。教师在讲解复杂的知识点时,有经验的教师会讲得更透彻。现在通过信息化手段,让有经验的教师给多个班的学生讲解,相比起一个教师教两个班这样的方式,能让优质的教育惠及更多的学生。在学校的"云课堂环境下小学语文教学的有效性研究"市级课题的推进下,学校语文教研组尝试利用"云课堂",使同年段班级共同受益。在教学过程中,实现一班带多班,同课同构同上。通过云平台实现班班交流、师生互动、生生互动,让优质资源惠及每一位师生。

二是依托优质教育机构组建办学联合体。这是当前各地推进基础教育优质均衡发展的普遍做法。该策略旨在发挥优质教育机构的品牌、理念、管理、教学、资源优势,辐射带动联合体学校快速、高质量发展。具体策略如下:1.依托优质教育机构组建教育集团,以优质学校(机构)带动薄弱地区(学校)高质量发展。2.支持或引入当地或外地名校在薄弱区域举办分校,扩大优质教育资源供给,推动区域间教育均衡发展。为了推进义务教育均衡发展,缩小城乡学校办学差距,发挥城区优质教育资源对农村学校的带动作用和辐射效益,福建省于2011年起在39个县(市、区)城区开展的义务教育"小片区"管理模式试点,2012年全面推广到所有县(市)的城区,推进乡镇中心校和同乡镇小规模学校一体化办学改革,实行中心校校长负责制,统一教师管理,统一课程设置,统一教学安排,统一开展教研,探索建立中心校和小规模学校教师轮流任教,以及体、音、美等学科教师走教工作机制,并将乡镇小规模学校办学情况纳入中心校综合考评,促进中心校落实目标责任制,推动小规模学校与中心校协同发展。缓解城区义务教育"择校"问题。到2019年,小学阶段,全省1073所城区学校加入"小片区"对口帮扶2318所乡镇学校,参与交流教师数量达11742人;初中阶段,全省成立160个小片区,358所城区学校帮扶655所乡镇初中,7322名教师参与双向交流。在农村薄弱学校委托管理方面,到2019年,小学阶段,全省247所优质小学承担托管任务,管理407所农村薄弱学校,涉及教师10601人,学校137384人,双方学校教师交流2066人;初中阶段,全省133所优质初中托管183所农村薄弱初中,其中1920名教师进行双向交流。按照创新、协调、共享、共赢的理念,通过集团化办学。2019年,全省成立了有79个小学教育集团,集团内成员学校266个,其中,财务、认识、教学、招生由总校统一管理的有62所,财务、认识、招生由各校管理,教学由总校统一管理的130所;54个初中教育集团,成员学校114所,其中17所实现财务、人事、教学、招生总校统一管理,59所仅教学由总校管理。

三是尝试义务教育质量监测结果应用促进薄弱区域义务教育质量提升。"监测评价—结果应用—质量提升"是促进区域教育质量螺旋式上升的完整闭环,其中,监测结果应用是核心。2018年,福建省教育厅在长汀、政和、光泽3个试点县通过解读报告,以质量监测结果为抓手,以问题为导向,积极探索监测结果的有效应用路径。目前,已经探索形成一定经验模式:试点县针对质量监测发现的问题,以区域整体推进的方式积极探索改进路径,牢固树立质量意识与效益意识,采取一系列举措,取得一定的成效。构建教、学、评一致的教学质量监测评价体系。一是加大监测工具研发力度,确保各阶段监测工具能发挥"教、学、评"的反馈、矫正、引导、促进作用,使其达到以教学评价促进教学改革、倒逼教学改革的功能。二是依托县级教研员、县名师和学科指导组定期或不定期深入基层学校开展听评课及随堂抽测工作,通过听常态课、预约课、推门课、研讨课了解课堂教学效益和学生学习状态,并针对问题及时帮助解决。三是建立教学质量分析制度。扎实抓好各阶段、各层面的质量分析工作,以质量分析为抓手,聚焦问题,提出解决思路。任课教师重视单元过关练习卷的分析工作,学校教导处以学科、年段为单位抓好期中监测质量分析工作,并以书面形式向县初教室报备分析情况,县局组织学科骨干教师对学期末进行质量分析,形成各年级质量分析报告,召开教育教学质量分析反馈会,各学校及时组织教师从横向、纵向比较中找出学校管理、班级管理和教师教学质量的差距,提出整改措施。

四是大力培育建设课程教学改革项目。"十三五"以来,一些省份基础教育内涵建设"组合拳",先后启动基础教育课程教学改革项目培育、推进中小学幼儿园达标(示范)建设、完善义务教育质量监测体系等,组织开展中小学优质课、普通高中优质课程、基础教育教学成果评审,建立逐级遴选培育机制等,在深化课程、教学、教研、考试、评价等环节的改革,使各因素有机衔接、相互配套、相互促进,形成强大育人合力。

三、基础教育公平政策的成效

现代化发展目标下的义务教育发展目标主要载体是体现学科核心素养的学业标准和综合素养成长目标。学业标准,是指在正常的学校教育条件下,从素养和能力的角度,对不同区域义务教育阶段各年级学生应该达到的学习结果程度的描述,即学生经历不同阶段的学校教育后应该知道什么、应该能做什么。推进义务教育薄弱环节改善与能力提升,重点加强乡村小规模学校和乡镇寄宿制学校建设,打造

"乡村温馨校园";加快消除城镇大班额,逐步降低班额标准,促进县域义务教育从基本均衡向优质均衡发展。

一是保障义务教育财政经费投入,加强党的领导;完善家校共育机制,营造良好生态;科学规划布局,扩大优质资源覆盖面。

表9-1 2018年全国及部分省市义务教育学校办学条件情况

地区	专任教师数(人)		校舍建筑面积（平方米）		教学仪器设备资产值（万元）	
	小学	初中	小学	初中	小学	初中
辽宁	140400	98960	12259038.39	14202139.53	1431388.64	333993.12
江苏	289202	176597	37118752.93	34707312.65	6572135.19	621764.93
福建	165910	98789	22875409.62	12416168.23	2871328.50	198051.12
四川	314406	198463	34658007.60	33211879.57	4689874.70	617046.38
贵州	197069	127097	25304480.25	21211259.79	2562162.41	224348.40

二是全面改薄,开创了内涵式教育发展之路。近年来,教育的内涵式发展已成为迫切要求,但真正开始教育内涵式发展的地方其实还不多,近些年来,通过义务教育经费保障机制、县域义务教育均衡、城乡义务教育一体化、教师队伍建设、信息化、校园安全工程、学生营养改善计划等多种政策措施,特别是全面改薄工作,义务教育切切实实地在走向内涵式发展道路。到2018年底,全面改薄取得重大进展,全面改薄工作受益学校总数达17.06万所,受益在校学生总数达8100万人。与2013年年底贫困地区义务教育学校基本情况相比,全面改薄覆盖项目学校生均校舍面积增加2.70平方米,为10.88平方米/人,生均图书增加7.68册,达29.07册/人。

在福建,义务教育工作深入贯彻党的十九大精神,坚持以习近平新时代中国特色社会主义思想为指导,继续围绕"补短板、深改革、提质量"这一路径,出实招,强推进,努力开创义务教育改革发展新局面。

四、基础教育公平政策的瓶颈

无论是教育均衡的宏观政策,还是基础教育资源要素流动的具体举措,都在很大程度上缩小了城乡、校际差距,促进了基础教育"城乡""阶层""区域"起点的公平。但是,政策的实际效应差强人意,特别是随着群众生活水平的提高,对教育质量的追求逐渐成为主导诉求,因此,我们应该反思:政府追求的教育公平与受教育者所追求的公平教育之间存在哪些隔阂?

以往对城市薄弱学校改进的探究,多表现为一种"效率优先"的路径依赖,无论是教育部门出台的相关教育政策,还是各地在实践中探索出的模式,如集团化办学、学区化管理、委托管理和U-S模式等,都重在从资源配置的角度出发,在资金、硬件设施、师资力量等方面对薄弱学校进行倾斜,这些改进措施大多具有周期短、见效快的特点,在促进薄弱学校办学条件的改善、促进区域内优质教育资源共享方面有积极作用。但是总的来看,这些改进措施主要借助是外部力量,过于关注宏观层面而忽略微观层面,过于关注物而忽略人,导致薄弱学校内部的改进难以深入。大多存在学校教育的内部不公平现象,主要可以概括为学生"学习权"的缺失、学生学力发展的不充分以及学生情感关怀的不足三大方面。从内部公平的角度来看,城市薄弱学校的困境成因可以从以下几个方面进行探析:(1)学校课程不具有多样性和选择性;(2)课堂教学内容与方式单一化;(3)教师道德敏感性不强、关怀素养不足;(4)评价方式不具有发展性和多元性。[①]

只有教育政策的要求真正被学校校长和教师当成"要求"来指导自己的学校管理和教育教学实践时,这个政策才可能产生效果。否则,再多的政策投入、再细致科学的政策过程、再好的政策文本都会在这种"底层行动逻辑"中夭折[②]。无论是基于"优化"教育资源配置的"撤点并校",还是学校管理制度与分级评价导致的择校、择班或择座位,无论是学生不平等关系导致的校园欺凌,还是师生不平等关系导致的教师体罚或学生家长反向凌辱教师,都是将教育效率与教育公平作为一对矛盾,认为真正的教育结果公平是"乌托邦"式的理想,一方面将教育过程公平视为畏途而不愿积极作为,因而将"教育机会公平"局限于教育起点或简单的义务教育

[①] 皇甫林晓.城市薄弱学校改进的困境与策略——基于学校内部公平的视角[J].江苏教育研究,2018(9A):3-7.

[②] 姜超,邬志辉.村校微观问题样态与管理回应——基于从教36年村小教师的口述[J].湖南师范大学教育科学学报,2014(11):72-79.

"入学"机会公平;另一方面,忽略了教育过程中影响资源有效发挥作用的文化因素、情感因素,过分强调教育资源分配的显性因素和技术作用。实际上,教育公平与教育效率二者是可以辩证统一的。正如褚宏启所认为的,教育公平与教育效率都具有内在的逻辑合理性和价值合理性,能够并重统一,更多的教育公平会带来更高的教育效率,教育效率也不会损害教育公平[①]。促进这二者统一的关键在于教育过程微观公平的实现。因此,在教育公平已经成为社会主义教育制度重要目标的今天,学校教育过程微观公平的研究与实践不仅有必要,而且成为急迫需要。

已有的政策、研究对于学校教育公平也制定了相应的指标,其起点公平主要是指入学率、教育资源配置公平,以入学率、生均教育经费、财政教育支出占财政支出比例为指标;过程公平主要考察师生的状况,主要以生师比、学生辍学率(巩固率或缺勤率)、教师专业水平为指标;结果公平以升学率、学业成绩为指标。华东师大黄忠敬教授领衔的课题组选取了亚洲的中国、日本、印度,欧洲的芬兰,北美洲的美国作为基础教育公平指数的研究对象,得出"中国基础教育的公平程度处于五个国家中的中后位置"的研究结论[②]。实际上,以上指标的测量只能反映教育公平的宏观、中观水平,无法真正反映教育的微观公平,甚至一度只能反映教育发展指标,而不是公平指标,教育微观公平是在一定的条件(空间、资源条件下,内部的公平)下的。特别需要指出的是,生师比、学生辍学率(巩固率或缺勤率)、教师专业水平(以学历为主要指标)等指标水平高低与以升学率、学业成绩为指标的"结果公平"指标之间的关系是否是绝对的?我们不认为这二者之间存在绝对的、必然的关系。比如,学者围绕影响教师质量的若干关键特征维度进行的大量实证研究发现:教师受教育程度、教学经验年限分别与学生学习结果呈微弱正相关或无显著关系。[③] 因此,我们认为,与政策和学者普遍提出学校教育公平从以资源配置为标志的起点公平,转向以平等对待为特征的过程公平这一认识一致的是,新时代衡量教育过程微观公平的领域更应聚焦学校内部教育过程中的学校管理、课程设计、课堂教学、师生交往和同伴交往等方面。

围绕我国政府"优质·均衡"的教育发展目标,学者研究开始转向教育过程和教育结果公平,这时,研究者才逐渐怀疑:早期的教育公平政策是否真正基于人的

---

① 褚宏启.教育公平与教育效率:教育改革与发展的双重目标[J].教育研究,2008(6):7.
② 黄忠敬,秦一鸣.我国的基础教育公平吗——基于国际比较的视角[J].中国教育政策评论,2019(10):99-115.
③ 刘骥,黄少澜.教师技能对教育优质均衡的重要作用:基于跨国数据的实证.教师发展研究,2020(4):86-93.

发展需求？也就是说,一直以来,我们以教育资源配置为主要手段,以教育效率为主要评价指标的"利益—分配"型公平教育政策,试图解决的到底是儿童需要的公平教育还是社会发展需要教育公平？同时,学者们提出,社会与情感能力(social and emotional skills)对一个人的事业成功和人生幸福才具有决定性意义(袁振国)[①]。培养学生健康的情感能力,正是我们提出学校教育过程微观公平的重要内涵之一。2019年国际学生社会与情感能力首轮正式测评苏州市共有151所学校的学生(分10岁和15岁年龄组)、家长、教师、校长参与了正式测评,其中学生和家长的样本数均为7550,学生参与率为96.26%,家长参与率为92.86%。这次测评发现,影响学生的社会与情感能力的因素有三个:一是在家庭因素上,理解型父母正向影响学生的社会与情感能力,与父母关系存在问题的呈负向影响;二是在学校因素上,学校归属感、合作学习氛围、校园欺凌、师生关系、朋友关系和课外活动显著影响学生的社会与情感能力;三是在社会因素上,社会联系的多样性、社区环境安全等影响学生的社会与情感能力的发展。因此,以"有质量的教育公平"为学校教育愿景的今天,我们的学校教育已不能局限于实现资源共享性的公平,而须走向真正对生命的尊重和教育的公平,让每个孩子真正成为主宰自己命运的独立个体。

第二节 育人图景:微观公平的高质量学校教育样态

高质量发展是满足人民日益增长的美好生活需要,体现了公平新发展理念,是优质均衡的发展高位目标。本项目组经过18年理论与实践融合的探索,建构了"教育微观公平"的理论基础,检验和完善了"均衡·优质·活力"高质量学校发展样态逻辑,并进一步推广到不同的学校,促进实验学校走向内涵式高质量发展之路,并较好促进了实验学校学生享有公平而有质量的教育。近年来,我国政府在教育公平的目标方面进一步提出并落实"有质量的教育公平",将教育过程高质量作为学校教育发展的重要办学目标,即希望通过制度保障、学校设施提升、师资保障、课程保障,有效提升儿童在学校学习生活中获得的体验和经验的质量。

---

① 袁振国.高度重视社会与情感能力培养为人生的成功和幸福奠基[J].中国教育学刊,2021(2):3.

一、基于差异的学校教育微观公平"均衡·优质·活力"学校育人图景

前面我们已经探讨了诸多学校教育过程的微观公平的指标及其细分,也探讨了相关原则。但是这些微观公平最终将构成一个怎样的发展图景呢?我们又该如何去实现这样一个图景呢?本项目团队经过十年实践研究,总结了"均衡·优质·活力"学校发展样态,其主体为育人图景实践模型,这一模型包括五个环节,具体见图 9-1。

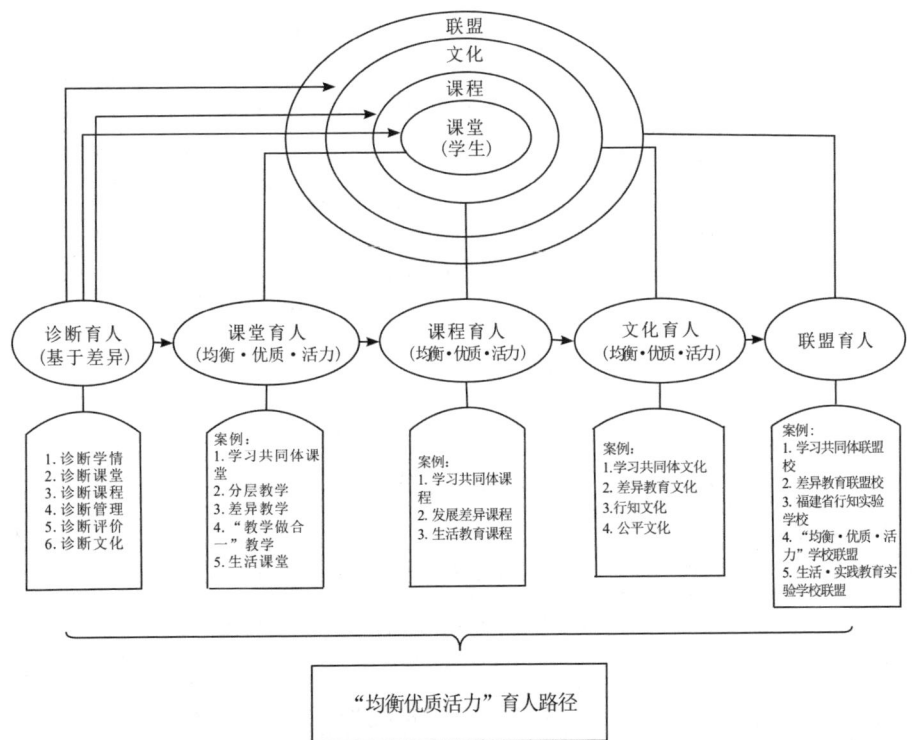

图 9-1 基于差异的微观公平"均衡·优质·活力"学校育人图景

(一)诊断育人

诊断育人,是指基于学校及其内部的差异事实,试图通过诊断找到这种差异的过程。通过我们的微观公平理念体系,对包括课堂、课程和文化(管理、评价等)进行相关的诊断。如将"公平课堂"指标用于具体学校的教学设计、观测与反馈改善实践,探寻微观公平所存问题对不同学生群体与个体的影响及其改进机制(见表 9-2)。还有针对大班级授课制的弊端,基于学情测评工具的研究应用促进微观公平等。

表 9-2　微观公平视域下的课堂设计与诊断

课堂维度	要素		内容(学生发展指标)	评价原则
教学内容(课堂品质维度)	必备品格	学习适应的品格	培养学生学习适应的必备品格	1.聚焦学生的核心素养,提供课堂的品质,实现优质课堂;2.能根据不同的学习对象设计出多种可供选择的教学方案
		人际适应的品格	培养学生课堂学习过程中人际适应的必备品格	
		适应环境的品格	培养学生课堂环境适应的必备品格	
	关键能力	基础能力	注重学生基本能力培养,如观察力、感知能力、记忆力、注意力、想象力	
		学科能力	注重培养学生学科知识和相关能力	
		创新能力	注重用启发式等方法培养学生创新能力,如提出问题、合作探究能力、解决问题能力	
	正确价值观	社会主义价值观	课堂教学注重社会主义核心价值观引领	
		学科价值观	注重培养与学科相关的价值观	
教学过程(课堂均衡维度)	机会	面向全体	提供所有学生发言、表现或表达的机会	1.面对各种有不同需求的学生,实施多种方式多种内容的教育;2.提供较丰富的资源,让每个学生都有一定的选择自由;3.学习空间合理布置,学生座位科学安排
		照顾个别	照顾学生差异的个别性机会	
	权利	独立学习权利	给予学生充分的自主学习时间;如表达权、思考权等	
		自主表达权	给予学生充分的表达平台,宜设置表达、反馈环节;给予学生学习难度选择的自由(如作业超市、检测的梯度和作业的多样化)	
	资源	多样性	充分运用现代教育教学资源丰富课堂;提供丰富的教学资料和工具	
		合理性	合理的学习空间,科学的学生座位安排,教学资源的科学分配和应用	

续表

课堂维度	要素		内容（学生发展指标）	评价原则
师生关系与生生关系（课堂活力维度）	自由	接纳	师生互相接纳。学生学习的积极性高,能够得到尊重、理解和接纳	1.建立师生和生生和谐的关系,以及在此关系之上的规则和师生、生生的互动行为;2.防止出现等级化、边缘化、排斥、欺侮等现象;3.让每个孩子在班级中有安全感、互相尊重。
		投入	学生的学习状态具有一定的投入性,不散漫	
	规则	有序	课堂整体纪律的规范;课堂上的指令能得到学生积极回应	
		灵活	合理、灵活地应对学生对规则的挑战;对某些学生规则的灵活性	
	爱	关爱	师生间充满爱,生生互帮互助,教师关爱到弱势学生	
		喜欢	师生间互相喜欢,学生喜欢学习,喜欢教师,喜欢课堂,喜欢同伴等	

我们也可以对课程开发和设置过程的微观公平、学校管理和班级管理的微观公平进行相关诊断。诊断的目的自然是发现日常学校在这些领域的公平实践状态,给出公平实践的方向。可以说,各个领域的微观公平诊断是我们开展相关领域育人过程的重要前提,缺乏这样的诊断,我们对这些领域的微观公平实践就失去标的。

（二）课堂育人

课堂育人是如何践行公平的,我们会选择一些典型案例,比如基于强中弱学生都能得到最好的发展的思路,对教育公平理念转化为教学行为的内隐机制探析,形成学习共同体的课堂教学流程（见图9-2）。其他的案例有:基于"教学做合一"的农村初中公平课堂教学设计模式构建;"最近发展区理论"的初中分层教学研究"等。

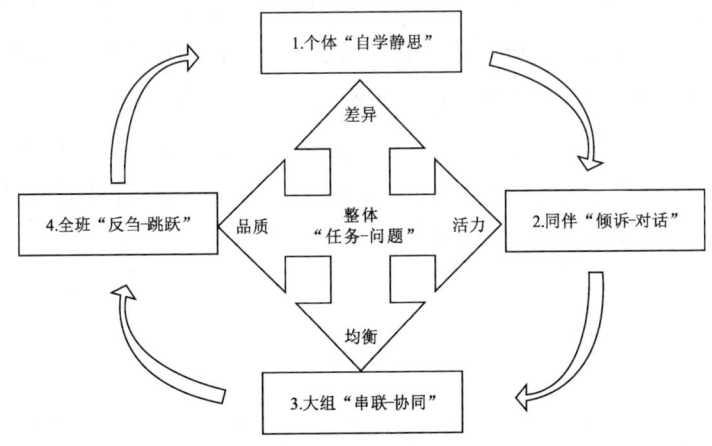

图9-2 福州教院四附小公平课堂的教学流程

(三)课程育人

课程育人即在将国家课程校本化的基础上,构建丰富的校本课程,给学生更多的选择和个性化发展机会。比如,福州教院四附小基于学校微观公平视角,依照教育公平三阶段两次重构已有的校本课程体系,为不同层次、多元差异的学生提供更合理、更优质、更公平的课程资源配置及实施方案(见图9-3)。

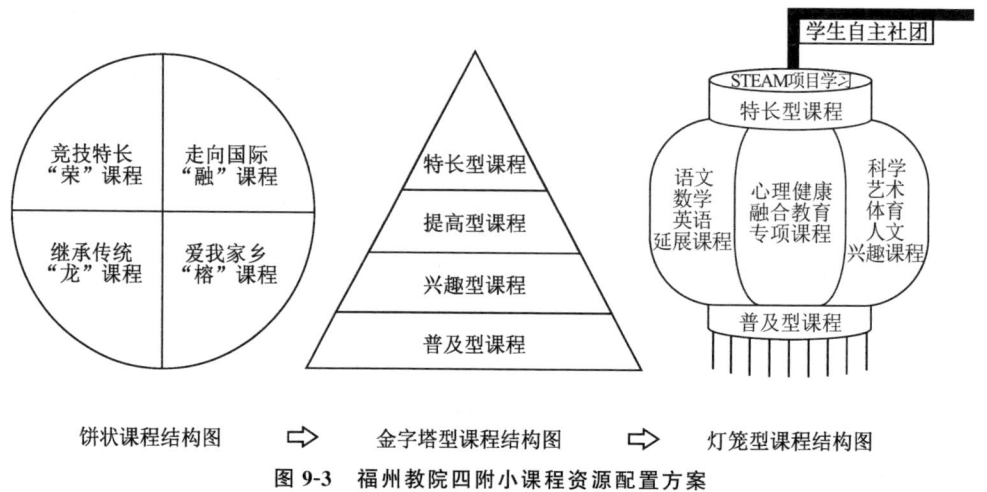

图 9-3 福州教院四附小课程资源配置方案

(四)文化育人

学校是实现教育公平的重要场域,学校内部制度和文化是实现教育过程微观公平的重要保障(见表9-3)。现代中小学校落实教育过程微观公平,最终应该做到基于学校特点明确阐述促进全体学生发展的公平性办学目标,建构民主平等的内部管理和评价制度,建设使教师获得尊重和平等权益的教师管理制度和考评机制。如连城隔川中学制定的"四有好教师"师德标兵评比量化表,设立了"理想信念""道德情操""扎实学识""仁爱之心"4个一级指标,每个指标下包括具体的行为标准,如爱岗敬业、文明理性等11个二级指标。每个二级指标下,都有具体可操作性的内容和分数标准,反映一所乡村学校对好教师的基本追求。

表 9-3 反映学校教育过程微观公平的文化标语

领域	文化标语内容
校园文化	大道之行也，天下为公。——《礼记》 即使全世界都毁灭了，正义是不能没有的。——罗曼·罗兰 人人相亲，人人平等，天下为公，是谓大同。——清·康有为 天下事，坏于懒于私。——宋·朱熹 社会的首要价值就是正义——罗尔斯 微观公平的三个阶段：起点公平　过程公平　结果公平 微观公平的四大正义：差异正义　共享正义　关系正义　素养正义 微观公平的四大指标：差异　均衡　优质　活力 微观公平的五个维度：公平校园　公平课程　公平课堂　公平管理　公平评价
课堂文化	因材施教　接纳赏识 让课堂充满活力 倾听　串联　反刍 赏识　联结　互爱 接纳　安全　分享 差异　均衡　优质　活力 我们平等的相爱，因为我们互相了解，互相尊重。——列夫·托尔斯泰 一切背离了公平的知识都应叫做狡诈，而不应称为智慧。——柏拉图 必须真理面前人人平等。——良华
管理文化	起点公平　过程公正　结果公开 公天下之身，公天下之物，其唯至人矣。——列子 公与平者，即国之基址也。——清·何启 公则四通八达，私则一偏而隅。——明·薛宣
评价文化	客观地看待事　公正地评价人 事情要一分为二，看人也要辩证

（五）联盟育人

随着教育教学改革进入到一定阶段，项目组成员发现，学习共同体学校建立课改联盟校，差异教育学校也建立厦门十来所联盟校，福建省行知实验学校有65所联盟校，新生活教育联盟也建立了十来所联盟校。以新生活教育联盟校而言，它倡导一种更具优质和活力的学校样态，课堂构建新生活课堂，教学更加深度，整体学校文化以治校蓝图和核心，师生过日日新的生活教育。上述联盟学校，都是教育微观公平育人的一种教改模式,往往侧重实现教育微观公平的一两个方面。项目组发现联盟育人是推广这种育人路径的好方式,因此,根据我们的发现也建立了十来所直接认同"均衡·优质·活力"育人模式的联盟校,制定了联盟宣言,建立了相应的活动机制,有力地促进这一研究成果的互相分享和交流,使得这一育人图景得到更加快捷的实践和传播。

二、教育微观公平演绎的实践路径

(一)教育微观公平归纳的实践路径

基于上述育人图景,我们很容易得到归纳的实践路径:课题组在研究微观公平中,不断在各种优质办学和教改示范学校教育中发现他们遵循了学校教育过程微观公平表征,通过联盟归纳,相关的实践指导,使得这些学校一定程度上能够沿着诊断育人、课堂育人、课程育人、文化育人、联盟育人的五个维度,在促进学校教育微观公平的实现中,实现"均衡·优质·活力"新时代学校样态建设。这些优质学校,仍然可以践行其原有的教改办学理念,仍然可以拥有其原有的教改示范项目。但他们的发展已经和我们的教育微观公平同心、同向、同行(见图9-4)。

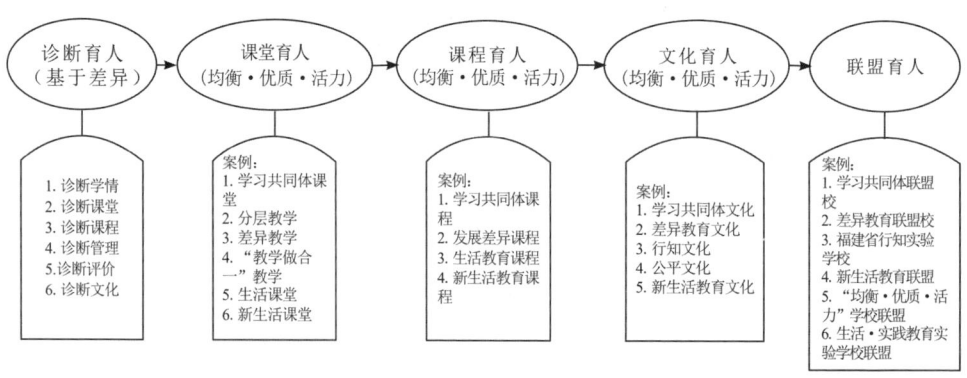

图9-4 教育微观公平归纳的实践路径

(二)教育微观公平演绎的实践路径

演绎的实践路径,适合那些自身发展还不优质,有待整体规划和整体实施的学校。演绎路径是从整体到部分的,是首先可能加入我们的联盟校这个团体中,然后从文化育人,到课程育人,再到课堂育人的顺序,在一定实践的基础上,通过诊断育人,来不断改善实践的成效。可以说,演绎的实践路径和归纳的实践路径是相反的两种路径。

1. 文化育人:建设能够激励教师和学生的学校管理制度

课程体系、教师水平、班级规模、师生比例等许多重要的内在教学因素都需要良好的、适宜的学校管理制度支撑。① 人们常说"一个好校长造就一所好学校",好校长之"好",关键在于其能够秉持促进全体学生健康成长的先进的办学理念,制定实施科学、以人为本的学校管理制度,能够促进教师责任感和激发教师教育智慧。罗森塔尔效应告诉我们,只要是常人,如果受到周围人的期待、关心、帮助、爱护,那么他就会健康成长以致成功。学校管理制度首先要关照的是教师,要给予教师民主平等的感受,并能够激发教师的教学积极性和智慧。教师是教育教学过程最主要的实践者,公正、智慧、有责任感的教育者是教育公平实现的保证,因此,为了实现学生的公平,作为教育者的教师是否得到公平的关照也是十分重要的——只有教育者感受到公正待遇,才可能有一个公平心,用责任、尊重和爱对待受教育者。其次,学校要建构公平公正的文化氛围。教师的行为深受其已有理念的制约,在升学率优先的现实情境下,如何让一线教师改变效率第一的功利教育理念,将教学关注重点从"物"(考试成绩)转变为关注"人"(思考并重视如何对待学生),从注重有升学潜力的孩子转向关注所有孩子,并采取弱生援助策略,仅仅进行理论灌输是远远不够的。只有通过氛围熏陶和影响,让教师从内心深处认同公平对待所有学生是每个学生应有的权利时,才能够真正尊重学生,公平对待、信任学生,并能针对不同学生的需求,不断改进教育教学方式,促使每个孩子发挥自己的优势和长处。

此外,在学校管理中,营造平等、和谐的班级氛围是实践微观公平的重要领域。班级是学生最主要的受教育场所,班级规则和秩序、其中的人际关系等通过师生、生生在班级中的实际互动过程,会对学生的身心发展产生重大影响。自班级授课制建立以来,就被看作是以效率为目标让更多人接受教育的形式,如马卡连柯认为,班级授课制更能让人在集体中获得发展;当代心理学也提出学校和班级是实现个体社会化的重要途径。当然,班级授课制也被看作是无法照顾学生的个别差异的教育教学形式。这也是当代教育形式改革如小组教学、小班教学等教学形式得以有效展开的重要原因。我们认为,以公平为导向的班级秩序的建立,是可以确保教育微观公平的,其中最为关键的是建立师生和生生和谐的关系,以及在此关系之上的规则和师生、生生的互动行为,包括师生的民主交往,班级干部与一般学生的平等交往,不同家庭背景学生之间的平等交往,如此才能防止出现等级化、边缘化、

---

① 徐辉."十三五"期间推进教育公平的几个关键性问题[J].教育发展研究,2015(7):1-4.

排斥、欺侮等现象,才能让每个孩子在班级中有安全感,并能够在互相尊重中获得自我的最大生长。

2.课程育人:构建完整的课程体系

按学科教育标准设置完整的课程是实现教育过程微观公平的前提,如果一部分人接受的是完整的教育,另一部分人接受的是残缺不全的教育,教育公平的内涵和意义必将大打折扣。①

完整的课程包括国家课程、地方课程和校本课程。学科教育标准一般是相关领域专家制定的,关注的是学生必须掌握的基本学科知识和技能,以及应用知识和技能解决学科问题的能力,同一学科在不同年段有不同的要求,学校必须根据学科要求设置相应课程(含学科核心课程和辅助课程)。丰富的课程内容将使学生的学习在较大的宽度内实现教育自由。丰富并不意味着数量多,构建具有本地方本校特色的、适合本校学生需求的、师资能力足够的课程体系,就可以较大程度满足本校学生的发展需求。学校可以根据校情、学情,建立由课程专家、学科专家,以及本校教师、学生、家长及社会相关人士等多主体参与的课程开发机制,还可以充分利用地方文化资源、社会资源,站在促进受教育者多元发展、推动学校特色发展的视野开发特色课程。

3.课堂育人:采取多样态的教学方式

在课程教学中,教师能够将学科知识体系转化为学生能够接受的教学内容,有针对性地个性化教学,让所有学生能够主动、积极参与学习,达到学科教育标准,使每个学生实现深度学习,才是实现微观公平的关键。根据学生的身心发展、生活经验和兴趣能力解构课程内容是促进教学过程微观公平的重要手段。先天差异与学校教育的微观公平有家庭和社会资源差异造就了每个独特的个体,每个学生所获得的有效学习和成长需要的时间和任务都可能不一样。因此,教师还需要根据学生特点和已有基础,在不同的情境采用不同的教学方式,让每个学生都能实现适合自己的深度学习,如基于不同的学情采取多样化的教学手段,包括多样态的课堂教学、多层次的教学设计和个性化的作业设计,有助于每个学生"跳一跳摘到葡萄",使教育在有深度的同时有温度:让优生能够突破学习天花板,让中等生能够挑战更高层次的目标,让暂时落后的学生能够通过合适且有效的学习获得自信——最有效的学习往往发生在教师所提供的任务结构与学生发展水平相匹配的时候。

近年,各级各类学校尝试的生本课堂、学习共同体课堂、分层次教学、教学做合

---

① 王璐.均衡与优质:教育公平与质量[M].济南:山东教育出版社,2015:32-33.

一课堂、新生活课堂(行知创课堂),以及教育信息化技术融合的基于课堂学习进展及时生成教学方案等,都是尝试在平等对待下的因材施教,同时又能获得全体学生的情感认可。

4.诊断育人:创设基于核心素养的科学评价手段

教育评价是促进教师对学生公平对待、促进不同学生以不同的方式发展自己的优势、促进学生最大可能发挥潜力得到较全面发展的重要手段。

大部分教师认同"教育公平"理念,但是,很多教师在教育教学过程中的行为仍难以贯彻"公平",原因是受以往效率优先的社会环境和教育评价指标影响,以及长期采用的程序化的教育方式所形成的固有理念和行为方式已经深深烙印于其思维方式,成为其"内隐的思维过程和意向"。因此,只有在教育评价手段(含考核机制)整体转变的前提下,才能让教师将教育公平的内涵和要求深入其思维过程,促使其行为转变,促进其真正认同并探索教育微观公平实践。这就需要建立科学的教育过程评价机制,推动教师在课堂内外的教育实践中,基于公平理念设计教育内容和方式,为每个孩子提供不同的教育,并使之成为一种习惯性思维和价值取向。

具有导向性的评价对受教育者的自我评价及行为发展有重要影响。国家已经对教育评价作出了宏观的指向性规定,各省市教育主管部门也制定了相应的学校教育评价指标,每个学校要制订的是具体可操作的过程性评价细化指标。这就需要各级教育研究者和实践者在学生发展核心素养的框架指导下,应用各种新科技手段,制订切实可行可操作的评价体系。

公平理念下的微观教育评价既不能偏好受教育者的认知能力、理性思维能力,也不能偏爱受教育者的实操能力,而应对受教育者的不同爱好倾向都加以鼓励和引导,促使其充分发展。教育过程中,对于受教育者的某种忽视、贬低、放逐,都有可能影响其性格爱好、心智发展和品行。教育评价的工具和手段也应多元,这样才能充分考察个体的丰富性格和多元能力,同时,差异多元的评价还应关注受教育者的个人体验,避免其产生"不平等"感。目前,信息技术手段为学校制订科学的过程性评价指标提供了科学便捷的手段,只要学校、教师重视指标的制订和应用,就能够为每个学生的个性化成长提供保障和空间。

参考文献

一、著作

[1]联合国教科文组织国际教育发展委员会.学会生存——教育世界的今天和明天[M].上海师范大学外国教育研究室,译.上海:上海译文出版社,1979.

[2]〔美〕博登海默.法理学——法哲学及其方法[M].北京:华夏出版社,1987.

[3]〔美〕罗尔斯.正义论[M].何怀宏,等,译,中国社会科学出版社。1988.

[4]顾明远.教育大辞典(1)[M].海教育出版社,1990.

[5]陶行知.陶行知全集(第1卷)[M].成都:四川教育出版社,1991.

[6]陶行知.陶行知全集(第2卷)[M].成都:四川教育出版社,1991.

[7]陶行知.陶行知全集(第4卷)[M].成都:四川教育出版社,1991.

[8]李秉德.教学论[M].北京:人民教育出版社,1991.

[9]〔德〕卡尔.雅斯贝尔斯.什么是教育[M].邹进,译.北京:三联书店出版,1991.

[10]〔意〕亚米契斯.爱的教育[M].夏丏尊,译.上海:华东师大出版社.1995.

[11]施良方.课程理论——课程的基础、原理与问题[M].北京:教育科学出版社,1996.

[12]王冬凌,等.现代课程论[M].大连:辽宁师范大学出版社,1998.

[13]白铭欣.班级管理论[M].天津:天津教育出版社,2000.

[14]郭彩琴.教育公平论:西方教育公平理论的哲学考察[M].徐州:中国矿业大学出版社,2004.

[15]〔印〕阿玛蒂亚·森,〔美〕玛莎·努斯鲍姆.生活质量[M].龚群,等,译.北京:社科文献出版社,2008.

[16]〔美〕诺奇克.无政府、国家和乌托邦[M].姚大志,译.北京:中国社会科学

出版社,2008.

[17]〔日〕佐藤学.学校的挑战——创建学习共同体[M].钟启泉,译.上海:华东师范大学出版社,2010.

[18]袁同凯.教育人类学简论[M].天津:南开大学出版社,2013.

[19]吕星宇.教育过程公平——教育活动的内在品性[M].上海:华东师范大学出版社,2013.

[20]全国十二所重点师范大学联合编写.教育学基础(第三版)[M].北京:教育科学出版社,2014.

[21]〔美〕赵勇.就业?创业?[M].周珊珊,等,译.北京:教育科学出版社,2014.

[22]王璐.均衡与优质:教育公平与质量[M].济南:山东教育出版社,2015.

[23]柳夕浪.学生综合素质评价怎么看?怎么办?[M].上海:华东师范大学出版社,2016.

[24]吴晓玲.田园牧歌:苏格兰小学教育的生态与细节[M].北京:江苏凤凰科学技术出版社,2017.

[25]叶秀萍.差异教育促进最优发展[M].厦门:厦门大学出版社,2021.

[26]杨天平.学校常规管理学[M].北京:人民出版社,2004.

二、论文

[1]MARTHA C.NUSSBAUM. Human functioning and social justice:In defence of Arisotelian essentialism. [J]Political Theory,1992,20(2):202-246.

[2]E.S.ANDERSON. What is the Point of equality? [J].Ethics,1992,109(2):287-337.

[3]陈向明.王小刚为什么不上学了——一位辍学生的个案调查[J].教育研究与实验,1996(1):35-45.

[4]翟国祥,杜桂香."等级+特长+评语"综合评价的全面性[J].小学教学研究,1998(8):41.

[5]郭元祥.对教育公平问题的理论思考[J].教育研究,2000(3):21-24.

[6]张玉明.论"全面推进素质教育"的核心和基本思路——学习《中共中央国务院关于深化教育改革全面推进素质教育的决定》[J].思茅师范高等专科学校学报,2002(1):1-11.

[7]王海珺,张养琴.谈小学语文教学异向思维的培养[J].延安教育学院学报,

2003(1):77-78.

[8]陈宗炫."多元智能"理论对学校管理的启示[J].中小学校长,2004(4):34-35.

[9]金建生.课堂范式的历史嬗变及现实重建[J].教育研究与实验,2005(4):34-38.

[10]赵延金.课堂教学公平问题的理论与实践研究[D].武汉:华中科技大学,2004.

[11]王成花.美国新型教师资格认定制度研究:"教育教学实践能力"为核心尺度[D].曲阜:曲阜师范大学,2014.

[12]苏君阳.论教育公正的本质[J].复旦教育论坛,2004(5):33-36.

[13]佐藤学,沈晓敏.转折期的学校改革——关于学习共同体的构想[J].全球教育展望,2005(5):3-8.

[14]陈宗炫"."多元智能"理论对学校管理的启示[J].中小学校长,2004,(4):34-35.

[15]曾文婕."正视"教师情绪——教学公平研究的应有取向[J].中国教育学刊,2009(7):79-82.

[16]岳贤蓉,肖冬丽.管理视阈下的教师公平心理的缺失与构建.产业与科技论坛[J].2009(1):157-158.

[17]阎蔚.论公平理论对教师激励的应用[J].浙江教育学院学报,2005(2):6-10.

[18]曲铁华,马艳芬.论教师专业化与职前教师教育课程改革[J].教育科学,2004(20):44-47.

[19]王璐.教育过程中的微观教育公平探析[J].淮北煤炭师范学院学报(哲学社会科学版),2003(8):128-130.

[20]高洁.全纳理念下我国基础教育过程公平问题研究[D].石家庄:河北师范大学,2008:17.

[21]杨小微,李学良.关注学校内部公平的指数研究[J].教育科学研究,2006(11):5-10.

[22]熊和平.论课程公平及课程改革[J].教育导刊,2007(1):8-10.

[23]顾明远.教育公平与和谐教育[J].比较教育研究,2008(4):7-9.

[24]侯莉敏.幼儿园保教质量诊断:从经验走向科学[J].教育科学论坛,2019(20):70-77.

[25]徐辉."十三五"期间推进教育公平的几个关键性问题[J].教育发展研究,2015(7):1-4.

[26]彭锻华.在创新评价机制中落实教育公平[J].人民教育,2009-06-18.

[27]霍耐特.承认与正义——多元正义理论纲要[J].学海,2009(3):79-87.

[28]陈炳飞."教师公平"视野下教师评价机制的重构[J].教学与管理,2007(12):19-22.

[29]褚宏启.教育公平与教育效率:教育改革与发展的双重目标[J].教育研究,2008(6):7-13.

[30]陈智琼,赵正.课堂教学公平的解读[J].教育与现代化,2008(2):30-35.

[31]陈智琼,赵正.对课堂教学公平内涵的思考[J].科教文汇(中旬刊),2008(1):23-24.

[32]吴全华.确保学业发展公平的教学原则[J].教育科学研究,2009(12):57.

[33]冯建军.教育学视野中的教育公正[J].陕西师范大学学报(哲学社会科学版),2008(2):90-94.

[34]吕星宇.论教育过程公平[J].现代教育论丛,2008(9):65.

[35]石中英.教育公平的主要内涵与社会意义[J].中国教育学刊,2008(3):1-6.

[36]徐建慧.我国教育公平研究文献综述[J].教育前沿(综合版),2008(8):19-21.

[37]SULDO S,et al.Teacher support and adolescents' subjective wellbeing:A mixed-methods nvestigation[J].School Psychology Review,2009(1):67-85.

[38]吕星宇.论教育过程公平[D].上海:华东师范大学,2009,79.

[39]阿克塞尔·霍耐特.承认与正义——多元正义理论纲要[J].学海,2009(3):79-87.

[40]XIAO XU CHEN."Can Sen's and Nussbaum's Capabilities Approach be Justified as an Approach to Social Justice?",P.H.D.Thesis,at Cambridge University,2010.

[41]刘复兴.教育改革的制度伦理:教育公平与政府责任[J].人民教育,2007(11):2-5.

[42]李飞.教师管理中的公平机制[J].现代教育管理,2010(12):80-83.

[43]沈海驯,李丽.义务教育公平与民众的教育选择[J].教育研究,2010(12):14-16.

[44]王善迈.教育公平的分析框架和评价指标[J].北京师范大学学报(社会科

学版),2008(3):93-97.

[45]〔德〕阿克塞尔·霍耐特.承认与正义——多元正义理论纲要[J].胡大平,陈良斌,译.学海,2009(3):79-87.

[46]曾文婕."正视"教师情绪——教学公平研究的应有取向[J].中国教育学刊,2009(7):79-81+85.

[47]余英.教育公平与社会比较——对"教育越来越不公平"的一个解释[J].四川师范大学学报(社会科学版),2010(9):122-127.

[48]于康平.教育过程公平的性别维度[J].教育学术月刊,2010(8):14-16+36.

[49]赵春娟.性别公平:学校教育的应然选择[J].教学与管理,2010(24):3-5.

[50]南腊梅.试论课堂学习共同体的建构[J].现代教育论丛,2010(2):37-41.

[51]郝文武.课程教学公平的本质特征和量化测评[J].教育研究与实验,2011(5):13-15.

[52]潘孝富,谭小宏,秦启文,王蕾.教师组织公平感与组织公民行为:工作倦怠的中介作用[J].心理发展与教育.2010(4):409-415.

[53]田果萍,张玉生,康淑瑰.教育过程公平的重新审视[J].教育科学论坛,2010(9):12.

[54]魏坤.管理视野下教师评价的公平正义问题探讨[J].太原师范学院学报(社会科学版),2011(2):150-152.

[55]刘利平,刘春平.我国课堂教学公平研究的回顾与反思[J].教学与管理,2011,(33):3-6.

[56]吴晓宁.对我国义务教育阶段课堂教学公平问题的思考[D].贵阳:贵州师范大学,2008.

[57]辛涛,黄宁.教育公平的终极目标:教育结果公平——对教育结果公平的重新定义[J].教育研究,2009(8):24.

[58]李金钊.课堂教学公平观察量表的设计及观察方法[J].上海教育科研,2012(3):66-69.

[59]李金钊.课堂教学中教育公平研究文献综述[J].上海教育科研,2011(8):21-23.

[60]周勇.校本课程的校际差异与区域基础教育公平[J].教育研究,2011(5):72-74.

[61]汪卫平.课堂公平:教育公平的底层思考[J].教育理论与实践,2011(11):6-8.

[62]杨晓峰.情景与分析:班级管理中的不公平现象及其对策[J].教育理论与实践,2011(14):24-26.

[63]钟祖荣.论教育过程公平的几个问题[J].北京教育学院学报,2012(05):14-20.

[64]万伟.校本课程开发:影响教育过程公平的新因素——以江苏省为例[J].教育理论与实践,2013(32):42-44.

[65] RYAN HOLIFIELD. Environmental Justice as Recognition and Participa-tion in Risk Assessment: Negotiating and Translation Health Risk at a Superfund Site in Indian Country[J].Annals of the Association of American Geographers,2012 (3):591-613.

[66]杨小微.公平取向下义务教育发展的评价指标探究[J].华中师范大学学报(人文社会科学版),2013(4):146-153.

[67]吕星宇.中小学教师对教育过程公平的认识与行为水平调查[J].教育科学论坛,2013(9):55-57.

[68]贾可卿.作为正义的承认——霍耐特承认理论述评[J].浙江社会科学,2013(10):106-112.

[69]孙阳,杨小微,徐冬青.中国教育公平指标体系研究之探讨[J].教育研究,2013(10):111-120.

[70]张祖民.教育过程公平的内涵与原则[J].教育探索,2014(10):1-3.

[71]俞书平.教育公平视野下学校教育中的马太效应及应对[J].教学与管理,2014(3):72-74.

[72]王凤秋,倪玉娟,李晓.中小学教师教育公平意识现状调查研究[J].教育理论与实践,2015(26):12-15.

[73]苏勇.通向教育公平之路:性别教育平等刍议[J].中国特殊教育,2014(12):20-24.

[74]戴特奇,廖聪,胡科,等.公平导向的学校分配空间优化——以北京石景山区为例[J].地理学报,2014(8):1476-1485.

[75]程亮.何种正义?谁之责任?——现代学校过程的正当性探寻[J].教育发展研究,2015(2):6-13.

[76]冯建军.承认正义:正派社会教育制度的价值基础[J].南京社会科学,2015(11):132-138.

[77]冯建军.后均衡化时代的教育正义:从关注"分配"到关注"承认"[J].教育

研究,2016(4).

[78]周树奇.课堂教学的教育公平探析——对一位中学教师的"心"公平教育访谈.中小学教师培训,2015(1):66-70.

[79]刘伟龙.课堂正义:涵义、缺失与回归[J].现代中小学教育,2012(8):28-30.

[80]苏勇.通向教育公平之路:性别教育平等刍议[J].中国特殊教育,2014(12):20-24.

[81]曾文婕."正视"教师情绪——教学公平研究的应有取向[J].中国教育学刊,2009(7):79-81+85.

[82]李伟雄,李杨.学情分析的内涵、角度与方法[J].中学政治教学参考,2011(21):55-56.

[83]邵燕楠,黄燕宁.学情分析:教学研究的重要生长点[J].中国教育学刊.2013(2):60-63.

[84]谢晨,胡惠闵.学情分析中"学情"的理解[J].全球教育展望,2015(2):20-27.

[85]刘永丽.针对学生个体差异的分析及应对策略[J].中国信息技术教育,2011(10):21.

[86]安桂清.论学情分析与教学过程的整合[J].当代教育科学,2013(22):40-42.

[87]陈瑶.论学情分析的三个阶段[J].当代教育理论与实践,2014(3):6-8.

[88]庞玉崑.常见的"学情分析"错误与解决方法[J].基础教育论坛,2012(29):27-29.

[89]唐永芳.高职学生职业基本素养教育有效性研究[J].管理观察,2011(16):153-154.

[90]姬忠嘉.基于心本管理的思想——浅谈耶克斯道德森定律在领导管理中的应用[J].企业管理,2014(1):133+135.

[91]林苹.学习共同体——合作学习新风景[J].新教师,2015(9):29-31.

[92]孟繁华.让"学习共同体"成为知识获得新路径[J].人民教育,2014(16):467.

[93]张小琴.设置挑战性问题,提升学生数学学习力[J].福建基础教育研究,2019(3):3.

[94]周勇.校本课程的校际差异与区域基础教育公平[J].教育研究,2011(5):72-74.

[95]万伟.校本课程开发:影响教育过程公平的新因素——以江苏省为例[J].教育理论与实践,2013(32):42-44.

[96]袁振国.高度重视社会与情感能力培养为人生的成功和幸福奠基[J].中国教育学刊,2021(2):5.

[97]ROBIN D，TIERNEY. Fairness as a multifaceted quality in classroom assessment[J]. Studies in Educational Evaluation，2013.

[98]殷玉新,郝亚迪.论课程公平及实现路径[J].教育导刊,2016(6):32.

[99]龙安邦.基础教育课程改革中的效率与公平[D].重庆:西南大学教育科学学院,2013:183-186.

[100]肖林元.校本课程的建设性缺失与矫正对策——以南京地区校本课程建设为例[J].课程.教材.教法,2015(3):95-99.

[101]赵秀文."控制"还是"解放"——探问学校管理制度的根本价值诉求[J].当代教育科学,2011(4):7-10.

[102]张星婷.课堂教学公平问题研究[J].新课程(中旬),2013(9):140-141.

[103]王绘棱.教师在教育公平中的角色[J].广西教育,2012(25).

[104]王海英.质量公平:当下教育公平研究与实践的新追求[J].湖南师范大学教育科学学报,2013(11):32.

[105]何开进.树立人文教育理念推进学校教育公平[J].考试,2015(3):71-73.

[106]毛亚庆.论公平有质量的学校管理改进[J].教育学报,2013(6):29-34.

[107]康立娟.教师教育公平理念与行为背离的原因分析及对策[J].教师与管理,2013(1):9-11.

[108]王凤秋,倪玉娟,李晓.中小学教师教育公平意识现状调查研究[J].教育理论与实践,2015(26):12-14.

[109]赵取花.乡村教师观念对教育公平的影响[J].科教导刊,2014(9中):97-98.

[110]姜超,邬志辉.村校微观问题样态与管理回应——基于从教36年村小教师的口述[J].湖南师范大学教育科学学报,2014(11):72-79.

[111]冯建军.承认正义:正派社会教育制度的价值基础[J].南京社会科学,2015年(11):132-138.

[112]钟启泉.学习环境设计:框架与课题[J].教育研究,2015(5):113-121.

[113]李伟.班级文化——学生隐形的翅膀[J].课程教育研究·学法教法研究.2015(31):2.

[114]姜超,邬志辉.农村教师工作满意度形成机制分析——以亚当斯公平理论为框架[J].教育导刊,2015(7 上):83-86.

[115]章露红.二十年来我国教育公平研究的学术进展——基于1994～2014年间的文献分析[J].复旦教育论坛,2015(4):39-45.

[116]李红.课堂教学中教育资源的类型与分配原则[J].教学与管理,2015(36):42-44.

[117]肖林元.校本课程的建设性缺失与矫正对策——以南京地区校本课程建设为例[J].课程.教材.教法,2015(3):95-99.

[118]温亚萍.城市高中教师公平敏感性、工作幸福感、工作绩效及其关系研究[D].桂林:广西师范大学,2014.

[119]姜超,邬志辉.农村教师工作满意度形成机制分析——以亚当斯公平理论为框架[J].教育导刊,2015(7 上):83-86.

[120]李艳.家校合作对教师发展的价值研究[D].上海:华东师范大学,2016.

[121]杨小微,李学良.关注学校内部公平的指数研究[J].教育科学研究,2016(11):5-12+21.

[122]李娟.西方教育公平指标体系研究与思考——以十种教育公平指标体系为例[J].外国中小学教育,2016(10):15-22.

[123]兰显芳.英语课堂教学与学生个性发展研究[J].中学生英语,2016(34):91-92.

[124]郝亚迪,胡惠闵.从课堂提问看学习机会的公平——基于Z市初中生的调查分析[J].教育发展研究,2016(2):64-70.

[125]王定华,荣雷.全国义务教育均衡发展进展报告[R].中国教育科学,2016(1):39-73.

[126]程天君.新教育公平引论:基于我国教育公平模式变迁的思考[J].教育发展研究,2017(2):1-11.

[127]吕俐敏.隐痛与突围:乡村教师该走向何方?——一位挂职副县长的乡村教育调研手记[J].中小学管理(北京),2017(6):32-35.

[128]陈栋.底线与上限:论教育公平的立场、内涵和限度——兼论新教育公平的实践路径[J].教育发展研究,2017(2):32-40.

[129]周波,黄培森.关注个体差异:教育过程公平的路径选择[J].河北师范大学学报(教育科学版),2017(1):91.

[130]冯建军.课堂公平的教育学视角[J].教育发展研究,2017(10):63-69.

[131]刘欢.公平视野下的中小学座位编排考察[J].教学与管理,2017(11):27-29.

[132]陈文亮,杜丽娟.农村义务教育阶段教育过程公平影响因素分析[J].蚌埠学院学报,2017(6):167.

[133]方光宝,李学良.课堂过程公平的构成因素及其验证[J].全球教育展望,2017(12):113-123.

[134]张荣伟.从哪里来到哪里去?——"新教育实验"本体论[J].山西大学学报(哲学社会科学版),2017(6):66-78.

[135]查吉德.我国基础教育优质均衡发展改革政策分析[J].现代教育论坛,2018(3):20-25.

[136]石艳,崔宇."新教育公平"观与教师教育转型[J].湖南师范大学教育科学学报,2018(5):110.

[137]刘雨.论教育社会学研究的情感转向[J].贵州师大学报,2018(5):56-66.

[138]雷晓庆.课堂教学公平及其指标体系研究[D].南京:南京师范大学,2018.

[139]徐容容,吴志宣,郭少榕.我国学校教育过程微观公平研究的回顾与审思[J].教育评论,2019(10):31-39.

[140]徐容容.我国学前教育研究热点分析与启示——基于"国十条"以来的共词分析视角[J].内蒙古师范大学学报(教育科学版),2019(2):37-42.

[141]王瑞.课堂教学语言的公平性研究[D].济南:山东师范大学,2019.

[142]周志平.多方发力 形成教育合力系统——建瓯市东峰中学的课改启示[J].福建基础教育研究,2019(10):27-31.

[143]李学良,杨小微.义务教育阶段学生公正体验的实证研究——基于学校内部公平数据库的报告[J].华东师范大学学报(教育科学版),2018(4):95-106+165.

[144]石艳,崔宇."新教育公平"观与教师教育转型[J].湖南师范大学教育科学学报,2018(5):110-116.

[145]郭少榕.论学校教育的微观公平[J].中国教育学刊,2018(10):68-72+81.

[146]陈芳.学校教育中的微观歧视现象及公平路径探析——基于生态学视角[J].潍坊工程职业学院学报,2019(11):74-78.

[147]刘茹月,杨李娜.案例研究中的情感因素分析——读《王小刚为什么不上学了?——一位辍学生的个案调查》[J].内蒙古师范大学学报(教育科学版),2019(8):58-61.

[148]张英慧,周霖.学生文化中的日常抵制行为与反思[J].现代教育管理,2020(6):122-128.

[149]沈洪成.如何打开黑箱?——关于教育不平等的西方民族志研究及其启示[J].社会学研究,2020(1):218-241+246.

[150]郭振宇,郭研.乡镇中学学生"流失"现象的深入剖析及对策探讨[J].吉林教育学院学报,2013(7):98-99.

[151]周志平.课堂公平的内涵及实现[J].教学与管理,2020(12):13-15.

[152]郭少榕.基于微观公平的现代中小学校内部制度与文化建构[J].福建基础教育研究,2019(6):4-7.

[153]MARTHA C.NUSSBAUM. Human functioning and social justice: In defence of Arisotelian essentialism[J]. Political Theory,1992(2):202-246.

[154]崔允漷.学校课程实施过程质量评估[M].上海:华东师范大学出版社,2017:3.

[155]黄忠敬,孙晓雪.深入学校内部的教育公平追求[J].中国教育学刊,2019(9):16-20.

[156]吕立杰,马云鹏.基于教育公平的基础教育课程发展质量考察维度构建[J].中国教育学刊,2016(8):99-106.

[157]韩延伦,刘若谷.教育情怀:教师德性自觉与职业坚守[J].教育研究,2018(5):15.

[158]张鹏,吕立杰,林智中.照顾学习差异促进教育公平的香港地区经验及反思[J].教育科学研究,2018(5):75-84.

[159]教育部等六部门联合印发文件 义务教育质量有了评价指南[J].中国民族教育,2021(4):4.

[160]胡皖琪.让数据和技术有效回应教育评价需求[J].教育测量与评价,2021(1):9-11.

[161]陈双敏,张燕.基于ITIAS的小学数学只会课堂教学交互行为——以一节部级优课为例[J].教育测量与评价,2021(1):37.

[162]GUESS P,MCCANE-BOWLING S. Teacher support and life satisfaction: An investigation with urban, middle school students[J]. Education and Urban Society,2016(1):30-47.

[163]王芳."教师公平"研究的路径构建[J].河北科技师范学院学报(社会科学版),2018(2):116-119.

[164]周秋莺."新"基础教育与学习共同体的思维碰撞[J].福建教育学院学报,2018(9):6-10.

[165]林永柏,许艺馨,杨明.农村教师组织公平感现状及提高对策的研究[J].教育科学,2016(6):45-49.

[166]周秋莺."新"基础教育与学习共同体的思维碰撞[J].福建教育学院学报,2018(9):6-10.

[167]贾瑜,张佳慧.2PISA2018解读:中国四省市教师课堂教学现状分析——基于中国四省市PISA2018数据的分析与国际比较[J].中小学管理,2020(1):16-20.

[168]宗锦莲.男子气概、美德替代与集体无意识:校园欺凌是如何发生的——一项来自"兄弟帮"领袖的口述史研究[J].教育发展研究 2019.22:44-54.

[169]卢晓红,钟光荣."国考"背景下中小学非师范教师专业化培养新探索[J].科教文汇,2021(5):143-144.

[170]黄玲妹,邹开煌,张贤金.乡村教师培训的"魂""形""效"——以福建省首届"同心·行知乡村教师研修"为例[J].福建教育学院学报,2021(2):11-13.

[171]皇甫林晓.城市薄弱学校改进的困境与策略——基于学校内部公平的视角[J].江苏教育研究,2018(9A):3-7.

[172]姜超,邬志辉.村校微观问题样态与管理回应——基于从教36年村小教师的口述[J].湖南师范大学教育科学学报,2014(11):72-79.

[173]黄忠敬,秦一鸣,等.我国的基础教育公平吗?——基于国际比较的视角[J].中国教育政策评论,2019(1):99-115.

[174]刘骥,黄少澜.教师技能对教育优质均衡的重要作用:基于跨国数据的实证[J].教师发展研究,2020(4):86-93.

三、其他

[1]中共中央,国务院.深化新时代教育评价改革总体方案[N].人民日报,2020-10-14.

[2]黄玲妹."基于'教学做合一'的农村初中'六动'课堂行动研究"的成果报告[Z].2020.

[3]刘博超.给"有学不想上"开药方[N].光明日报,2017-12-01(09).

[4]教育部.中国教育事业发展报告[Z].2018.

[5]福建教育厅.福建省教育事业发展报告[Z].2018.

[6]海煜妈妈.他一年将37人送进清华北大：让孩子在班里坐个好位置,有用么？[EB/OL].[2019-11-25]http:// www.jingchuchao.com.

[7]球球冲锋号.校园欺凌案例大曝光,保护孩子,我们该做些什么？[EB/OL].[2019-10-29] http://baijiahao. baidu. com/s? id ＝ 1601334670095348699&wfr ＝ spider&for＝pc.

[8]丁金坤.二十年后学生殴打教师案：有罪、无罪？[EB/OL].[2019-06-13] http://blog.sina.com.cn/s/blog_5f7396520102zoc5.html.

[9]澎湃新闻.铜陵教师投江之谜[EB/OL].[2019-08-18]https://www.thepaper.cn/newsDetail_forward_4172694.

[10]胡森.平等——学校和社会政策的目标[C]//张人杰.国外教育社会学基本文选[M].上海：华东师范大学出版社,1989.

[11]教育部基础教育质量监测中心.中国义务教育质量监测报告[EB/OL].[2018-07-25]. http://www.gov.cn/xinwen/2018/07/25/content_5309233.htm.

[12]教育部基础教育质量监测中心.中国义务教育质量监测报告[EB/OL].[2018-07-25]. http://www.gov.cn/xinwen/2018/07/25/content_5309233.htm.

[13]刘博超.给"有学不想上"开药方[N].光明日报,2017-12-01(09).

[14]MULLIS, INA V. S., et al. TIMSS 2011 assessment framework [EB/OL]. [2013-9-25]. http://timssandpirls. bc. edu/ timss2011/frameworks. html.